인생의 의미

인생의 의미

삶의 마지막 여정에서 찾은
가슴 벅찬 7가지 깨달음

Seven Meanings in Life

토마스 힐란드 에릭센 지음 | 이영래 옮김

더퀘스트

차례

서문

　지난 세기말의 어느 금요일 밤, 동료들과 맥주를 몇 잔 마셨다. 사회인류학자들이 모여 술을 마시며 한담을 나눌 때면 종종 그렇듯이, 대화는 사회인류학적 주제에서 먼 길로 빠지곤 한다. 중앙아프리카의 희생제의부터 아마존의 우주론, 일본의 이혼율과 맨해튼의 삶의 만족도까지. 갑자기 동료 한 명이 어떤 통찰을 얻은 듯이 이렇게 중얼거렸다. "토마스, 인생의 의미는 세 가지인 것 같아. 신을 믿는 것, 자식을 갖는 것 그리고… 세 번째는 생각이 안 나는군." 자식이 없는 불가지론자의 말이라 액면 그대로 받아들여야 할 건 아니었다. 그럼에도 그는 분명히 뭔가 중요한 것을 이해한 것처럼 보였다. 그가 말하려 했던 세 번째는 무엇이었을까?

세 번째 의미에 대해 말하기 전 우선 염세적인 철학자들의 이야기를 해야겠다. 그들은 삶이 무의미하다고 여겼다. 철학자 페테르 베셀 삽페Peter Wessel Zapffe는 1941년 출간된 《비극에 대하여Om det tragiske》에서 그 이유를 설명한 바 있다. 그에 따르면 인간은 지나치게 많은 것을 가졌다. 동물과 마찬가지로 음식, 수면, 생식 등에 대한 욕구뿐 아니라 온전한 삶의 의미를 찾는 욕구도 있다. 두 가지 욕구를 모두 충족시키는 것은 환상 속에서 존재하는 것임을 인식하는 순간, 불쌍한 인간은 삶이 무의미하다는 것을 깨닫는다. 삽페의 책은 더 널리 알려졌어야 했는데 아쉽다. 40년 후, 삽페는 동료 철학자 헤르만 퇴네센Herman Tønnessen과 함께 《나는 진실을 선택한다Jeg velger sannheten》라는 제목의 짧은 대담집을 출간했다. 퇴네센은 삽페보다 더 염세적이다. 의문을 던지는 행위 자체가 삶의 의미를 품고 있기 때문에, 삶은 무의미한 것조차 아니라는 것이다. 생태 철학자 아르네 네스Arne Naess는 이 대담집에 대한 논평을 내면서, 삶의 의미는 형이상학적인 수준에서 찾을 수 없는 것이라고 했다. 인간의 삶에서 중요한 의미를 찾는 것은 실수라며, 인간의 삶이 수수께끼 같고 신비롭기 때문이라고 말한다. 네스에 따르면 인생의 많은 의미는 거창하지 않다. 10월 말 지면을 덮는 단풍의 아름다움, 커피 향기, 친구의 미소와 같은 작은 것에 의미가 있다면서.

삶의 의미라는 주제는 언제나 존재했다. 인간은 언제나 존재의 본질과 방향성을 찾으려 했다. 삶의 의미에 대해 묻는 것이야말로 인간을 인간답게 만든다. AI에게 체스에서 이기는 법이나 부탄의 경제 혹은 리스본의 관광 명소에 대해 묻는 것은 쉬운 일이다. 심지어 어떤 AI는 법학과 의학 학부 시험에서 뛰어난 성적을 받기도 한다. 그러나 AI는 인생의 의미를 성찰할 수 없다. AI에게는 삶이 없기 때문이다. AI는 육체도 없고 어린 시절의 기억도 없으며 이웃에 대한 책임감도 없고 죽음을 피할 수 없다는 인식도 없다. 인간과 다른 동물 사이에도 비슷한 경계를 그을 수 있다. 아무리 지능이 높은 침팬지, 돼지라 해도 동료들과 함께 앉아 광활한 하늘 아래에서 겸손한 태도로 꿈에 잠긴 듯 "우리 아버지는 평생 가난했지만 평생 정직하셨어"라고 읊조리지 않는다. 인간은 이렇게 가치를 담은 문장을 말하곤 한다. 그리고 이런 문장은 우리에게 중요한 의미를 지닌다.

이 주제에 내가 큰 관심을 갖는 데에는 개인적인 이유가 있다. 나는 40여 년 전에 사회인류학과 사랑에 빠졌고 아직까지도 그 사랑에서 헤어 나오지 못하고 있다. 사회인류학자라는 직업을 갖게 되면서 나는 다른 문화권의 사람들과 긴 대화를 많이 나누었다. 인간은, 삶의 의미에 대해 생각할 기회가 주어지면 열의를 가지고 임한다. 하지만 삶의 의미에 대해 내놓는 답은 각자 다르다. 어떤 이들은 신앙심 혹은 자선 활동에서 인생의 의미를 찾는다. 어떤 이들은 좋은 부모가 되는 것을 최대의 목표로 삼고, 어떤 이들은 자신이 가진 것을 즐기고 거기에 감사하는 것에서 삶의 의미를 찾는다. 이중 어떤 답이 틀렸고 혹은 맞고 혹은 이 답들이 서로 모순된다는 생각은 해본 적이 없다. 삶의 의미에 대한 물음은 2016년부터 암과 싸우는 동안 내가 얼마나 나약한지 깨달으면서 특히 큰 무게로 다가왔다. 암이 재발했던 시기로부터 나는 '느린 시간'이란 귀중한 선물을 받았다. 느린 시간이 있었기에 나 자신에 대해 다시 깨닫고 다른 모든 것들과 관계를 맺을 수 있었다.

인류는 과학과 기술에서 크게 진보해왔다. 그러나 삶의 의미는 과학과 기술을 동원해 답을 찾는 것이 불가능하다. 우리는 궁극적인 해답에 결코 가까워지지 못할 것이다. 지속적으로 발전하는 세상에서 교육받은 사람들에게 참으로 낯선 생각일 것이다. 어떤 의미에서 우리는 아직 동굴 입구, 소크라테스의 아고라, 붓다 발밑에 있는 보리수 아래에 있다. 누구도 자연을 소유할 수 없다는 아메리카 원주민의 메시지나 교만이 재앙을 부른다는 서아프리카 설화의 가르침은 서양 철학에 기반을 둔 삶의 의미만큼 귀중한 가치가 있다. '사람들의 신념은 변화한다. 하지만 사람들의 마음은 시간이 지나도 전혀 변하지 않는다'는 1927년 노벨상 수상자 시그리드 운세트Sigrid Undset의 말이 옳았는지도 모르겠다. 화려하게 꾸며진 문화적 허식, 외적 규칙과 규범, 기술과 사회적 형태를 벗겨내면, 서로 다른 것처럼 보이지만 우리 모두가 궁극적으로는 같은 동기에 의해 움직이고 있으며 시간과 공간을 초월해 공감대를 가질 수 있다. 자신과 전혀 다른 사람도 얼마든지 이해할 수 있다. 필요한 것은 인내와 상식, 경청하는 능력뿐이다.

삶의 의미, 좋은 삶이란 무엇인가에 대해 생각해보면 지금까지 살아온 모든 사람들이 동시대인처럼 느껴진다. 셰익스피어, 몽테뉴, 마르쿠스 아우렐리우스, 아리스토텔레스는 같은 주제로 대화를 나누는 동등한 파트너. 이들에게 삶의 의미가 아닌 진화의 메커니즘이나 암의 원인에 대해 묻는다면 이런 상상은 결코 할 수 없을 것이다. 아메리카 원주민, 서아프리카의 그리오, 고대의 철학자, 근대 초기의 극작가들이 제시한 해답에는 공통점이 있다. 그 누구도 만족스러운 삶과 소비주의나 쾌락주의를 연결하여 설교하지 않는다. 야망이 의미 있는 결과를 가져올 수 있지만, 쳇바퀴에서 끝없이 성취를 추구하는 것이 삶의 의미를 찾는 방법이라고 주장하는 사람은 아무도 없다. 삶의 본질적인 의미 중 하나는 그 자체로 가치가 있는 자기목적적 행동에 있다.

    해먹에 누워 소설을 읽을 때, 여유롭게 낚시할 때만큼 좋은 것이 없다고 말하는 사람들이 있다. 이에 반대하는 사람은 목적 없는 활동이 무슨 소용이냐고 목소리를 높일 것이다. 트리니다드토바고에서는 세련되고 우아한 삶의 방식이 있는데, 느긋하게 주변 사람과 어울리며 그 시간을 즐기는 라이밍liming이 그것이다. 수업을 듣지 않고 운동장 나무 밑에서 수다 떨던 학생들에게 교장 선생님이 뭐 하냐고 물었는데, 이때 학생들이 나무에 석회 칠liming을 하고 있었다고 둘러댄 것에서 유래된 말이다. 이후 라이밍은 사람들과 딱히 목적 없이 어울려 다니며 즐기는 행위를 뜻하는 은어로 자리 잡았고 이 특별한 카리브해의 은어가 만들어낸 문화 속에서 훌륭한 풍자와 칼립소 음악, 좋은 시가 탄생했다. 특별한 일은 별일 없을 때 탄생한다. 당신에게 인생 마지막 날, 가장 중요한 것은 무엇인가? 신의 계획을 충실히 실천하는 것? 낯선 사람들을 위해 선행하는 것? 무조건적인 사랑을 주고받는 것? 순간을 사는 것? 반대로 장기적으로 생각하고 그에 따라 행동하는 것? 이 모든 질문에 대한 답은 '예스'다. 누구에게, 언제, 특히 어떻게 묻는냐에 달라 답은 달라진다.

어떤 사람들은 마치 평범한 인간들은 접근할 수 없는 엄청난 발견을 한 것처럼 자기계발서를 쓴다. 지금까지는 그랬다. 이들은 인생의 의미가 자기계발에 있다는 결론을 내리기도 하고, 목표를 달성하기 위해 지켜야 할 것들을 열두 가지 목록으로 만들기도 한다. 나는 권위적인 훈계를 못 참는 사람이고 이 책을 읽을 당신 역시 나와 비슷하다고 생각하고 싶다. 문화적 다양성과 프로그레시브 록에 대해서는 내가 웬만한 독자들보다 아는 것이 많겠지만 불교, 지속 가능한 임업, 크로스컨트리 스키 등에 대해서는 나보다 많이 아는 독자들이 있을 것이다. 그러나(그리고 이것이 바로 소통의 기적이다) 우리는 서로를 이해하고 아이디어를 교환하며 해결책과 이득을 얻을 수 있다. 어차피 모든 사람에게 적합한 것은 존재하지 않는다.

초점을 어디에 두든, 눈길은 밖으로도 안으로도 향해야 한다. 작은 것은 큰 것을 비추고 인간은 섬이 아니며 삶을 의미 있게 만드는 유일한 것은 '다름'이다. 삶의 비결 같은 것은 존재하지 않는다. 그렇지 않은 척 하는 것은 무책임한 행동일 뿐이다. 데이비드 흄은 사람이 감정의 지배를 받는다고 믿었으며 무자비한 열정의 장악을 막기 위해 온화하고 약한 감정을 우선하라고 권고했다. 그보다 1,500년 앞서 스토아 철학자 세네카도 '스스로 즐기고 소화할 수 있는 모든 열정은 평범하다. 가벼운 감정은 분명히 표현되지만 무거운 감정은 침묵한다'며 같은 견해를 내놓았다.

삶의 의미를 각성하는 데 열렬한 신앙심이나 인종 차별에 맞서는 불타는 열정이 필요하다는 의견은 어떤가? 세이셸에 사는 한 크리스천 여성은 세이셸에 사는 무슬림도 하나님을 경외하기 때문에 그들과 더없이 편안한 관계를 맺고 있다고 말했다. 그렇다면 유일신을 믿지 않는 사람들과는 어떻게 지낼 거냐고 반문하는 사람도 있을 것이다. 아이를 낳고 재산을 늘리는 일이 전 세계 거의 모든 곳에서 대단히 의미 있는 일로 간주되며, 이런 점에서 내 친구의 말은 영 틀린 말은 아니었다. 하지만 모든 사람이 자녀를 갖는 것은 아니다. 자식을 갖지 않겠다는 사람들도 있다.

삶의 의미가 땅에 떨어진 낙엽, 무릎 위에서 가르릉거

리는 고양이, 따뜻한 커피 한 잔과 같은 작은 것들에 있다는 의견은 또 어떤가? 세계 정의와 기후와 같은 큰 것들에 대한 책임에서 손을 놓아도 될까? 자선은 가정에서 시작되는 것은 맞지만 그렇다고 자선이 거기서 끝나는 것이 아니다. 이는 삶의 일곱 가지 의미을 짚어보며 내가 던지는 질문 중 일부다. 이 책을 쓰면서 나름의 통찰을 얻었다. 삶의 선하고 유용한 의미에는 중요한 공통점이 있다는 사실 말이다. 그것이 철학이라는 학문으로 표현되든, 수도원에서 수백 년에 걸친 명상으로 얻은 지혜로 표현되든, 고민 상담 칼럼이나 남아프리카 마을의 일상으로 표현되든 공통적으로 품고 있는 의미는 같다.

삶의 의미는 지속 가능하고 중립적이며 자유롭다. 삶의 의미는 관계로 이루어진다. 이 책의 초고를 완성한 후, 우리 자신을 주위의 모든 것과 연결하는 실에 대한 긴 에세이를 썼다는 사실을 깨달았다. 이 가는 실들이 모여 거대한 태피스트리를 만든다. 그 촘촘한 관계망 안에서 우리는 시간과 공간을 뛰어넘는 거대한 합창단을 이루며, 그 안에서 우리는 각자 작은 목소리를 낼 수 있다. 이런 실타래가 바로 삶을 의미 있게 만든다.

첫 번째 의미

관계

태초에는 모든 것이 어둡고 조용했다. 어떤 것도 다른 것과 관계를 맺지 않았고 속삭임이나 산들바람 소리조차 들리지 않았다. 무언가 존재하기 시작한 것은 138억 년 전, 빅뱅으로 우주가 탄생한 때부터였다. 이후 모든 것들은 관계 속에서만 존재할 수 있게 되었다.

54억 년이라는 지구의 역사에서 첫 생명은 20억 년 이후에 나타났지만, 최초의 유기체들은 번식과 영양 공급에 관한 필수적인 메시지 외에는 서로 소통할 것이 거의 없었다. 식물과 동물은 천천히 발전했고 진화는 지금까지 다양한 생물 형태를 낳았다. 수십만 년에 불과한 역사를 가진 호모 사피엔스는 지금도 생존, 협력, 소통을 위한 분투의 역사한가운데 있다. 우리는 변덕스러운 관계들과 밀접하게 연결되어 있으며 우리 주위에도 대단히 많은 관계가 존재한다.

놀랍게도 아직 세상은 사람의 껍질로 그 사람이 결정된다고 믿는다. 순간순간의 경험이 그것이 아니라고, 껍질보다는 껍질 사이에 더 많은 것들이 있다고 하는 데도 말이다. 손을 들면 다섯 개의 손가락을 보고 있다고 생각할 수 있지만 자세히 보면 손가락들 사이의 수 많은 관계를 보고 있는 것이다. 엄지는 검지 없이는 거의 쓸모가 없다. 유기체들은 모든 사람, 모든 사람들 사이 그리고 그들과 함께 할 때 존재하며, 그로부터 우리는 삶의 충만함을 얻고 더 큰 생태계에서 존재할 수 있다.

차이가 없다면 무엇도 존재하지 않으며 모든 것은 시간의 흐름과 함께 변화한다. 이는 인간이 관계의 존재임을 암시한다. 뉴기니 산악지대의 한 마을에서는 숨이 멎었을 때가 아니라 모든 부채가 청산되고 다른 사람들과의 관계가 마무리되었을 때 비로소 사망했다고 간주한다. 장례식은 그 마을에서 가장 의미 깊은 행사다. 고인의 가족과 지인들은 고인과 연결된 수많은 유대를 끊고 이로 인한 출혈을 막기 위해 또 봉합을 해야 한다.

식물도 마찬가지다. 대부분의 식물은 혼자서는 잘 자라지 못한다. 식물은 같은 종이든 다른 종이든, 자신을 강화시키는 다른 식물 근처에서 번성한다. 이웃할 식물이 주위에 없다면 그 식물은 차라리 땅속에서 자라는 것이 나을 것이다.

혼자서 멋진 일몰을 볼 때면 뭔가 놓친 것 같은 기분이 든다. 인스타그램에 일몰 사진을 올리는 것은 누군가와 함께 감상하는 것과는 비교할 수 없는 형편없는 행동이다. 사회학자 셰리 터클Sherry Turkle의 책 제목은 《외로워지는 사람들Alone together》이다. 터클은 스크린 속 커뮤니티가 빈껍데기일 수 있다고 했다. 그녀에 따르면 인간은 인공지능에 의해 오염된다. 그리고 그 결과로 인간이 시리, 챗GPT, 로봇물개 파로와 관계를 맺는 식으로 서로 소통할지도 모른다고 그 위험성을 설명한다.

물건은 관계 형성을 위한 구실에 불과하다. 물건의 가치는 사람들 사이에 다리를 놓을 수 있는 잠재력에 있다. 부유한 북유럽에서도 얼마 전까지 냉동고를 공유하는 것이 일반적이었다. 내 고향의 낡은 아파트 지하에는 매번 신청을 해야 쓸 수 있는 공용 세탁실이 과거의 희미한 흔적을 보여 준다. 양복이 남자를 만든다는 말이 있지만 그 말은 틀렸다. 옷은 사람들 사이의 관계를 만들므로, 따라서 남자가 양복이라는 존재를 만든 것이다. 하지만 때로 물건으로 인해 혼란스러운 상황도 발생한다. 모든 사람이 자신의 물건을 소유해야 한다는 생각은 불필요한 개념이다. 부유한 북유럽의 자동차는 90% 이상의 시간을 움직이지 않은 채 흘려보내고 노르웨이 사람들이 휴일과 주말을 보내는 오두막은 보통 비어 있다.

연구 결과에 따르면 노르웨이인의 옷장에 평균 359벌의 옷이 있다. 그중 4분의 1정도는 가끔 사용되지만 대부분의 옷은 실존적 불안에 대해 침묵하는 증인처럼 마냥 걸려 있다. 그럼에도 불구하고 물건들 중에는 진정한 가치를 지닌 것들이 있다. 오래된 가보, 아이가 어릴 때 크리스마스 선물로 준 휘어진 점토 촛대, 수많은 콘서트와 여행, 숲속 산책을 함께했던 15년 된 가죽 재킷 등이다. 이것들은 더 이상 물건이 아니라 소중한 추억을 떠올려주는 귀한 존재다.

● 문화마다 다른 음식과 환대의 의미

아메리카 원주민 둘이 아침에 길에서 만나 식사를 했냐고 묻는 것으로 대화를 시작한다. 우리가 흔히 예의상 던지는 질문이지만 이들은 다르다. 한 명이 밥을 먹지 않았다고 대답하면 질문을 한 사람에게는 바로 상대에게 먹을 것을 챙겨주어야 하는 책임이 생긴다.

이들에게 음식은 공유하기 위해 만드는 것이며 식사를 했는지 묻는 질문은 예의 차원이 아니라 사회적 관계에 관한 질문이다. 이들에게 식사 제안을 거절하는 것보다 더 큰 모욕은 없다. 재즈 뮤지션 칼라 블레이Carla Bley의 〈혼자 하는 식사Dining Alone〉는 정말 슬픈 노래인데, 인생의 의미를 찾을 수 있는 근원이란 음식을 나누고 함께 식사하는 것이라는 사실을 상기시킨다.

최초의 경제 거래는 선물의 교환으로 이루어졌다. 인류 역사상 최초의 빚(마음의 빚이긴 하지만)이다. 선물을 받은 사람은 평생 보답을 해야 할 도덕적 의무가 있었다. 경제는 사랑의 행위만큼이나 호혜적이고 우정만큼이나 도덕적이었다.

이런 측면에서 함께 술을 마시는 행위는 정말 중요한 의미를 갖는다. 역사학자 비에른 큐빌러Bjørn Qviller는 속칭

'전투와 술병'이라는 연구 프로젝트에서 외교사에서 술이 가지는 중요성에 대해 연구한 바 있다. 큐빌러의 주요 가설은 음주가 우정과 상호 이해에 꼭 필요한 윤활유라는 것이었다. 실제로 그는 적당한 취기가 성공적인 외교를 위한 필수 조건이라고 믿었다.

큐빌러를 존중하지만 나는 이 생각에 한계가 있다고 본다. 사람들이 밤늦은 시간 술에 취하면 그중 지각없는 행동을 하는 사람이 꼭 생긴다. 파충류 뇌에서 봄 직한 원초적 본능이 흄의 조언을 따르는 자아보다 우선시되어 품위를 잊은 채 감정이 이끄는 대로 술주정하는 걸 생각해보라.

반면 사람들이 함께 식사를 할 때는 이런 문제가 발생하지 않는다. 세상에는 음식을 나눠 먹음으로써 가족이 되는 곳도 있다. 이렇게 맺어진 관계는 유산을 물려주거나 불구덩이에서 구해주는 의무로 이어지지 않지만 음식을 공유함으로써 발생하는 지속적인 헌신으로 이어지긴 한다. '내가 너에게 호의를 베풀었으니 너는 내게 보답할 의무가 있다'는 암묵적 관계 속에서 음식은 매끄러운 윤활유이자 사람들을 연결하는 끈끈한 접착제다.

환대는 거의 좋은 의미로 쓰이지만 아무 관련이 없는 사람에게 받는 환대는 반드시 좋은 의미만은 아니다. 그래서 부적절한 사람으로부터 초대를 받거나 선물을 받았을 때

핑계를 대면서 거절하기도 한다. 아니면 이 관계를 전략적으로 사용할 생각으로 받아들이거나.

환대 안에는 삶의 기본적인 의미가 담겨 있다. 환대의 개념은 주는 행위보다 받는 행위에 대한 비중이 더 크다. 받는다는 행위에는 겸손과 감사의 능력이 요구되기 때문에 인간에게 큰 도전이다.

개신교의 영향을 받은 북유럽 국가의 사람들은 다른 사람의 환대를 받아들이는 데 서투르다. 노르웨이 사람들은 스스로 이타주의 세계 챔피언이라고 표현할 만큼 남을 배려하는 데 익숙하지만 반대로 답례를 받는 데는 익숙하지 못하다. 건전한 세상에서는 다른 사람의 보답을 받아들이는 것 역시 균형과 상호 존중을 위해 갖추어야 할 인간의 신성한 의무다. 난민이라고 해서 항상 받기만 하고 주는 것이 허용되지 않는 것은 그들의 자존감을 위한 행동이 아니고 주는 쪽과 공평한 관계를 맺는 것도 아니다.

차라리 무례한 경우가 인간 사회에서 더 익숙할지도 모르겠다. 초대받은 사람이 값비싼 와인을 꿀꺽 삼킨 후 트림을 하고 음담패설을 일삼거나 디저트를 먹자마자 자리를 뜨는 것처럼 말이다. 지나치게 오래 머물러서 폐를 끼치는 손님도 마찬가지다. 벤저민 프랭클린은 이를 두고 '손님은 생선과 마찬가지로 3일 후면 냄새가 나기 시작한다'고 했으며 이와 비슷한 뜻의 속담이나 격언을 전 세계에서 찾을 수 있다. 작가 안데르센과 찰스 디킨스는 친구 사이였지만 안데르센이 런던에서 디킨스의 집에 몇 주나 머무르고도 폐를 끼쳤다는 사실을 알지 못했고 이를 계기로 둘의 관계는 나빠졌다. 이후 디킨스는 안데르센을 성가신 사람으로 여기고 그를 피했다.

인류학자 루나르 도빙 Runar Døving 은 노르웨이 남동부 해안 마을에서 일상적으로 일어나는 음식 소비와 교환에 대해 분석하고 환대의 역학 관계를 연구했다. 그는 그 지역의 방문 관습을 예로 들어 손님이 물 한 잔 이상의 대접을 거절할 경우 어떤 반응이 나올지를 조사했다. 관습에 따르자면 보통 손님이 방문할 때 커피와 함께 케이크 한 조각이나 시나몬 번, 달콤한 비스킷 한 접시를 대접한다.

노르웨이에서 물 한 잔이 갖는 의미를 덧붙이자면, 물은 보통 수돗물을 의미하는데 언제든 공짜로 얻을 수 있기 때문에 물 한 잔을 대접받는 것은 사실 아무 것도 받지 않은 것과 같다. 도빙은 "물은 주고받는 데 공짜인 재화, 무제한으로 제공할 수 있는 재화로 여겨진다"고 말하면서 예수님 또한 물을 포도주로 바꾸었다는 성경 이야기와 함께 고대 갈릴리에서도 물은 결혼식 하객에게 대접하기에 적합하지 않았다는 이야기를 전한다.

따라서 손님이 물 한 잔 이상의 대접을 거절하는 행동은 주인의 호혜를 거절하는 행동이다. 서로 헌신하는 관계를 맺자는 주인의 제안을 거부하는 것이다. 대접을 거절한 행위에 대해 주인이 얼마든지 불쾌하게 여길 수 있다는 얘기다.

인류학자 에두아르도 아르케티Eduardo Archetti는 인류학자들이 '균형 잡힌 호혜성'이라 부르는, 노르웨이뿐 아니라 거의 모든 시민 사회에 적용되는 사회적 분위기를 종종 언급했다. 그에 따르면 교수 식당에서 동료에게 커피 한 잔을 사면 그 동료가 바로 커피 값을 준다. 동료가 자신과 작은 선물을 주고받는 관계를 만들지 않고 그 자리에서 바로 채무를 청산한다는 것이다. 친밀감에 대한 이런 두려움으로 인해 시민 사회라는 태피스트리를 구성하는 실은 단단하고 두꺼워질 수가 없다.

프랑스의 사회학자 마르셀 모스Marcel Mauss는 선물 교환에 대한 1920년대의 논문에서 선물은 단순히 무언가를 주고받는 행위를 뛰어넘어 의무적으로 적용되는 도덕적 관계를 수반하며 평화롭고 우호적인 관계를 위한 중요한 배경이 된다고 주장한다. 선물을 받지 않는 행위는 잠재적 우정에 대한 상대방의 제안을 거부하는 것이다. 모스의 분석에 따르면 선물을 주고받는 것에는 주는 의무, 받는 의무, 답례품 제공 의무라는 세 가지 요소로 구성된다. 이 세 가지 요소가 충족되어야 서로의 존중하는 마음이 사실로 확인되고 신뢰가 자랄 수 있다.

따라서 물 한 잔 이상의 대접을 거부하는 행위를 포함하여 주인에게 지나치게 많거나 지나치게 적은 것을 요구하는 자체로 부적절한 손님이 될 수 있다. 반대로 손님에게 전혀 관심을 보이지 않는 것으로써 부적절한 주인이 될 수도 있다. 주인이 아무리 호화로운 요리를 내놓더라도 손님의 말에 귀를 기울이지 않거나 대답을 제대로 하지 않으면 이 관계에서 주인이 얻을 수 있는 것은 거의 없다. 손님이 굴욕감을 느꼈기 때문이다.

이런 상황은 부유한 나라에 정착한 많은 난민들에게 마찬가지로 적용된다. 쉼터와 음식을 제공받은 그들은 고마움을 느끼고 사회에 화답하고 싶어한다. 하지만 그들은 그렇게 할 권리를 거부당할 때가 많다.

덧붙여 이것은 우파 포퓰리스트들이 이민자에게도 부담을 지워야 한다는 주장과는 분명 다르다는 걸 짚고 넘어가야겠다. 문제의 본질을 뒤엎는 이런 프레임은 관계의 본질에 대한 이해가 얼마나 부족한지 드러낸다. 사실 '부담을 지는 것'은 도리어 이민자들이 몹시 바라고 있다. 난민들이 사회 일원으로서 정당하게 일하길 바라는 이들도 존재한다.

난민들은 이를 통해 사회라는 태피스트리에 기여하는 가느다란 실을 얻을 수 있다. 나는 여러 수용 시설에서 수개월 동안 망명 신청 결과를 기다리는 난민들을 만났다. 그들은 노르웨이의 보호에 감사하고 있지만 커다란 바람 하나가 충족되지 않은 상태였다. 바로 사회 구성원으로서 일을 할 수 있는 기회였다.

집으로 초대하기, 선물 주고받기, 호의 베풀기와 같은 관습은 삶을 의미 있게 만들지만, 대인 관계가 큰 역할을 하지 않는 사회에서는 그리 중요하지 않을 것이다. 반면 보편적인 국가 제도가 존재하지 않는 작은 규모의 사회에서는 작은 선물과 보답의 선물이 사람들을 한데 묶고 사회적 결속력을 보장하는 역할을 한다. 포괄적이고 보편적인 감사의 빚을 서로서로 지고 있는 것이다.

보통 가족 안에는 다른 사람들을 위해 요리하길 좋아하는 가족구성원이 존재하며 대개 나이 든 여성이 그 역할을 할 때가 많다. 이런 가족구성원은 요리를 해주는 것 자체에 의미를 두므로 그를 다시 초대하여 보답할 필요는 없다. 그에게 시간을 할애하여 관심을 쏟는 것만으로도 균형 잡힌 관계를 만드는 데 충분하다.

학생 시절, 고모할머니께서 종종 형과 나를 저녁 식사에 초대하셨다. 자식이 없는 고모할머니는 형과 나를 무척 아끼셨다. 사실 그 나잇대 청년이라면 친구들 만나기에도 시간이 부족할 만큼 바쁘지만 우리는 한 달에 한 번은 고모할머니를 뵈러 가기 위해 노력했다. 아버지도 오슬로로 출퇴근하시던 몇 년 동안은 고모할머니의 소박한 원룸에서 주무시곤 했다. 형과 나는 고모할머니를 위해 식사 초대에 흔쾌히 응했고 고모할머니는 우리를 위해 요리를 하셨다. 오이 샐러드와 사우어 크림을 곁들인 청어 튀김, 크랜베리 잼을 곁들인 미트로프, 양배추, 통후추와 감자를 곁들인 삶은 양고기 등 평소에 맛보기 힘든 노르웨이 전통 요리를 만나는 소중하고 즐거운 시간이었다. 70대 후반이었던 고모할머니는 형과 내가 성인이라는 사실을 잊어버리셨는지 가끔 와인검(과일 맛 젤리−옮긴이)과 토피(설탕, 버터, 물을 끓여 만든 찐득한 제형의 사탕−옮긴이)가 든 간식 봉지를 들려 보내셨다. 고모할머니가 기뻐하시는 모습에 우리는 축복 받은 느낌과 안도감이 들었다. 고모할머니 역시 우리가 기뻐하는 모습을 보고 행복하셨을 것이다.

온전한 인간으로 성장하려면 권리와 의무가 가득 찬
친밀한 관계가 필요하다.

● 연결은 인간을 어떻게 보호하는가

인간이 하는 모든 일은 상호 연관성을 갖는다. 인간을 연결하는 네트워크는 경쟁 혹은 결속, 개인주의 혹은 생태적 연결을 통해 만들어진다. 경쟁은 모든 문화에 존재하며 상호성을 토대로 한다.

작가 존 오파렐John O'Farrell은 《상황은 좋아질 수밖에 없다Things Can Only Get Better》라는 책에서 1997년 선거에서 승리한 노동당이 1979년의 노동당과 더 이상 같지 않다는 걸 깨달았다고 전한다. 이 책의 부제는 '노동당을 지지했던 삶의 비참한 18년'이다. 사람들에게 존경받던 노르웨이의 노동당 총리조차 40여 년 전에 이미 얀테의 법칙(타인에 대한 겸손과 존중을 기본으로 하는 북유럽의 삶의 방식-옮긴이)은 끝났다며 이제 세상은 사회보다 개인을 우선시한다는 의견을 피력했다. 그는 얀테의 법칙이 사회 구성원 간의 결속과 호혜적 관계를 생성한다는 사실을 잊은 듯하다. 영국의 노동당과 노르웨이의 노동당 총리조차 경쟁 속 개인이 가장 귀하다고 외쳤던 것이다.

현대 노르웨이 신화에서 얀테의 법칙을 가장 많이 어긴 인물은 입센의 희곡 《페르 귄트》의 주인공인 페르 귄트다. 사회적 평등을 경멸한 페르는 마을의 무기력한 사고방식과 일상의 고단함에서 벗어나 세계 정복에 나섰다. 페르 귄트는 좋은 결말을 맞지 못했다. 중간에 노예무역과 투기로 잠깐 큰돈을 만지기도 했지만 5막에 이르러 밭에서 양파를 뽑다가 양파처럼 자신에게도 심지가 없다는 것을 깨달은 후 충실하고 인내심 많은 솔베이에게로 되돌아간다. 입센은 이것이 얀테의 법칙을 부정적으로 보는 이들에게 닥칠 운명이라고 말하려 했을 것이다.

　노동당 총리마저 성장과 경쟁, 개인의 야망을 찬양한 이래로 40년이 지났고 그러자 팬데믹과 함께 결속과 평등에 대한 중요성이 다시 떠올랐다. 귀찮은 의무가 없고 권리뿐인 개인으로 사는 것이 재미있고 자극적일 수 있지만 이는 순풍이 불 때만 유효하다는 것을 사람들이 깨달았기 때문이다. 위기가 닥쳤을 때 가장 중요한 것은 두려움과 불안감을 공유할 수 있는 사람, 당신의 약점과 취약성을 존중하고 이해해줄 수 있는 사람이 곁에 있느냐다.

　시장 이론은 팬데믹 동안 기능할 수 있는 것이 거의 없었다. 약자는 굴복해야 한다는 것만이 단호한 시장의 법칙이었기 때문이다. 이런 혼란을 정리하는 주체는 그동안 고루하다고 평가받았던 국가와 사회 규범, 한심하다고 외면받았던 시민 단체였다. 개인의 자유를 열렬하게 신봉하던 계층조차 팬데믹에 대응하기 위해서는 집단적 해결책이 필요하다는 것을 인정했다. 갑자기 국가 정치가 삶의 가장 중요한 틀이 되었다. 이 시기 국가의 메시지는 신자유주의적 메시지와는 정반대였다. 가능한 활동을 줄이고 가능하면 집에 머물고 다른 사람들을 배려하고 필요 이상의 생산과 소비를 피하고 안전을 확보하고 낯선 사람과의 성관계를 피하고 버스와 기차는 꼭 필요한 경우에만 이용하고 외출하지 말고 상점과 식당은 문을 닫는다. 결정적으로 개인적인 야망은 보류한다.

팬데믹의 경험으로부터 삶에서 진정 중요한 것을 깨달았던 사람들이 있을 것이다. 팬데믹 동안 유례없는 혼란을 해결하는 국가의 비효율성과 서투름을 비판하면서도 국가야말로 시민의 삶을 가장 우선시한다는 사실에 감사하는 사람들도 있을 것이다. 이 시기 노르웨이에서는 정치인들이 위협적이고 권위주의적인 지도자가 아닌 국민을 걱정하는 가족 같은 존재라는 인상을 주었다. 그 점에 대해서는 칭찬을 받아 마땅하다.

● 혼자 사는 삶과 결혼에 대하여

앞서 언급했던 동료는 술에 취해 인생의 의미는 신을 믿는 것뿐만 아니라 아이를 낳는 것이라고 말했다. 진지하게 생각해볼 만한 말이다. 반드시 자신의 생물학적 자손을 가져야 하는 것은 아니지만 자녀와의 관계를 통해 경험하는 무조건적인 사랑과 배려, 겸손, 자기 확신은 더 없이 소중한 삶의 덕목이다.

아이들과의 관계를 통해 어른은 과거와 미래를 연결하는 삐걱거리는 경첩으로 현재를 인식할 수 있다. 무엇보다도 자녀는 우리가 누구인지, 우리가 함께 만들어가는 삶은 어떤지에 대해 긴 대화를 나눌 수 있는 대상이다. 아이들은 어른에게 의존하지만 어른도 아이들에게 의존한다. 아이들로 인해 어른은 삶의 취약성과 잠재력을 깨달을 수 있기 때문이다.

몇 년 전 달라이 라마를 만났을 때 그는 자신에게 아내와 자녀가 있었다면 영적 지도자로서의 삶은 불가능했을 것이라고 말했다. 이런 태도는 가톨릭 사제들의 순결 서약을 연상시킨다. 달라이 라마의 이 말에서 나는 의외로 철학적 삶의 고독함, 때로 부러움을 사기도 하는 은둔자적 삶이 가진 약점을 느꼈다.

온전한 인간으로 성장하려면 권리와 의무가 가득 찬 친밀한 관계가 필요하다. 배우자, 자녀, 부모 등 다른 사람과 함께 살 때는 항상 자기 뜻대로 할 수 없다. 양보하고 타협해야 한다. 돌보는 사람을 우선해야 해서 출장을 취소하고 출세의 야망을 줄여야 할 수도 있다. 두 가지를 모두 갖는 것은 항상 가능한 일이 아니다. 다른 사람을 위해 자기를 버릴 필요가 없는 사람은 용서와 겸손, 감사의 능력이 온전한 사람이 될 수 없다. 잔인하게 들리겠지만 사실이다.

철학이 가진 보편적 문제점은 플라톤에서 니체에 이르기까지 유명한 철학자 대부분이 미혼 남성이었다는 사실이다. 그들은 자신의 이론을 넘어서는 것들, 사람들을 서로 연결시키는 사랑이라는 가느다란 실, 그 실이 끊어질 때 열리는 깊은 심연, 배신당했을 때 분출되는 비이성적인 분노, 폭풍이 가라앉은 후 사람들을 다시 연결시키는 끌림에 대해서 잘 알지 못했다. 단지 부부나 연인뿐만 아니라 형제 관계, 부모와 자식 관계 혹은 그에 준하는 관계에서도 마찬가지다.

소크라테스는 반성하지 않는 삶은 가치가 없다고 했지만 나는 혼자만 있는 삶 또한 불만족스럽다고 생각한다. 인간관계에서 받는 만족감은 이집트의 피라미드나 최신 인공지능의 발전이 아니라 무조건적인 사랑을 주고받을 수 있는 인간의 능력에 있다. 철학자 수잔 울프Susan Wolf가 딸을 위해 밤새 나비 코스튬을 만들었던 이유가 달리 무엇이겠는가? 그리고 이 일이 그녀에게 그토록 큰 성취감을 준 이유는? 울프는 의미의 철학을 탐구한 책에서 인간의 동기를 논할 때 일반적인 철학 이론은 적합하지 않다며 이렇게 덧붙였다.

"내가 행동하는 것은 이기심 때문도 의무감 때문도 공정한 이유 때문도 아니다. 내가 행동하는 것은 사랑 때문이다. 이기주의적이고 이원론적인 실천 이성 모델은 사랑이라는 이유, 개인의 이해관계와 관련 없음에도 특별히 열정적인 행동의 알 수 없는 이유를 무시하는 것으로 보인다."

이것이 바로 사회가 유지되는 이유다. 동반자 관계 역시 그렇다. 안전, 자유, 개성도 그렇다. 사회가 없으면 개인도 존재할 수 없다.

세상에는 자식을 갖기 전에는 그 사람을 온전한 성인으로 간주하지 않는 곳이 많다. 철학자 타누 비슈와스Tanu Biswas는 아동주의(아동을 독립된 존재로 인식하고 연구하는 사회철학의 한 갈래－옮긴이) 연구의 권위자로, 어른의 시각이 어린이에게 지침과 영감을 주는 것이 아니라 그 반대라는 철학적 지향점을 가진다. 아이들의 놀이와 상상력은 세상을 잠재력이 넘치는 경이롭고 마법 같은 곳으로 바꾼다. 어른들은 중요한 문제에 있어 아이들의 직관적 인식을 과소평가하는 경우가 많다. 우리 모두가 다시 어린아이처럼 되어야 한다고 말했을 때의 예수 그리스도는 이른바 초기 아동주의의 사상이 이미 내재되어 있었을 수도 있고, 스스로의 취약성과 의존성을 인정하고 여기 존재함을 감사할 줄 알아야 한다고 주장한 것일 수도 있다. 두 가지 해석 모두 타당하다.

특정 문화에서는 주변 세계와 특정한 방식으로 관계를 맺기도 한다. 어떤 원주민들은 스스로를 주변 환경과 밀접하게 뒤얽힌 존재로 생각하기 때문에 재규어나 바다코끼리를 친밀한 사람만큼이나 중요하게 여긴다. 하지만 이는 어디까지나 일부 원주민에게 해당되는 것일 뿐 보편적인 의미를 갖지는 않는다. 바다코끼리와는 사촌이나 딸과 같은 방식으로 관계를 맺을 수 없지 않은가. 북극에서는 여전히 인간이 바다코끼리를 사냥하며 아마존에서도 인간은 재규어와 함께 앉아 사후 세계를 생각하지 않는다.

나와 다른 사람을 연결하는 실은 나와 물개와의 공통점을 찾는 실보다 훨씬 더 다양하고 다채롭다. 나와 타인이 연결된 실은 농담을 하거나 커피를 같이 마시는 것부터 타인의 속상한 감정에 공감하는 것까지 많은 것들을 아우른다.

삶에서 종종 관계의 질서를 뒤엎는 사람이 등장할 때가

있다. 이런 사람의 등장이 때로는 에로틱한 열정으로 발전할 수 있는데 지극히 인간적인 이 관계를 폄훼하고 싶지는 않지만 나는 여기에 한계가 있다고 본다. 이런 점에서 서양인들은 아시아나 아프리카 사람들에게 불륜을 쉽게 생각한다고 비판받기도 한다.

인도인과 파키스탄인은 사랑에 기초한 결혼이 변할 수밖에 없는 찰나의 끌림이라는 비판적 인식을 갖고 있다. 반면에 중매 결혼은 잘 알지 못했던 두 사람이 낮은 온도에서 시작하여 점차 따뜻한 애정의 냄비로 성장한다고 여긴다. 멕시코에서는 새신부에게 결혼 첫해 남편과 잠자리를 가질 때마다 항아리에 동전을 넣으라고 한다. 그리고 첫해가 지나면 관계를 할 때마다 항아리에서 동전을 꺼내라고 한다. 그러면서 항아리가 절대 비워지는 일은 없을 거라고 냉소적으로 결론 내린다. 사랑과 결혼으로 엮인 관계에 대한 사회문화적 인식은 이토록 다르면서도 또 공통점을 갖는다.

내가 관계에 의해 창조되며 그 관계 속에서 계속 재창조된다는 깊이 있는 식견에 이미 도달했다면, 자아실현을 궁극적인 목표로 삼는 개인주의는 과연 얼마나 의미가 있을지 되짚어볼 필요가 있다. 이혼을 한 많은 사람들이 이혼 후 자신의 삶에서 많은 부분이 삭제된 것에 놀라움과 실망을 표한다. 그들은 더 이상 이전의 가족사진을 벽에 걸 수 없고 아이들이 어렸을 때의 재미있는 에피소드와 가슴을 따뜻하게 하는 생일 축하를 회상할 수 없다. 새로운 배우자가 있는 경우 이전 배우자와의 추억과 경험을 언급하는 것조차 도발과 위협으로 여겨질 수 있다. 중매 결혼이 생활화된 사회에서는 결혼을 단순히 두 사람이 결혼하는 것이 아닌 두 가족의 결합으로 보기 때문에 더 복잡하다.

길고 다사다난했던 결혼 관계를 끝내는 것은, 감성 충만했던 추억의 태피스트리를 만든 수많은 실을 끊는 일이다. 이혼이 나쁜 일이라고 말하려는 것이 아니다. 배우자 사이의 실이 오염되었을 때는 이혼이 필요하다. 하지만 이혼에는 사람들이 생각하는 것보다 큰 대가가, 끊어진 관계의 길이와 강도에 비례하는 대가가 따른다. 그들은 결국 연결된 존재가 아닌, 분리되고 고립된 존재가 된 자신을 발견한다.

유럽 북서부에서는 재산, 자녀, 반려동물을 공유하는 동거인들 사이에서 가장 강한 정서적 유대가 존재하는 것으로 가정한다. 다른 지역에서는 아버지와 아들의 관계가 사회의 기본 구성 요소가 된다. 주로 지중해 지역이 그렇다. 시칠리아나 튀니지의 경우 남성이 사망하면 보통 아버지 옆에 묻힌다. 네덜란드나 노르웨이의 경우 남성이 사망하면 아내 옆에 묻힌다. 더 정확하게는 아내가 남편 옆에 묻힐 것이다. 여성이 남성보다 좀 더 오래 살기 때문이다.

카리브해의 섬들이나 기타 노예제가 철폐된 곳에서는 어머니와 아들 사이의 연결이 가장 강력한 사회적, 정서적 유대였다. 노예제 철폐 이후에도 여성은 가족 구성원으로서 신뢰할 수 없다는 시각이 지배적이었다. 딸은 남자가 생기면 사라진다. 반면 아들은 항상 충성스럽다. 그 이유는 아내가 남편을 신뢰할 수 없는 이유와 일부 겹친다. 남성들은 항상 어머니에 대한 의무를 최우선으로 생각한다. 아무리 멀리 떨어져 있어도 어머니께 최소한의 용돈을 매달 보내는 것을 당연하게 여기며 어머니의 전화를 받지 않는 것은 나이에 관계없이 나쁜 짓으로 생각한다.

　　모든 사회에는 관계의 본보기가 되는 연대, 즉 일종의 사회적 관계가 존재한다. 이러한 연대 속에서 발생하는 무조건적인 사랑은 감사와 희생, 용서, 취약성과 같은 감정을 불러일으키는데 이는 개인의 자아실현에 대한 신자유주의의 찬양과는 동떨어져 있다. 사회적 연대 안에서 이런 강렬한 유대감을 느끼고 적극적인 지원을 받아보지 못한 개인의 삶이란 불완전할 수밖에 없다.

● 인간이 다른 생명체와 친밀한 관계를 맺는 방식

인간이 아닌 존재와의 관계는 인간 관계와 동일할 수 없다. 하지만 인간이 땅에 대해 갖는 깊은 소속감을 생각해보면 또 다른 생각이 든다. 내 땅을 안 좋은 이유로 누군가에게 내주어야 하는 상황이면 깊은 상실감과 슬픔을 느낄 것이다. 다만 이때 느끼는 슬픔은 상호적인 것은 아니다. 사람이 죽는다고 숲이 슬퍼하지 않는 것처럼. 나는 집 뒤의 작은 언덕에 있는 큰 밤나무를 보며 감탄하곤 하지만 밤나무는 나에게 어떤 마음도 갖지 않는다.

우습게 들릴지 몰라도 나는 고양이와 자주 대화를 나눈다. 고양이는 나름의 대답을 하지만 내게 행복하냐고 먼저 묻지는 않는다. 때문에 당신이 산과 대화를 나눈다고 해도 나는 충분히 이해한다. 다만 산이 대답을 했다는 말을 들었다면 나는 당신의 상상력과 신비주의적 발상을 먼저 떠올리겠지만.

물론 인간은 동물과 소통 가능한 주파수를 활용할 수 있다. 학자 라스 리산Lars Risan의 논문 〈소란 무엇인가?Hva er ei ku?〉을 보면, 소를 축사가 아닌 대지에서 놓아 기르는 방식으로 전환한 노르웨이 남서부 지역 농부의 사례가 등장한다. 소의 귀에 마이크로칩을 심어서 기계가 소를 따라다니며 사료를 공급하기 때문에 소는 넓은 곳에서 자유롭게 돌아다닐 수 있다. 그 결과, 전에는 축사 위치만 알면 되었던 농부들이 이제 소 한 마리 한 마리에 대해 알아야 한다. 논문에 등장하는 이 농부는 마치 소와의 소통에 특출한 기술을 가지고 있는 듯 보인다. 신비롭게 동물과 대화하는 것이 아니라 그저 소의 리듬에 맞추면서 축사 주위를 천천히 돌아다니는 식으로 말이다. 그는 낮은 목소리로 천천히 말을 걸면서 소의 커다란 머리를 쓰다듬는다. 소들은 마치 그의 곁에서 긴장을 푸는 듯 보인다. 그렇게 농부는 소와 하나의 네트워크로 연결된다.

내가 고양이에게 놀자고 장난을 걸 때면 가끔 이 농부의 사례를 떠올리기도 하고 몽테뉴를 떠올리기도 한다. 몽테뉴는 해야 할 일이 있을 때도 개와 놀곤 한다는 고백을 여러 번 한 바 있다. 그에 따르면 동물들은 그들만의 방식으로 서로 대화하는데 인간은 개와 대화할 때 돼지나 닭, 말과 이야기하는 것과는 다른 방식을 취한다. 그런데 그로부터 겨우 몇십 년 후 데카르트는 아무 근거도 없이 동물이 단지 '진보된 오토마타(스스로 움직이는 기계—옮긴이)'에 불과하다는 경솔한 발언을 했다. 동물의 존엄성을 무시하는 이 관점은 인간과 동물의 관계에 있어 오랫동안 큰 해악을 끼쳤다. 데카르트는 많은 것을 알고 있었지만 동물의 세계는 전혀 모르고 있다.

인간의 시선은 동물별로 차이를 두지만 그 방식은 왜곡되어 있고 오해를 사기 쉽다. 돼지는 햄과 베이컨을 제공하는 기계처럼 취급하고 산업적으로 생산하는 반면, 개는 거실이나 침실 가구 위에 인간과 함께 누워 지낸다. 이런 차이가 돼지가 개보다 단순하기 때문이라는 말은 허접한 핑계다. 돼지 역시 귀 뒤쪽을 긁어주면 좋아하는 호기심 많고 영리한 동물이며 우리가 생각하는 것보다 훨씬 인간과 비슷하다. 나는 암 수술을 받은 후 음식을 소화시키기 위해 돼지 췌장에서 추출한 효소에 의존하기도 했다.

인간이 다른 종과 어느 정도까지 소통할 수 있는지는 여전히 의문이다. 이 질문에 현명하게 접근하기 위해서는 세 단계가 필요하다. 첫째, 데카르트의 무식한 의식 세계에서 탈출해야 할 것이다. 동물은 단순한 오토마타가 아니다. 동물은 욕망과 감정을 가지고 있다. 두 번째 단계는 동물을 동등한 생명체로 존중하는 문화를 샅샅이 찾아내어 확인하는 일이다. 동물을 죽이지 않거나 동물을 먹더라도 감사를 표현하는 문화와 기록이 세계 곳곳에 많은데 공장식 축산에 길들여진 사람들은 이를 통해 교훈을 얻을 수 있다.

세 번째 단계는 좀 더 까다로운데, 스포트라이트를 우리 자신에게 돌려 동물과의 관계가 인간과의 관계만큼 의미 있을 수 있는지 묻는 것이다. 어떤 이들에게는 그것이 가능해 보인다. 사실 동물은 인간보다 다루기 쉬운 존재다. 동물은 결혼기념일을 잊거나 전기를 절약하기 위해 실내 온도를 낮춰도 불평하지 않는다. 개는 순종적이고 충성스럽고 금붕어는 조용하며 말은 적절히 돌봐주기만 하면 뛰어난 조수 역할을 한다.

그럼 고양이는 어떨까? 전 세계의 고양이 수는 총 6억 마리로 추정되며 이 중 약 3분의 2가 반려묘이고 나머지는 야생 고양이다. 고양이는 개 다음으로 흔한 반려동물이지만 고양이에 대한 우리의 이해도는 충분하지 않다. 고양이는 너무 독립적이어서 훈육이 어렵다는 인상을 주기 때문에 불가해하고 신비롭다는 말이 있지만 내 눈에는 고양이가 단순하고 멍하니 별 생각이 없어 보인다. 나와 함께 사는 늙은 고양이 듀이를 보자.

듀이는 열여덟 살이었다. 눈은 점차 흐릿해지고 털은 숭숭 빠졌다. 페르시아 양탄자 위에 쥐를 잡아다 두는 일도 몇 년째 없다. 불평스러운 투로 야옹거리며 집안 곳곳을 정처 없이 비척비척 걸어 다녔고 하루의 대부분은 소파에 앉아 무위도식했으며 피부병 때문에 몸을 맹렬하게 긁어서 사방에 털 뭉치가 굴러다녔다. 식욕도 일정치가 않았고 더 이상 음식을 씹지 못했다. 어느 날 녀석의 전반적인 상태를

살펴보고자 나는 17년 넘게 다닌 동물병원에 듀이를 데리고
갔다.

수의사가 능숙하게 듀이의 배를 누르고 사지를 시험 삼
아 당기는 동안 나는 그 동물병원이 안락사와 화장을 맡아
주는지 물었다. "네, 가능합니다. 비용은 선택 사항에 따라
달라집니다. 가격이 저렴한 공동 화장을 선택할 수도 있고
개별 화장을 선택할 수도 있습니다." 나는 그의 말을 끊고
개별 화장을 선택할 것이라고 말했다. 어쨌든 듀이는 가족
이니까. "그럼 유골함을 받게 됩니까?" 상황이 확실해지고
있다는 것을 알아차린 내가 물었다. 수의사는 고개를 끄덕
였다. "작은 금속 유골함과 하트 모양의 생분해성 판지 유골
함 중에 선택할 수 있습니다."

그즈음 듀이는 주사를 맞고 약에 취한 상태였다. 듀이와
내 눈이 마주쳤다. 낯선 환경이었지만 내가 옆에 있어서 듀
이는 안전하다고 느낄 터였다. 나는 멍하니 듀이의 왼쪽 앞
발을 잡았고 듀이가 죽도록 그냥 둘 수 없다는 사실을 깨달
았다. 지난해부터는 밥그릇이 있는 곳까지 듀이를 안아서
옮겨놔야 했고 가장 비싼 브랜드의 파테를 포크로 으깨주
어야 겨우 먹을 수 있었다. 그럼에도 듀이는 내 곁에 있어야
한다는 생각이 들었다.

집에 도착하자 듀이는 케이지에서 뛰어나와 바로 울부

짖기 시작했다. 내 무릎에 앉아 키보드나 책에 침을 흘리며 내면의 평화를 찾는 듯 보였다. 본래 그런 자세로 누워 있으면 놀라울 정도로 빠르게 내 스웨터를 갈갈이 찢어버릴 수도 있는데 늙고 병든 듀이는 그럴 수 없었다. 집안을 비척비척 돌아다니며 손이 닿지 않는 곳에 털 조각을 흩뿌리지 않는 한 듀이는 이제 대부분의 시간을 소파에 무기력하게 누워 보내곤 했다.

듀이는 류머티즘을 앓고 있었고 이가 다 빠졌고 잠도 잘 자지 못하고 냄새가 나고 인지 장애까지 있었지만, 이상하게도 2003년 3월 1일 깜짝 선물로 내가 집에 데려왔던 생후 3개월 된 귀여운 새끼 고양이와 전혀 다르지 않았다. 그때 나는 아이들에게 운이 좋으면 너희가 집을 떠날 때까지 고양이와 함께 지낼 거라고 말했었다. 아이들은 다 커서 독립한 지 오래다. 듀이는 내 아이들과 달리 새로운 삶을 위해 독립할 의사가 없는 가족 구성원이다.

마늘과 감귤 껍질로 채워진 채 180도 오븐에서 지글지글 익고 있는 닭이나 몸의 일부분이 잘려 냉장고 속 베이컨으로 가공된 돼지에 대해 듀이와 같은 관심을 보일 수 있었다면, 나는 고기를 먹지 않거나 먹더라도 새로운 방식으로 먹었을 것이다. 피투성이가 된 바다코끼리를 얼음 위에 놓고 죽은 바다코끼리와 해양 생물의 여신인 세드나에게 감사하는 전통을 가진 이누이트족처럼 말이다. 물론 현재의 이누이트족은 바다코끼리 대신 상점에서 구입한 덴마크산 냉동 돼지갈비를 먹고 있지만. 인간과 동물 사이의 실은 끊어졌다. 거기에는 상호성이 없다. 접착 필름으로 포장되어 슈퍼마켓에 놓여 있는 덴마크산 돼지고기는 생명과 관련이 전혀 없어 보이는 단백질 덩어리일 뿐이다.

동물이 일반적으로 사람들로부터 충분한 존중을 받지 못하는 것은 사실이지만 반대로 과하게 관심을 받는 것도 문제가 있다. 돌고래같이 몸집이 작은 고래목 동물이나 범고래가 숨구멍이 얼어서 문제가 될 때면 전 세계 미디어가 북극의 드라마에 집중되고 동물환경운동가들은 정부나 불특정한 다수에게 도움을 달라고 목청을 높인다. 지중해에서 난민 수십 명이 익사해도 짧은 뉴스로 보도되는 게 전부인 사실과 비교하면 매우 아이러니하다.

동물은 무고하고 인간은 끔찍한 죄인이라는 변변찮은 주장이 이런 식의 견해를 옹호할지도 모르겠다. 그러나 분명히 해두자면 동물은 도덕적인 존재가 아니라 도덕관념이 없는 존재다. 그럼에도 동물에 대한 과보호는 도처에 깔려 있다. 동물이 중동의 난민과 같은 대우를 받았다면 그 즉시 동물의 존엄성을 요구하는 격렬한 사회 운동이 시작됐을 것이다.

한편 다른 종과의 관계에 있어 종의 다름을 인식하는 건 매우 중요한 문제다. 인간은 다른 종을 존중하고 배려해야 하지만, 종 간의 특성을 무시하고 인간과 똑같이 간주하는 건 도리어 역차별이 될 수 있다. 인간이 돼지와 쥐를 존중하고 배려해야 하는 건 맞지만 그렇다고 돼지와 쥐에게 '너희 종의 권리 선언문을 작성하라'고 할 수는 없다.

인간과 인간, 인간과 다른 생명체를 연결하는 실은 눈에 보이지는 않아도 그 수는 무수히 많다. 그중에서도 굵은 실이 있고 가는 실이 있는데 이 실들이 얼마나 튼튼한가는 우리가 얼마나 많이, 얼마나 깊이 그들과 얽혀 있는지 그리고 얼마나 많은 양분이 관계에 스며들도록 하는지에 좌우된다.

인간관계가 줄어들고 외부 세계로 연결된 실이 가늘어질수록 움벨트Umwelt에서의 통합은 약해진다. 움벨트란 20세기 초 생태 사상가 야콥 폰 웩스퀼Jakob von Uexküll이 제시한 용어로, 생물학적 생존을 기준으로 한 주변 세계, 주변 환경 정도로 표현할 수 있다.

인간은 가장 두꺼운 실 즉 가장 가까운 타인, 의미 있는 타인으로부터 버림받거나 학대를 당할 때 가장 취약해진다. 이런 상황에서는 개인의 존재감에 심각한 타격을 받는다. 반면 알지 못하는 사람으로부터 비방을 당하고 경멸의 시선을 받는 건 그리 크게 타격을 받지 않는다. 좋든 나쁘든 타인과 연결하는 실은 중요하다. 그 실이 보이지 않는 순간 인간은 완벽한 혼자가 된다. 삶이 무의미해지는 순간이고 다른 어떤 생명체도 나를 필요로 하지 않으니 삶을 끝내는 것이 낫겠다고 생각하는 무서운 순간이다.

인간이 혼자 살 수 없다는 내 주장이 너무 뻔한가? 그렇다면 이런 식견을 함께 더 잘 살기 위한 실천에 옮기는 것은 왜 그렇게 어려운가? 이를 설명하기 위해 우리가 얽혀 있는 거대한 생태계의 특성, 즉 어떤 성향은 자극되고 어떤 성향은 약해지는 본성을 이야기할 필요가 있다.

사회학자 에밀 뒤르켐Émile Durkheim은 인간을 호모 듀플렉스로 본다. 인간이 원시적 본능의 지배를 받는 생물학적 존재인 동시에 사회적 규범과 가치관에 따라 살아가는 도덕적 존재라는 것이다. 나는 이 관점이 통속적인 다윈주의보다는 개선됐긴 하지만 한계가 있다고 생각한다. 사회적 규범이 촉발한 인간 사이의 의심과 적대감은 무엇으로 설명할 것인가. 반면에 동물적 본성에 따라 인간은 서로 돕는 존재가 되기도 한다. 인간을 비롯하여 동물, 식물, 균류 등 모두 협력하며 생존하는 거대한 생태계를 상상해보라.

호모 듀플렉스 이야기로 돌아와서, 이렇게 표현해보자. 해리포터 시리즈의 3부 《아즈카반의 죄수들》 끝부분에서 해리는 자기 자신에 대한 실존주의적 의심에 시달린다. 해리는 선한 존재가 되고 싶지만 이마의 번개 흉터에서 알 수 있듯 자신 안에 악한 무언가가 있음을 알고 있다. 볼드모트가 부모를 살해하고 해리를 죽이려다 실패했던 어린 시절에 생긴 흉터다.

호그와트 입학식 때 분류 모자는 해리의 기숙사를 두고 슬리데린과 그리핀도르 사이에서 결정을 망설였다. 슬리데린은 오랫동안 흑마법과 어둠의 세력에 장난삼아 손을 대는 것으로 유명했던 반면 그리핀도르는 용감하고 정의로운 사람들로 이루어져 있다. 해리는 결국 그리핀도르로 갔지만 그때부터 의심이 시작된다. 결국 해리는 교장 덤블도어에게 조언을 구한다. "선생님, 제가 선한지 악한지 모르겠어요. 각기 다른 힘들이 저를 다른 방향으로 끌어당기는 것 같아요. 제가 누구인지 어떻게 알 수 있나요?" 교장 선생님은 한없이 깊은 눈빛으로 그를 바라보며 길고 흰 수염을 조심스레 쓰다듬고는 마침내 이렇게 말했다. "해리, 그건 너에게 달려 있다."

해리 포터 시리즈의 손꼽히는 이 명장면은 아마 북아메리카에 전해지는 두 늑대 신화에서 영감을 얻었을 것이다. 내가 알기로 이 이야기는 미국 남동부, 플로리다 북부, 테네시 남부의 삼림 지대에서 살던 체로키 부족에게서 비롯되었다. 반백의 할아버지가 어린 손자에게 말한다. "내 안에는 서로 우위를 차지하려고 싸우는 두 마리 늑대가 있지. 하나는 악이란다. 악한 늑대는 분노이자 시기이며 슬픔, 후회, 탐욕, 오만, 자기 연민, 죄책감, 원한, 열등감, 거짓말, 거짓 자부심, 이기심이지. 두 번째는 긍정적인 감정이란다. 이 늑대는 기쁨, 평화, 사랑, 희망, 조화, 겸손, 선함, 친절, 공감, 관대함, 진실, 연민, 신뢰지. 이 둘은 죽을 때까지 싸움을 하는데 그런 싸움이 네 안에서도 벌어지고 있단다." 아이가 묻는다. "그래서 누가 이겨요?" 노인은 답한다. "그건 내가 누구에게 먹이를 주느냐에 달려 있지."

● 개인과 개인이 함께 살아가기 위하여

팬데믹이 한창이던 2021년 여름이 되자 전 세계의 사회학자들은 사람들이 가장 그리워한 것이 무엇인지에 대한 연구를 수행하느라 무척 바빴다. 유럽의 경우 '다른 사람들과의 관계' 쪽으로 대답이 쏠려 있었다. 많은 사람들이 팬데믹 기간 동안 가장 큰 손실이라 생각했던 것은 '걱정 없이 쉽고 편안하게 사람들과 어울리는 것'이었다.

무언가가 더 이상 존재하지 않을 때 비로소 그 의미가 명확하게 드러난다. 팬데믹의 교훈으로 물질적 생활 수준보다 삶의 질을 더 중요하게 생각하는 사회가 가능하다는 것이 입증되었다. 갑작스럽고 놀랍게 들릴지도 모르겠지만 이런 가능성의 시작에는 '인간의 손'이 있다. 인간에게 손이 없고 집게발이나 발만 있다고 상상해보라. 참된 인간다움은 손에서 태어난다. 집게발로는 서예를 할 수도 없고 베토벤의 9번 교향곡을 쓸 수도 없다.

이렇듯 인간의 가장 전형적인 특징 중 하나는 명확한 지침 없이 제공되는 사지를 갖고 있다는 것이다. 진화는 우리에게 이렇게 말한다. "이봐, 너에게는 손이 두 개 있어. 이 손을 어디에 사용할지는 너에게 달려 있어." 이런 면에서 개, 돌고래, 독수리는 인간만큼 다양한 삶을 살지는 못한다.

그들에겐 시를 쓰거나 머핀을 굽는 데 사용할 신체 부위가 없다.

악수는 손이 제공하는 행동유도성(특정한 행동을 하게끔 유도하거나 특정 행동을 쉽게 하게 하는 성질−옮긴이) 중에서 꽤 큰 의미를 지닌다. 팬데믹 동안 악수를 하지 못하는 것은 생각보다 더 심각한 문제였다. 신경과학자이자 스탠드업 코미디언인 엘라 알샤마히Ella Al-Shamahi는 자신의 책《악수Handshake》에서 침팬지 역시 악수를 연상시키는 방식으로 서로의 손을 댄다고 주장한다. 그녀는 팬데믹으로 악수가 불가능해졌을 때 매우 낙심했다고 한다. 독실한 무슬림으로 성장한 그녀는 최근까지도 악수를 피했다가 마침내 악수를 하기로 마음 먹었던 차였다. 악수 대신 손을 가슴에 대거나 바보 같은 거수경례를 하는 등의 당혹스런 제스처를 안 해도 된다는 생각에 안도했던 차였다. 그러나 알샤마히가 결심을 하고 악수를 시작한 지 얼마 지나지 않은 2020년 3월, 팬데믹으로 소독 및 사회적 거리두기에 대한 엄격한 규칙이 시행되고 말았다.

물론 악수만이 유일한 인사법은 아니다. 인도에서는 합장하면서 머리를 살짝 숙이는 인사법 나마스테가 일반적이며 남태평양 섬에 사는 사람들은 물론 이누이트족도 여전히 서로의 코를 비비며 인사를 나눈다. 노르딕 허그나 프렌치

에어키스와 같은 인사법도 있는데 보통 이런 인사는 악수와 함께 한다.

사실 악수는 육두구나 콜라 캔과 마찬가지로 식민주의와 제국주의의 잔재 중 하나다. 물론 악수가 백인들의 유일한 인사 형태는 아니며 세계 여러 곳에서 독립적으로 만들어진 형태의 인사법인 것은 맞다. 생태학자 이레노이우스 아이블-아이베스펠트 Irenäus Eibl-Eibesfeldt 는 1970년대 뉴기니를 방문했을 때 만난 쿠쿠쿠쿠 부족과 우이탑민 부족에 대해 설명한다. 그들은 일상적으로 악수를 나누고 있었다. 그들이 외부 세계와 처음 접촉한 것은 불과 7개월 전이었으니 그들은 항상 악수를 해왔던 것이다.

악수는 간단하고 친근한 행동이다. 과도하게 친밀하거나 지나치게 개입하지 않는 인간관계와 평등성을 표시한다. 뺨을 맞대거나 포옹하는 인사를 부담스럽게 생각하는 사람들이 있지만 손과 손을 몇 초 동안 잡는 것을 부담스러워하는 사람은 거의 없다. 또한 악수는 민주적인 인사법이기도 하다. 사회 위계에서 자신보다 위에 있는 사람과 악수를 하는 것은 영광으로 여겨지고 자신보다 아래에 있는 사람과 악수를 하는 것은 관대함을 암시한다. 악수를 하는 순간 두 사람은 동등한 입장에 선다.

악수라고 위험이 없는 것은 아니다. 손이 잠깐이라도 스치면 그것은 무엇이든 퍼뜨리는 교환처가 된다. 팬데믹의 결과로 일부에서는 낯선 사람의 손을 잡는 것이 낯선 사람으로부터 뺨에 키스를 받는 것과 비견할 만한 비위생적인 행동으로 인식했다. 미국의 경우 팬데믹 동안 사회적 접촉이 금지된 것은 당연했는데 그들은 이미 100년 전 스페인 독감이 유행했을 때도 악수를 막은 바 있다.

알샤마히에 따르면 악수가 계속 존재하는 이유는 기존에 알려진 명시적인 장점뿐 아니라 화학적 신호를 전달하고 냄새와 물리적 접촉으로 인한 도파민 생성을 자극하는 것에도 있다. 맞는 말인 것 같다. 악수는 두 사람 사이의 더 많은 가능성을 향한 도약대 역할을 하며 두 사람이 일체된 경험을 선사한다.

관계에는 생래적으로 인간을 교화시키는 무언가가 있다. 우리 사회에서는 권리에 대해 이야기하는 것이 흔한 일이며 권리를 신성시하고 옹호하고 그것을 위해 싸운다. 하지만 의무에 대해서는 훨씬 덜 이야기한다. 보통 자신의 약점과 취약성을 인식해야만 타인에게 얼마나 빚을 지고 있는지 알게 된다. 사람들이 당신을 키우고 지원하고 작은 호의와 오랜 우정을 베풀고 절망이나 죽음으로부터 당신을 구했다는 사실을 인식할 때 비로소 당신은 다른 사람들에게 감사와 겸손과 같은 단어의 의미를 가르칠 수 있고 깊은 뜻을 배울 수도 있다.

권리와 의무 사이에는 균형이 필요하며 둘 다 과거와 미래로 퍼져나가야 한다. 동물은 그와 같은 식으로 느끼지 않을 것이다. 동물 세계의 과제는 다른 동물과의 경쟁 가운데에서 먹이를 구하고 잡아먹히는 일을 피하고 번식하고 새끼를 돌보는 것이다.

이런 측면에서 생각할 때 나는 듀이가 어떤 삶을 살았던 것인지 궁금해지곤 한다. 듀이는 사춘기에 이르기 전 중성화 수술을 받았기 때문에 짝짓기에 대한 충동을 느껴본 적이 없다. 그는 인도의 히즈라(원래 남자로 태어났으나 여성의 삶을 살아가는 사람들을 지칭하는 용어-옮긴이)나 아라비안 나이트의 하렘 경비병처럼 거세를 당한 채 세상을 마주해야 했다. 수년 동안 듀이는 자기의 영역을 지키기 위해 자기 어미를 포함한 이웃 고양이들에게 시비를 걸곤 했다. 나는 인내심을 가지고 듀이에게 적이 아닌 친구도 만들어야 한다고 설명했지만 내 말을 전혀 듣지 않았다. 듀이가 수십 마리의 생쥐와 참새를 죽인 것으로 봤을 때 거세가 사냥 본능을 약화시키지 않은 것이 분명했다.

이렇게 특이하게 적응된 고양이, 그러니까 매일 사람들이 먹이를 주고 따뜻하고 포근한 보금자리가 있고 생존을 위해 싸울 필요가 없고 성적 좌절과 얽힘에 방해를 받지 않는 고양이를 자극하는 것은 무엇일까? 아마도 지루함을 이기고자 하는 욕구일 것이다. 듀이는 관절염에 시달리는 늙은 고양인데도 정기적으로 창틀 위로 애써 올라가서 미동도 없이 바깥세상을 오랫동안 바라보다가 갑자기 뛰어내리더니 놀라울 만큼 결의에 차서 밖으로 뛰어 나간다. 새나 이웃 고양이가 자신의 영역을 침범하는 것을 봤을지도 모른다. 무슨 생각이었는지는 지금도 알 수 없다.

우리 인간에게는 다른 문제다. 아메바에서 침팬지에 이르기까지 다른 생물들도 인류와 마찬가지로 주변 환경과 실을 연결하고 거기에 의존한다. 하지만 다른 생물들은 질문을 하지 않는다. 다른 생물들은 성당을 짓지도 않고 행복한 어린 시절을 회상하지도 않는다.

개성은 의미 있는 방식으로 계속 존재한다. 야망을 통해 드러나기도 하지만 사적인 것, 내적인 것, 불가분의 것, 즉 나 혼자만이 온전히 이해할 수 있는 것, 즉 너무 난해해서 나 외에는 아무도 이해할 수 없는 말장난, 시, 음악, 식사의 경험 등 주관적인 경험, 거울 속에 보이는 자신이 되는 경험을 통해 표현되기도 한다.

몽테뉴는 이렇게 말한다. "모든 사람에게는 다른 사람으로부터 멀어질 수 있는 개인적인 공간이 있어야 한다. 8명의 가족과 방 하나를 공유하는 사람일지라도 혼자만의 생각을 할 수 있는 정신적 무대의 뒤편이 필요하다."

전 세계 사람들은 각기 다양한 방식으로 자신만의 밀실에 들어간다. 중국에서는 잡화점 뒤쪽으로 보이지 않는 밀실을 두곤 한다. 창문도 없고 연기로 가득 찬 이 방에는 몇몇 남성들이 점심시간에 정기적으로 모여 도박을 하고 담배를 피우며 차를 마신다. 이들의 주변 사람들 심지어 공안조차 이들이 이곳에서 무슨 일을 하는지 알지 못한다.

자연을 숭배하는 사회에서 자란 노르웨이 사람들은 자연 속에서 혼자 있을 때 이 밀실로 들어간다. 지극히 사적인 이 공간에 들어가 내 무릎 위에서 가르랑거리며 침을 흘리는 고양이와 함께 악기를 연주하거나, 가만히 음악을 듣거나, 정처 없이 허공을 볼 수도 있다.

내가 탐색한 모든 관계는 동경과 갈망, 결핍 없이는 불가능하다. 세상의 모든 것들은 각기 차이가 있지만, 그것을 당연한 것으로 받아들이면 그 차이는 시야에서 사라진다는 사실을 잊지 말아야 한다. 무언가가 빠진 것이 생기면 감정이 고조되면서 관계가 불완전해진다. 결핍이 인생의 두 번째 의미인 데에는 이런 이유가 있다.

결핍

자유로운 보통 사람에게는 여러 개의 소원이 있지만 감옥에 갇힌 죄수의 소원은 하나다. 건강한 여자에게는 여러 개의 소원이 있지만 몸이 아픈 그녀 언니의 소원은 하나다. 가뭄에 취약한 레바논에는 '물을 주는 땅의 풀이 더 푸른 법'이라는 말이 있다. 풀의 갈망을 알아차리고 물을 주면 푸르게 번성할 수 있다는 것이다.

마음속 후미진 곳이 내 은신처이자 자유로운 공간이 될 수 있지만 그것만으로는 삶에 의미를 불어넣을 수 없다. 삶에 의미를 불어넣기 위해서는 다른 사람들이 필요하다. 우리는 사람들을 통해 사랑, 감사, 안전, 자유를 받고 또 나눈다. 기본적인 생존 욕구가 충족된 사람에게 있어 가장 부족한 자원은 대가가 큰 무형의 가치일 것이다.

인류에게 결핍은 언제나 존재했다. 그리고 인류의 결핍을 해소하기 위해 다양한 방식으로 진화는 이루어졌다. 인간은 현재의 식량이 충분하더라도 이 풍요로움이 지속된다고 안심할 수 없었다. 진주를 녹여 마시고 당나귀 젖으로 목욕을 하는 이집트 여왕이 아닌 한 자기 몫으로 아름다운 것들을 충분히 소유할 수도 없었다.

전 세계 인구의 4분의 1이 매일 생존을 위해 투쟁할 필요가 없다. 이는 매우 특별한 의미를 갖는다. 살아남기 위해 매일 애쓰는 대신 삶의 의미에 대한 책을 쓰며 여가 시간을 보낼 수 있는 것이다. 진화라는 수단은 인간이라는 종의 결핍을 극복하는 데 많은 도움이 되었지만 필연적으로 물리적 세계에 피해를 주는 방식이기 때문에 스스로를 훼손할 수밖에 없었다. 궁극적으로 풍요를 현명하게 다루는 방법을 알려주지도 못했다.

어쩌면 결핍 자체가 이 진기하고 이례적인 환경에서 가장 희귀한 자원일 수도 있다. 항상 구할 수 있는 것에는 가치가 없다. 오늘날 전 세계 중산층과 상류층이 직면한 큰 문제는 부족이 아니라 풍요다. 자세히 살피기 전까지는 드러나지 않겠지만 결국 누군가 발견하게 된다. 우린 모든 것을 가지고 있지만 그것이 우리가 가진 전부라는 것을. 결핍은 존재의 기본 조건이다. 얼어 죽기 직전인 사람에게는 몸 안에 단 하나의 소원을 품을 공간만이 남아 있다.

마리우폴 시민들은 상사를 원망하고, 아이에게 숙제하라고 잔소리를 하고, 하루 종일 들리는 위층 노인의 기침 소리며 터무니없는 휘발유 가격에 대해 큰 소리로 불평하며 보통의 일상을 보냈다. 일상의 이런 소소한 골칫거리들은 2022년 이 도시에 러시아 폭탄이 비처럼 쏟아지기 시작한 날 단번에 사라져버렸다.

2001년 미국에서 9·11이 터졌을 때, 이 순간 무엇보다 중요한 건 무슬림이 악마와 동일시되는 걸 막는 거라고 이성적으로 생각해야 했을까? 파괴적인 흑백논리에 기반을 둔 적대적 집단 정체성을 만들어, 연약한 실들이 끊어진 채 무조건적인 분노와 증오에 휘둘리는 상황을 피해야 한다고 냉정하게 생각해야 했을까?

나는 그렇게 반응하지 않았다. 불타는 뉴욕의 빌딩을 보면서 가장 먼저 떠오른 생각은 내 아이들, 두 살과 네 살밖에 안 된 연약하고 어린 아이들이었다. 무너져 내리는 건물, 자욱하게 피어오르는 검은 연기, 극심한 공포에 어쩔 줄 모르는 군중을 지켜보면서, TV 화면을 통해 새어나오는 증오와 분노에 공감하면서 나는 올레와 아만다가 어떤 세상에서 자라게 될지, 아이들이 세상에 대한 신뢰를 가질 수 있을지,

아니면 매번 의심과 거짓에 익숙하게 될지 생각했다.

나는 그때가 우리를 세상과 연결하던 가느다란 실들이 썩어 끊어질 위험이 있는, 몹시 결핍된 상황으로 보였다. 물론 대부분의 사람들은 대부분의 시간 동안 내 바운더리의 작은 세상에서 산다. 그럼에도 지구 온난화를 걱정하거나 서로 다른 종교에 대해 대화를 나누거나 식민주의라는 뒤틀린 유산에 대해 차분하게 생각하는 것이 필요한데, 그렇게 넓고 큰 생각을 할 시대가 완전히 끝나버린 것 같았다. 본능적이고 실존적인 결핍에 집중하는 시대가 된 것 같았다.

세계는 예전보다 심각한 물질적 결핍에서 많이 벗어나 있지만, 지금은 다른 형태의 정서적 결핍이 계속해서 우리의 삶을 방해하고 있다. 새로이 등장한 정서적인 결핍은 점점 그 존재가 커질 것이다.

살면서 겪는 이런 유의 결핍은 인간에게 필연적인 것이지만 AI는 이해할 수 없는 영역이다. 연인에게 버림받은 사람은 누구나 가슴에 구멍을 지닌 채 살아야 한다. 사랑하는 사람을 잃어본 사람은 그 비탄에서 결코 완전히 벗어날 수 없다.

● 젊은 날의 갈증과 갈망

생존에 위협을 느끼면 인간은 짧은 시간이나마 자신의 모든 갈망을 하나로 응축시킨다. 갈증으로 죽을 것 같은 사람도 마찬가지다. 경제학 수업에서 수익률 감소의 법칙을 보여주는 사례로, 안갯속 카페의 윤곽이 보일 때까지 사막을 기어가는 사람을 이야기한다. 사막을 기어가는 그는 첫 번째 물병에는 기꺼이 매우 비싼 값을 지불하고 두 번째 물병에도 상당한 금액을 지불하지만 세 번째 물병에는 보통의 시장 가격 이상을 지불하지 않는다.

1981년 봄, 이스탄불에서 일주일을 보냈다. 유럽 여행이 거의 끝나가는 시점이었다. 나는 온실에서 일하고 번 돈으로 여행자 수표를 끊은 뒤 생기 없고 조용한 내 고향 튀스베르그를 떠나 여행을 시작한 터였다.

바람이 불고 추웠던 1월의 어느 날, 페리에 올라 오슬로에서 좁은 피오르를 벗어나 넓은 바다로 진입했을 때 나는 지금까지 생생히 기억날 정도로 아찔한 자유로움에 취해 있었다. 세상은 활짝 열려 있었고 나의 자유는 완벽했다. 나는 세상의 모든 것에 호기심을 갖는 패기 넘치는 청춘이었다. 인터레일(유럽인을 위해 일정 기간 일정 지역에서 마음대로 국유 철도를 이용할 수 있도록 한 유럽의 기간제 승차권 — 옮긴이)을 이용해 남유럽을 가로지르는 몇 달간의 여행은 내 인생의 가장 강렬한 의미로 남을 터였다.

부활절이 지나고 이스탄불에 도착하기 전, 나는 암스테르담에서 맥주를 마시며 프로그 록(재즈 및 다른 장르의 음악적 요소를 포함하는 록 음악-옮긴이)을 들었고, 파리의 한 공원에서 하우스 와인을 몇 모금 마시고 세계 최고의 햄과 함께 바게트를 먹었으며, 루브르 박물관과 암스테르담 국립미술관을 방문하고 비엔나 대신 리스본을 가야 한다는 몇몇 프랑스 히피들을 만났다. 당시 소련만 아니면 유럽은 기차로 어디든 갈 수 있었다.

그들에게 설득된 나는 몽파르나스역으로 가서 리스본행 장거리 열차에 몸을 실었다. 보르도 남쪽을 거쳐 스페인 국경 북쪽에 이르렀을 때 나는 열정적이고 친절한 두 명의 미국인과 대화를 시작했다. 편안히 좌석에서 수다를 떨며 졸다가 고가의 카메라 장비를 도난당하고 말았지만. 그렇게 낙담한 미국인 친구들에게 행운을 빌어주고 얼마지 않아 나는 리스본에 도착하여 숯과 염소 똥과 짙은 담배 냄새를 맡으며 큰 잔에 갈라웅(우유가 들어간 커피-옮긴이)을 마셨다.

리스본의 감각적인 인상들과 나 사이에 새로운 실이 엮이고 연결되는 순간이었다. 나는 리스본 특유의 푸른 타일로 장식된 건물과 벽에 그려진 무정부주의자들의 그래피티에 매료되었다. 너무나도 새로운 경험이었다. 얼마 전까지 살라자르Salazar(포르투갈의 정치가로 1930년대부터 60년대까지 30년 이상 독재정치를 했다-옮긴이)의 압제 아래 있었던 포르투갈은 관광도시로서는 아직 낯선 얼굴을 하고 있었다. 염소들은 리베르다데 거리 바로 옆에서 풀을 뜯었으며 자동차보다 트램이 더 흔했다.

그다음 주, 나는 스페인 남서부 우엘바에서 마드리드로 가는 고속 열차를 탔다. 세비야에서 탄 승객 하나가 수도에서 쿠데타 시도가 계속 이어지는 관계로 마드리드가 너무 위험해지면 기차가 고원 중간에서 멈출지도 모른다고 했다. 프랑코Franco(스페인의 독재자-옮긴이)가 사망하고 6년밖에 지나지 않은 시점이어서 스페인의 민주주의는 아직 취약한 상태였다. 오후에 쿠데타가 무산되었다는 사실이 알려지자 비로소 모두 안도할 수 있었다. 그곳에서 바르셀로나로 이동한 나는 곧바로 니스에서 반나절을 보낸 뒤 미국의 싱어송라이터 레너드 코헨이 한 때 살았던 그리스의 히드라섬에 한 달간 머물기로 했다.

부활절이 지나고 나는 그리스에서 두 번째로 큰 도시 테살로니키에서 이스탄불로 향했다. 동쪽으로 향하는 느린 기차에는 나처럼 이스탄불로 향하는 호주인 두 명, 뉴질랜드인 한 명과 함께했고 그들과 가늘고 연약한 실을 엮었다.

우리 중 이스탄불에 대해 아는 사람이 아무도 없었다. 우리는 하루나 이틀 함께 지내기로 합의했다. 터키 국경에 서서히 다가가자 나는 목이 마르기 시작했다. 안타깝게도 기차 안에서는 아무것도 살 수 없었다. 갈증은 곧 강박상태가 되었다. 화장실의 물은 마실 수 없었고 기차 안의 물은 떨어진 지 오래였다.

늦은 오후, 마침내 동서양의 경계에 걸친 대도시 이스탄불에 도착했다. 기차에서 만난 친구들은 내릴 준비에 서둘렀다. 우리는 유명한 푸딩 가게 근처에 있는 호스텔에 같이 묵기로 약속한 상태였다. 나도 서둘러 펩시콜라 두 병을 사고 친구들을 부지런히 따라갔다.

호스텔에 도착하기 전에 나는 갈증을 참지 못하고 콜라 한 병을 급히 라이터로 열었다. 당시 병따개로 가장 흔히 이용하던 것이었다. 라이터가 없다면 조금 무식해 보여도 종종 어금니를 쓰기도 한다. 목이 타들어 갈 만큼 갈증이 심했던 나는 330ml의 콜라를 단숨에 들이켰다. 다른 척추동물과 달리 인간을 비롯한 포유류는 숨을 쉬면서 동시에 물을 마실 수 없기 때문에 액체를 들이켜는 중간중간 숨을 쉬어야 하지만, 매우 놀랍게도 나는 첫 번째 병을 모두 비운 후에야 비로소 숨을 쉬었다.

나를 본 호주 친구가 눈을 크게 뜬 채 "병까지 빨아들일

기센데?"라고 놀렸지만 나는 아랑곳하지 않고 두 번째 병을 열고 그것마저 단숨에 마셔버렸다. 물론 속도는 첫 번째 병보다 좀 더 느렸을 것이다. 세 번째 병이 있었다면 그 병은 방에 두고 나왔을 것이다. 갈증이 해소되자 갑자기 주의가 다른 곳으로 향했다. 결핍과 갈망은 사라졌다.

거품이 이는 청량하고 달콤한 검은색 음료가 목구멍을 씻으면서 내려가 속을 적시는 동안, 몸은 가뭄 끝에 비가 내린 땅과 같은 반응을 보였다. 비가 매일 내렸다면 땅은 그 차이를 알아차리지 못할 것이다. 자연을 담은 영화 속 슬로우모션이 생각난다. 우선 카메라가 건조한 풍경에 약 30분 동안 머물면서 음울한 성우 목소리가 덧입혀진다. 지평선엔 이글이글 아지랑이가 피어오르고 코끼리가 절망적으로 먼지를 발로 차고 가젤은 근처 아카시아 나무 아래에서 무감하게 서서 꼬리로 파리를 기계적으로 쫓는다.

하지만 곧 지평선에 검은 구름이 만들어지고 첫 빗방울이 떨어지면 이 건조한 땅은 곧 물에 흠뻑 젖어 동식물이 가득한 비옥하고 푸른 평야로 부활한다. 얼어붙은 타이가(북반구 냉대 기후 지역의 침엽수림−옮긴이)가 따스한 봄 햇살을 꿈꾸듯 메마른 들판은 물을 갈망한다. 달콤한 검은색 탄산음료를 마시니 바싹 마른 내 몸의 조직과 근육이 밤새 불린 마른 콩처럼 수분으로 촉촉하게 채워졌다. 심장에 영양분이 공급되고 뇌에 활력이 생기고 몸이 채워져 원래의 모습을 되찾는 것 같은 느낌이었다.

　지금도 나는 오랜만에 화초에 물을 줄 때면 이때의 일을 생각하곤 한다. 최근에도 친구에게 이 이야기를 한 적이 있다. 친구는 고개를 끄덕이며 몇 년 전 남극에 갔을 때 자신도 똑같은 기분을 느꼈다고 말했다. 남극의 하루는 생각보다 무섭고 위험했다면서 추위와 강풍, 공허, 근육통 그리고 죽음에 대한 두려움까지 느낄 정도였는데 이를 견디게 해준 것은 텐트 안에서 마시는 따뜻한 코코아 한 잔이었다고 한다. 특별한 것이 없는 인스턴트 코코아일 뿐이었다. 하지만 친구는 따뜻한 코코아의 달콤함과 따뜻, 순수한 아늑함으로 어린 시절 고향집의 평온한 일요일 저녁까지 떠올릴 수 있었다. 별것 아닌 인스턴트 음료 하나가 이렇게 하루의 하이라이트가 되었다고 친구는 전했다.

　갈증을 모르는 사람은 물의 가치를 모른다. 결핍만이 가치를 창출할 수 있다. 햇볕이 강한 모리셔스에 여행을 온 북유럽의 관광객들의 바람은 한 가지다. 춥고 우울한 날씨와 반대되는 따뜻한 햇빛과 기온이다. 여행지에 비가 내린다면 그 갈망은 더 강해질 것이다. 나는 지금 열대성 폭우가 내리는 모리셔스에서 이 글을 쓰고 있다. 버스와 새로운 경전철은 멎었고 도로는 얕은 강으로 변했으며 바비큐 파티는 또 연기해야 하고 뉴스에서는 내내 모두 집에 머물라는 말만 반복했다. 하지만 불과 몇 주 전만 해도 이 섬은 우기 전 나미브(남아프리카의 해안 사막-옮긴이)의 반사막(초목이 거의 자라지 않는 건조 지대-옮긴이)과 비슷했다. 모리셔스 사람들은 행복해하고 있다. 그들에게 부족한 자원은 햇빛이 아니라 비였다. 희귀한 나무부터 사탕수수에 이르기까지 모리셔스의 식물도 마찬가지다. 재미있다. 북유럽 사람들이 비를 피하고자 모리셔스로 여행을 가는 것과 모리셔스 사람들이 뜨거운 해를 피하고자 비를 바라는 것. 어떤 것에 기꺼이 비용을 지불하는 사람들이 있는가 하면, 반대로 그것을 피하는 데 기꺼이 비용을 지불하는 사람도 있는 법이다.

노르웨이에서는 어떤 음식이든 야외에서 먹을 때가 가장 맛있다고 생각한다. 북쪽의 거친 지형과 혹독한 기후에 신체가 적응하는 것이 만만치 않은데, 먹는 행위에서 오는 자극을 빼앗겼던 신체가 혹독한 야외에서 그 자극에 특히 강하게 반응한다는 것이다. 몇 시간 동안 눈 속을 헤치고 마침내 비바람이 들이치지 않는 곳을 찾아 마른 바위에 앉은 뒤에 비로소 배낭 속의 오렌지와 초콜릿을 음미하는 이유도 바로 이 때문이다.

이런 절제가 사치와 쾌락에 대한 프로테스탄트의 혐오에서 비롯되었다는 결론은 지나친 오해다. 육신을 가혹

한 조건에 두면서 단련하는 것은 마침내 필요한 것을 얻었을 때 만족감을 극대화시키도록 결핍을 쌓는 것이다. 기회만 있으면 의도적으로 익스트림 스포츠나 운동을 통해 몸을 지치게 하는 이유가 여기 있다. 오늘날 전 세계 중산층 중에 피곤한 육체노동을 하는 사람은 거의 없다. 그런데도 여전히 직장인들은 육체적 휴식이 절대적으로 부족하다는 듯 선베드에 누워 트로피컬 칵테일을 마시는 것이 완벽한 휴가라고 믿는다.

한 동료가 몇 년 전 담배를 끊었다. 그가 밝히는 금연의 명분은 건강, 주변 사람들의 압력과 같은 일반적인 이유와는 달랐다. 그가 담배를 피우기 시작한 이유는 니코틴이 뇌를 자극하고 기분을 긍정적으로 바꿔주기 때문이었다. 특별할 것 없는 이런 기분을 자연스럽게 스스로 느끼지 못하고 특정한 수단, 즉 담배가 필요하다는 것을 깨달은 순간 동료는 담배를 끊었다. 모든 형태의 중독이 마찬가지다. 스스로 일상을 무난하게 보내지 못하고 이를 위해 술이라는 수단이 필요하다면 알코올 중독이다. 한마디로 인생에 도움이 안 된다. 간신히 담배를 막 끊은 사람에게 "축하합니다. 한 대 하시죠"라며 담배를 내미는 사람처럼.

원하는 것을 즉시 얻으면 필요한 것을 얻었다는 생각을 하지 못하며 수익률 감소의 법칙에 따라 모든 혜택은 허공으로 증발한다. 무엇이든 감사할 수 있으려면 갈망할 수 있는 기회가 필요하다.

　많은 사람들이 순수하고 행복했던 어린 시절에 대한 추억과 환상을 품고 산다. 나도 예외가 아니다. 1970년대의 모든 것이 지금보다 나았다고 말하려는 것이 아니다. 당시에는 많은 나라들이 전체주의 정권의 지배하에 있었고 미국은 뒷마당에서 냉담한 독재자가 활개치는 것을 용인했으며 칠레와 폴란드 국민들은 지금보다 자유롭지 못했다는 것은 부인할 수 없는 사실이다. 방글라데시에는 기근이, 남아프리카공화국에는 아파르트헤이트가 있었다. 인종 차별과 성차별이 횡행했고 동성애자들은 골목의 공중화장실을 찾아야 했다. 특히 노르웨이의 삶은 지루하기 그지없었다.

　어둡고 단조롭지만 우아하고 아름다운 〈바르샤바〉라는 곡이 있는데, 이 곡을 듣고 나는 철의 장막 뒤 아슬아슬한 바르샤바의 삶이 아닌 안전하고 단조롭고 재미없고 지루한 튄스베르그의 삶을 떠올렸다. 그 후 몇 년 동안 나는 자연 속 긴 머리 히피의 낙관주의와 도시의 암울한 펑크족의 우울증 사이를 오갔다. 어쩌면 나는 이 모순을 제대로 해결하지 못해서 반세기가 지난 지금도 여전히 이 문제를 안고 있는지도 모르겠다. 그래도 다행히 사회적 측면과 음악적 측면에서 내가 묶어놓은 몇 개의 실은 여전히 튼튼하다.

지루함에는 많은 장점이 있다. 1970년대에 자랐고 1980년대에 성인이 된 우리에게 지루함은 결핍이라는 생산적인 감각을 자극했다. 청량음료와 과자는 특별한 때에만 맛볼 수 있는 것이었고 여행은 돈이 많이 들고 복잡하고 느렸다. 어렸을 때 나는 거실 바닥에 누워 지도책을 들여다보며 열대 섬, 발음하기 힘든 이름을 가진 지역, 이상한 동물이 사는 계곡에 대한 공상에 빠졌다. 결국 나중에 몇 곳을 실제로 가보았다.

연휴에 인터레일 여행을 떠날 때면 집으로 돌아가는 길에 암스테르담의 레코드점에 들러 공, 햇필드, 더 노스, 헨리 카우 등 밴드의 LP를 배낭에 가득 채우기 위해 경비를 최대한 아꼈다. 당시 나에겐 평범하지 않은 모든 것이 중요한 사건이었고 밋밋했을 내 삶의 곡선에 눈부신 포인트가 되었다. 탐나는 음악과 나를 연결하는 실이 빛을 발하는 순간이었다.

결핍은 기대감으로도 이어졌다. 열다섯 번째 생일에 용돈을 받자 나는 전속력으로 자전거 페달을 밟아 밴드 젠틀 자이언트의 최신 음반이 들어왔다는 동네 레코드 가게로 달려 갔다. 앨범은 지난 가을에 발매되었고 내 위시리스트에 한참이나 있었는데도 크리스마스 선물로 받지 못했던 터였다. 아버지는 젠틀 자이언트를 리틀 자이언트로 잘못 기억하셨고 존재하지도 않는 리틀 자이언트의 음반을 구하기 위해 온갖 레코드 가게를 뒤지셨다.

젠틀 자이언트의 기념비적인 앨범 〈인터뷰〉를 처음 들었을 때의 경험은 아직도 내 몸속에 생생하게 남아 있다. 춤을 추고 싶을 정도로 흥겹지는 않지만 뉴런에 불을 붙일 정도의 리듬감은 있다. 이 앨범이 젠틀 자이언트의 첫 손꼽히는 음반은 아니다. 하지만 이 앨범을 너무나 고대했던 나에게는 세계 최고의 명반이었다. 지금까지도 사춘기 시절의 기억을 자극하고 수십 년 전 뻗어 있던 감각의 실을 팽팽하게 활성화시키는 귀하고 특별한 음반이다.

● 풍요가 불러온 재앙의 종류

풍요로운 사회에서는 모든 기업이 소비자에게 도리어 절제의 기술을 가르치면서 수익을 창출한다. 참된 의미 없이 단지 수익을 위한 절제의 기술은 과잉의 질병을 피하라는 압박을 줌으로써 소비자의 자율성을 침해하고 불필요한 실을 묶게 한다. 정리정돈으로 세계적 유명세를 누리고 있는 정리 컨설턴트 곤도 마리에Marie Kondo가 그 선두에 있지 않을까.

곤도 마리에의 메시지는 즐거움을 주는 것만 남기고 다 버리라는 것인데 노르웨이에서는 이 메시지가 그리 효과를 보지 못한 것 같다. 노르웨이에서는 2020년 일반 가정집의 가구 무게가 1990년의 두 배가 되었다. 디지털 해독 강좌가 좋은 효과를 거두지 못하는 이유 역시 마찬가지다. 불필요한 것들을 버리는 데 개인의 의지만 있으면 된다는 잘못된 믿음 탓이다. 인간 본성에 대한 이해가 부족한 탓이기도 하다.

무엇이든 고질적인 나쁜 습관에서 벗어나고 싶다면 그 습관이 나와 내 주변을 연결하는 가느다란 실에서 비롯된다는 사실부터 깨달아야 한다. 당신이라는 사람은 곧 당신의 관계다. 나와 연결된 사람의 삶이 변하지 않는다면 술을 끊

평지를 걷는 것이 좋아도 가끔은 오르막길을 가야 한다.
편한 내리막길을 가려면 힘든 오르막길이 필요하다.

겠다는 내 개인의 결심은 별 효용이 없다. 습관은 고무줄에 연결된 공처럼 다시 딸려온다. 인간은 자신의 약점과 취약성을 인지해야 한다.

이는 생태 사상가 그레고리 베이트슨Gregory Bateson의 뛰어난 논문 〈자아의 사이버네틱스The Cybernetics of Self〉의 메시지이기도 하다. 베이트슨은 우리 문화에서 개인의 의지력과 선택이 과대평가되고 있다고 보고, 전체에 의해 개인이 만들어지는 과정을 알려준다. 음주 문제는 나 자신, 술병, 공간, 주변 사람들 등 내 삶의 관계와 밀접하다. 내가 아니라, 나를 포함한 사회와 문화의 주변 시스템이 알코올 중독인 것이다. 베이트슨은 사람들이 스스로 결정을 내린다는 사실을 믿지 않는다.

술을 끊으려면 우선 내가 내 삶의 주인이 아니라는 사실을 인정해야 한다. 내가 취약한 존재라는 사실, 나 자신이 아니라 더 큰 무언가에 의존하고 있다는 사실을 인정해야 한다. 알코올 중독자 모임에서는 '더 큰 무언가'를 보통 신이라고 부르는 모양이다. 베이트슨은 무신론자이긴 하지만 어쨌거나 그 개념이 알코올 중독을 극복하는 데는 도움이 될 거라고 인정했다.

중독에 대한 통찰을 짧게나마 이해했다면 당신은 삶에서 결핍이 갖는 가치를 더 쉽게 이해할 수 있다. 결핍의 가치를 이해하려면 때로 자신을 몰아붙이는 것도 필요하다. 나와 여러 실로 연결된 청년, 내 아들이 몇 년 전 태국의 한 명상 센터에 들어가 열흘 동안 머물렀다. 침묵 명상이라고도 알려진 위빠사나로 유명한 곳이었고 열흘 동안의 묵언 수행이 진행됐다. 게스트들은 핸드폰을 센터에 제출해야 했고 음식은 거의 먹지 못했다. 새벽 다섯 시에 요기를 하고 점심은 정오 전에 쌀과 렌틸콩을 조금 먹으며 견뎌야 했다. 그게 전부였다.

함께 시작한 사람들 중 일부가 도중에 포기했다는 말을 전하면서 아들은 끝까지 있겠다고 했다. 무사히 모든 과정을 끝내고 나와 통화를 했을 때 아들은 자신의 목소리가 이상하고 낯설게 느껴진다고 했다. 이 명상법의 목표는 시선은 내면을, 주의는 외면을 향하게 함으로써 이전에는 도외시했던 세부적인 것들을 알아차리는 것이다. 자신의 숨소리, 나무에서 지저귀는 새들의 소리. 묵언과 단식은 초점의 방향을 다른 곳으로 돌리기 위한 방법이기도 하지만, 음식의 맛을 제대로 느끼며 깨끗하고 새로워진 감각 기관으로 소통하기 위한 방법이기도 하다. 동면 중이던 연결의 세계가 갑자기 선명하게 부각되는 것이다.

어린아이조차 원하는 모든 것을 얻는 것은 의미가 없다는 것을 안다. 많은 문화에서 '풍요의 뿔'(좋은 것이 가득 찬 뿔

모양의 보고—옮긴이)이나 코케인(중세 유럽 민화에 등장하는 풍요와 사치가 가득한 땅—옮긴이)에 얽힌 교훈적인 이야기들이 발견된다. 이런 이야기들은 항상 경고로 끝이 난다. 생계를 위해 일할 필요가 없으면 뚱뚱하고 게을러지며 가치 있고 아름다운 것들을 당연하게 여기면 비참해진다.

코케인의 주민들은 종일 그늘에서 활기 없이 늘어져 있다가 배가 고프거나 목이 마르면 가까이 있는 소시지 덤불이나 탄산음료 분수대 위로 몸을 구부리기만 하면 된다. 잘 익은 돼지가 몸에 칼과 포크를 꽂은 채 알아서 사람들에게 다가온다. 풍요의 뿔을 가진 사람은 쾌락에 질려 방향을 잃고 혼란에 빠진다. 물질적 부족함이 없고 삶은 지루하기 때문에 그들은 이웃이나 친지와 다투기 시작한다. 한계가 없는 세상은 어지럽다. 지나치게 부유한 사람들은 물질적으로 보통의 풍족함을 누리는 사람들보다 덜 행복하다. 배가 부르면 더 먹을 수가 없다. 스칸디나비아 사람들이 말하듯 수의에는 주머니가 없다.

사소해 보일 수 있지만 결코 사소하지 않은 이 사실을 일깨워준 사람이 있다. 트랜스휴머니즘(과학기술을 이용해 인간의 신체적, 정신적 능력을 개선할 수 있다고 믿는 신념 혹은 운동—옮긴이)이 등장하고, 죽음조차 돈으로 치료할 수 있는 질병으로 재정의하려는 이 시대에 호주에서 만난 이안이다.

퀸즐랜드 글래드스톤의 교사이자 환경 운동가인 이안은 몇 년 전 백혈병 진단을 받았다. 회복 후 다시 만난 그는 여전히 하루에 12알의 약을 먹고 매일 아침 5마일을 달리면서 잘 살고 있었다. 병원에서 그는 백만장자와 같은 병실을 사용했다. 이안의 골수는 여동생의 골수와 호환이 가능해서 골수 이식으로 이안은 생명을 구했다. 이안과 같은 병실을 썼던 부자에게는 그렇게 해줄 사람이 없었고 결국 목숨을 잃었다.

인간은 부재를 통해 중요한 것에 대해 명확하게 집중할 수 있다. 2018년 케이프타운에는 물이 부족했다. 부자들은 수영장에 물을 채우는 것을 중단해야 했고 가난한 사람들은 양동이에 물을 채우기 위해 긴 줄을 서야 했다. 부자든 빈자든 모두 저수지가 말라붙는 '데이 제로'를 걱정하고 있었다. 마침 비가 내려 재앙을 피할 수 있었다. 하지만 이후에도 사람들은 계속해서 물을 절약했다.

물 부족 사태 이후 몇 년이 지났을 무렵 나는 이곳에 사는 친구들을 방문했다. 그들은 낙수받이에 모인 물을 눈에 잘 띄는 대형 탱크에 모아두고 있었다. 아프리카에서 남서쪽 끝에 위치한 이 지역은 지난 몇 년 동안 비가 충분히 왔지만 그들은 이 물탱크를 자랑스럽게 여기며 활발히 사용하고 있었다. 위기가 그들에게 결핍에 대한 가르침을 주었던 것이다.

낙원에는 항상 뱀이 존재한다. 나를 감상적인 공산주의자라고 불러도 좋지만 뱀의 눈에서 종종 달러 표시가 보인다는 것은 반박의 여지가 없는 사실이다. 내 동료, 아스트리드 B. 스텐스루드Astrid B. Stensrud는 페루 중부 고지대 사람들의 삶에서 물의 역할에 대한 연구를 진행했다. 이곳의 민간 기업들은 수년간 수도 사업을 민영화하기 위한 활동을 계속해왔다. 케추아어를 사용하는 페루인들 사이에서 물은 토지와 마찬가지로 항상 공유하는 것이었다. 물은 누구 한 사람에게 속한 것이 아닌 모두의 것이었으며 유럽의 식민지화 훨씬 이전부터 관개 수로가 공동으로 건설되고 관리되었다.

이제는 물이 돈으로 살 수 있는 다른 상품들처럼 병에 담겨 판매된다. 만화 《황금 투구》에서 도널드 덕이 황금 투구의 주인으로 잠시나마 북아메리카의 황제가 되는 장면이 생각난다. 도널드 덕은 사람들이 호흡할 때마다 세금을 부과할 계획을 세운다. 정상적인 들숨과 날숨은 1센트지만 깊은 한숨은 5센트다. 결국 권력은 타락하고 도널드는 단 몇 초 만에 불행을 맞이한다.

돈이란 무엇일까. 산맥과 바다로 갈라져 있고 다른 언어를 사용하는 사람들을 소통할 수 있게 해주는 일종의 정보 기술이다. 돈은 세상을 돌아가게 하지만 가장 중요한 기능은 인류를 한데 묶는 데 있다. 또한 돈은 실용적인 지불 수단이자 교환의 매개체다. 유일한 문제는 참되고 아름답고 선한 일에 기여하기 전까지 대체로 공허하고 의미가 없다는 것이다. 돈은 도덕적으로 중립적이기도 하지만 부채나 불평등, 시기심을 유발하기도 한다. 돈이 사회 영역에 침투하면 신뢰와 공동체는 약화되기 마련이다.

돈을 주고 친구를 사는 것에 대해 의문의 여지가 있다고 대부분 동의할 것이다. 그러나 현실에서는 돈을 주고 친구를 사는 일이 많이 일어난다. 부자에게 무한한 매력을 느끼며 부자와 친구가 되고 싶어하는 사람들을 보면 그렇다. 부자들이 그렇게 많은 관심을 받는 데는 돈 말고 다른 이유가 있기 힘들다. 그들이 더 매력적이고 더 똑똑하고 더 예쁘고 더 흥미로운 대화 상대라는 증거는 없다. 그들로부터 나오는 실은 위험한 경우가 많다. 부자들은 진정한 친구보다 추종자 무리를 더 많이 끌어들인다.

이 모든 것이 사실인데도 왜 우리는 그 사실을 외면할까? 삶을 의미 있게 만드는 것은 소비가 아니다. 시장의 수요와 공급의 원칙은 어떤 부분에서는 유용하고 필요하지만 사회를 운영하기에는 부적절하다. 오스카 와일드의 말을 빌리면 시장은 온갖 것들의 가격을 알지만 무형의 가치는 알지 못한다. 우리 삶이 점점 시장의 힘에 노출되는 것은 지구와 사람들의 웰빙, 상식적인 예절 측면에서 볼 때 나쁜 소식이다. 시장 논리가 인간의 활동을 너무 많이 끌어들였다. 모든 것들이 매사 비교당하고 평준화된다. 질적 차이는 스프레드시트의 숫자로 환산된다.

전 세계 사람들의 삶이 점점 소비 쪽으로 향하고 있다. 과거 종교가 차지했던 틈새를 소비주의가 채우고 있다. 광적인 소비는 지구를 파괴할 뿐만 아니라 소비자 자신에게도 만족을 주지 못한다. 종교의 장점 중 하나는 믿음이 오래, 웬만하면 평생 지속된다는 사실이다. 반면에 새로운 물건을 구매함으로써 얻는 의미는 깨지기 쉽고 일시적이다. 풍요로운 사회의 역학은 소비에 대한 욕구를 충족시키자마자 더 많은 소비를 하라고 명령한다. 현대 사회의 소비자는 산 위의 시시포스와 같다.

곤도 마리에의 방식은 성가시긴 하지만 그래도 충분한 논거가 있다. 진지하게 생각하면 이것이 사실임을 모두 아는데 실제로는 계속 모르는 척을 한다. 고대인의 말을 아무리 높이 평가해봐야 무슨 소용인가. 정작 그들의 철학과 가치는 실제 생활에서 의미가 거의 사라졌는데 말이다. '일곱 개 이상의 물건을 소유하면 그 물건들이 당신을 소유하게 된다'는 노자의 격언을 통해 우리는 소유에 의존하는 삶은 위험하다는 것을 이미 잘 알고 있다. 손대는 것마다 금으로

변해 굶어 죽었다는 탐욕스러운 미다스 왕의 신화를 통해서
도 같은 교훈을 배운 바 있다. 캐나다의 서스캐처원부터 일
본의 도쿄까지 모든 문화에서 삶에서 의미 있는 것은 물건
의 획득이 아니라는 사실을 인지하고 있다. 진정한 철학자
는 부자가 될 수 있을 만큼 똑똑하고 부자가 되지 않을 만큼
현명하다.

그럼에도 불구하고 미술과 음악, 끝없는 우주의 확장,
종교의 깊이, 나와 너 그리고 생태계의 신비로움 등이 선사
하는 거대한 의미를 뒤로 하고 우리는 소비의 러닝머신에서
미친 듯이 달린다.

학생 시절 한 쿠르드족 이민자를 알게 되었다. 그는 당
나귀로 운반할 수 있는 양만 소유하는 것이 삶의 목표라고
말했다. 가축을 기르는 유목민인 그들에게 신선한 목초지
외에는 부족한 것이 거의 없다. 넘치지도 부족하지도 않고
꼭 필요한 것만 가지고 다니는 삶이다.

몇 세대 전만 해도 유럽에서는 물건에 얽매이지 않는
유랑민의 자유를 높이 평가했다. 나는 그것이 무슨 의미인
지 이해한다. 내 경우에는 몇 주에서 길게는 1년까지 이어지
는 인류학 현장 조사에 내가 운반할 수 있는 이상의 물건을
절대 가져가지 않는다. 집으로 돌아오기 전에는 언제나 책
이나 여분의 옷 등 불필요한 물건을 현장에 있는 사람들에

게 나눠준다. 집에 있는 물건이 그리웠던 적은 없다. 그리운 건 사람뿐이었다. 현장에서 내가 가장 원했던 건 물질적인 것이 아니었다. 내가 그리워한 사람들과의 상호작용으로 이루어진, 정서적 만족감에 대한 것이었다.

복지국가의 안전망에 둘러싸여 꽉 찬 옷장과 책장이라는 짐을 지고 있어도 물건은 그리 중요한 게 아니라는 깨달음을 얻을 수 있다. 그걸 깨닫는 순간 마치 무중력 상태와 같은 자유로운 느낌을 받을 수 있다. 집이 모두 불탔지만 사람과 동물은 제때 대피했다면, 그 상황에서 무엇이 가장 아쉬울까? 디지털 파일이 없는 가족사진 몇 장을 비롯해 몇 가지가 떠오른다. '재산은 도둑질한 것이다'라는 19세기 무정부주의 철학자 프루동Proudhon의 말이 옳았다. 여기에 '재산은 너무 많든 너무 적든 사람들을 비참하게 만드는 수단'이라는 말도 덧붙일 수 있겠다. 심하게 불평등한 사회에서는 부자도 가난한 사람도 편안하지 않다. 가난한 사람은 부자를 미워하고 부자는 가난한 사람을 두려워한다.

1994년, 보도 사진가인 피터 멘젤Peter Menzel은 《우리 집을 공개합니다Material World》라는 책을 펴냈다. 여러 나라에서 전형적인 30개 가정을 선정해 모든 소유물을 집 밖에 내놓게 하고 가족과 함께 찍은 사진을 모은 책이다. 미국인의 집 밖에는 책더미, 옷더미와 함께 신발이 끝없이 늘어서 있다. 반면 말리인 가족의 집 밖에는 몇 가지 주방 도구, 빗자루, 고장 난 자전거가 전부다. 미국인이 말리인보다 더 행복할 수는 있지만 그것이 신발이 더 많기 때문은 아니다.

인간은 상실된 신앙이 남긴 영적 공허함을 물건과 소비로 채운다. 시장은 스마트폰이라는 형태의 또 다른 윤활유를 채웠다. 돈을 쓰는 것이, 미디어 소비나 잡담으로 공허함을 채우는 것이 지금보다 쉬웠던 때는 없었다. 결핍의 결핍이 그 어느 때보다 커졌다. 팬데믹 기간 동안 수백만 명이 지루하게 소파에 누워 있다가 인스타그램에서 재미있는 것을 보거나 온라인으로 주문할 수 있는 매력적인 스포츠 장비를 구경한다. 기대하던 영화를 찾을 수도 있다. 스트리밍 시대 전에는 새 영화에 대한 예고편이 돌아다니는 동안 관객은 영화 볼 준비를 할 수 있었다. 영화를 기다리는 재미는 진짜 영화를 보는 재미의 절반은 차지하는 것 같다. 막상 영화를 보고 나면 실망하는 때도 있지만 개봉할 영화를 고대하며 몇 주, 몇 달을 보낸다는 것은 의미 있는 일이었다.

알랭 드 보통이 여행에 관한 책에서 말했듯이, 휴가의 의미는 멋진 휴가를 기대하는 것과 휴가에서 얻은 추억을 공유하는 것 두 가지에 있다. 그에 따르면 휴가 자체는 결코 그 기대에 부응하지 못한다. 울창한 열대 낙원, 번화한 대도시, 산속 휴양지 그 어디를 가든 나와 관계하는 것들로부터 떨어지지 못하는 까닭이다.

　블록버스터 영화의 광고가 여전히 계속되고 있지만 이제 사람들은 영상 엔터테인먼트에 대한 갈망을 스트리밍 서비스로 충족시킬 수 있다. 영화를 보기 위해 매번 지갑을 열 필요가 없고 원하는 즉시 바로 볼 수 있다. 곧 공개될 영화를 기다리는 중이라면 드라마 몰아보기로 지루함을 덜 수 있다. 배달 서비스로 팝콘과 청량음료를 주문하면 과로와 저임금에 시달리는 택배 기사가 간식을 집 앞까지 가져다줄 것이다. 기대감은 희소한 자원이 되었다. 희망처럼.

　어떤 활동에서 얻는 의미는 그것을 성취하는 데 필요한 노력에 비례하지만, 필요한 걸 얻기 위해 스마트폰만 조금 조작하면 되는 지금은 꼭 그렇지도 않다. 불필요한 소유로부터 자유로워지려고 애쓰는 사람들조차 물리적 세계에서 디지털 세계로 전환하는 시대가 도래하자 이렇게 문제에 직면한다.

● 부족한 삶에 대한 낭만

금에서 지폐로, 신용카드로, 전자 화폐 이체로, 암호화폐로 천천히 전환되는 것처럼 저항 끝에 얻은 자유도 점진적으로 발전하게 마련이다. 내 어린 시절에는 LP가 최우선이었고 카세트가 차선이었다. 친구의 LP를 카세트테이프에 녹음할 수 있었지만 어쨌거나 불법이었고 음질도 좋지 않았다. 음악은 스테레오 시스템, 최소한 카세트 플레이어가 있는 곳에서만 들을 수 있었다.

70년대 후반 친구들(그중 둘은 뮤지션이 되었다)와 함께 시골 오두막으로 여행을 갔던 기억이 난다. 우리는 아무 생각 없이 밤늦게까지 맥주 몇 잔을 마시며 이야기를 나누고 퓨전 밴드 웨더 리포트의 강렬하고 역동적인 사운드나 피아니스트 키스 자렛의 절묘한 쾰른 콘서트와 같은 꽤 난해한 음악을 들었다. 음질에 대해서는 절대 불평을 하지 않았다. 대안은 없었으니까.

1980년대에 워크맨이 세상에 나왔다. 그것은 센세이션이자 분수령이었다. 음악은 여전히 부족했지만 대신 장소는 제약의 기준이 되지 않았다. 내가 처음 워크맨으로 음악을 들은 것은 1982년 리스본에서였다. 소니에서 나온 워크맨은 당시 타지에서 학교를 다니던 내가 사기에는 너무 비쌌다. 나는 포르투갈 시장에서 더 저렴한 모델을 발견했다. 진짜 워크맨보다 크기가 컸지만 카세트 플레이어에 FM 라디오가 추가되어 있었다. 나는 그것을 살 생각을 하고 집에서 카세트테이프 10개를 가져왔다.

호시우 역 근처에서 짙고 향긋한 포르투갈 담배를 피우며 하늘을 날 것 같은 기분으로 레드 제플린의 〈피지컬 그래피티〉 테이프를 슬롯에 꽂았다. 신비롭고 암시적인 노래 〈카슈미르〉의 기타 리프가 귓가에 울려 퍼지는 가운데 자갈길을 따라 리베르다드 대로를 향하는 내 발걸음은 마치 구름 위를 걷는 것 같았다.

왜 우리는 그런 세부적인 것들을 기억할까? 오랫동안 갈망이 축적되었기 때문일 수도 있다. 아니면 하이라이트가 드문 일상에서 그런 작은 기억들이 유성처럼 반짝여서 그렇기도 하다. 유성은 몇 초 만에 사라지지만 믿음직한 금성은 그렇지 않다. 결핍은 때때로 새로운 연결을 만들어내기도 하지만 지금까지 보이지 않던 실로 인해 빛나는 경우가 더 많다.

모든 것이 지금 여기 있고 그때는 아무것도 없었던 궁핍한 시절에는 지루함도 소중하고 탐나는 것일 수 있다는 말이 틀린 것 같다. 갈망에 대한 갈망은 자아를 찾는 데 있어 아무 도움이 안 된다. 입을 열면 벽에, 귀를 열면 머릿속에 지루한 메아리가 울린다. 현재 우리에게는 지루함보다 권태가 더 널리 퍼져 있다. 공백을 언제나 어떤 종류의 소비로든 채울 수 있기 때문이다.

이런 종류의 결핍과 갈망을 즐길 수 있다면, 그것은 현대에 무감각한 좀비가 되지 않기 위한 첫 번째 단계가 될 것이다. 네팔 셰르파는 산 정상에 오르는 데 어떤 의미도 두지 않는다. 면도하지 않은 흰 피부에 냄새를 풍기는 부유한 산악인들의 짐을 들어주며 정중히 길을 안내하면서 원정에 합류하지만 그것은 돈을 받았기 때문이다. 최근까지 에베레스트 등반 후 셀카를 찍는 셰르파는 거의 없었다. 이제는 그들도 인스타그램에 정신없이 사진을 올린다는 소문이 돌지만 말이다.

내가 만났던 한 원로 작가는 평생을 모리셔스에서 보내며 바다에 관한 시로 명성을 얻었다. 어느 날 지역 신문의 기자가 그를 해변 레스토랑의 점심 식사에 초대했다. 인터뷰 내내 그는 해변을 등지고 앉아 있었다. "왜 작가님이 사랑해 마지않는 바다를 보지 않으시죠?" 기자가 물었다. 그가 답했다. "바다가 거기 있다는 것을 아니까요."

그에게 물리적인 바다는 중요치 않았다. 그것은 은유의 원천이자 상상의 도화선이었다. 그는 수평선 너머 존재하는 욕망과 결핍, 갈망을 끌어내고 있었던 것이다.

분명 비판의 목소리가 있을 수 있다. 다른 누군가가 결핍을 서정적으로 찬양했다면 나는 이의를 제기했을 것이다. 전 세계 인구의 상당수가 생명에 위협을 받을 정도로 심각한 물질적 결핍 속에서 살고 있다. 그들에게는 적절한 집이 없고 운신할 장소도 제한적이다. 그들은 적은 돈을 받고 과중한 노동에 시달린다. 그조차 운 좋게 일자리를 얻었을 때의 이야기다. 적절한 의료 서비스를 받을 기회도 없으며 치료가 가능한 질병을 고치지 못해서 고통 받거나 때로는 목숨을 잃기도 한다. 가난은 어떻게 보아도 아름다운 모습일 수 없다. 배가 부르고 물질에 무감동해진 사람들이 결핍도 일종의 축복이라며 가난한 이들을 부러워하는 것은 어이 없는 일이다.

가난한 사람들은 지구를 물려받을 가능성이 낮다. 가난한 자들이 역사의 각본에 따라 대가를 지불하고 있는 동안 부유하고 배부른 자들은 지구를 파괴하느라 바쁘니까. 하지만 가난에서 벗어나는 것과 필요한 것 이상이 필요한 것은 다른 얘기다.

시에라리온 시골에는 많은 사람들이 전기와 수도가 완비된 집을 꿈 꾼다. 공식적인 직업, 안정적인 직업을 갖기를 원한다. 직업을 갖는다면 옥수수과 콩을 심고 전답과 닭을 돌보는 농부의 능력은 잃겠지만, 아이들을 위해 교복이나 새 자전거 등을 살 수 있는 돈과 안정감을 얻을 것이다. 그들에게 있어 자본주의에게 착취당하는 것보다 더 나쁜 상황은 자본주의에게 외면당하는 것이다.

시에라리온 시골의 가난한 사람에게 결핍이란 단순하다. 홍수가 오면 햇빛을, 가뭄이 오면 비를 원할 뿐이다. 전염병이 돌 때 유일한 소망은 가족을 건강하게 지키는 것 하나다. 2014년 에볼라가 발생하면서 단순한 결핍을 채우는 일조차 너무나 어려워졌다. 사람들은 먹고 살아야 했다. 모든 거래가 금지되자 그들은 규칙을 어기는 기발한 방법을 개발했다.

질병이 발생한 지역에서 아슬아슬하게 탈출한 인류학자 로버트 파이퍼스Robert Pijpers는 지역 주민들이 법을 어기면서까지 필사적으로 거래를 계속하려 했다고 전했다. 그들이 두려워하는 건 당국으로부터 받은 정보를 신뢰할 수 없다는 사실이었다. 그들도 질병에 대해서는 알고 있었다. 하지만 형광색 우주복을 입은 채 흰개미 집 모양의 거대한 주황색 텐트를 설치하고 사람들을 유인하는 의료 요원들을 그들은 믿지 못했다. 텐트 안으로 들어간 사람들 대부분은 다시는 나오지 못했다.

2020년 봄, 편안하고 예측 가능한 삶을 살아온 사람들에게도 건강과 안전 면에서의 극심한 결핍이 일상이 되는 사건이 일어났다. 유럽에서 식량 부족은 더 이상 존재하지 않지만 이제 삶은 다른 형태의 결핍에 그늘을 드리우는 불안과 의심으로 직조되고 있다.

나는 몇 가지 지병으로 인해 북유럽의 겨울 한파가 닥칠 때면 종종 감기에 걸린다. 그런 상황에서 내게 가장 결핍된 것은 따뜻함이다. 이런 때는 방금 가동이 끝난 식기 세척기로 상체를 기울여 그릇을 꺼내는 것만으로도 깊은 만족감을 느낄 수 있다. 사우나의 공기처럼 상체를 감싸는 훈훈한 습기는 마치 갈증이 난 몸에 흐르는 물줄기나 청량음료처럼 활력을 준다. 춥지 않을 때는 별 가치를 못 느끼는 방법이다. 춥지 않을 때는 세척기에서 접시를 꺼내는 일이 그저 지루한 일상이 되어버린다.

이 상황을 생각하니, 특정 연령대의 노르웨이인이라면 모두 알만한 동화책, 토르비에른 엥네르 Thorbjørn Egner 의 《카다멈 시민과 도둑들 When the Robbers Came to Cardamom Town》에 등장하는 세 명의 도둑 중 막내, 요나탄이 떠오른다. 세 명의 도둑 카스퍼, 예스퍼, 요나탄은 노처녀 미스 소피를 납치해 하인으로 삼을 계획을 세우는데 이때 이 동화의 결정적인 이야기가 펼쳐진다. 마을 외곽에 있는 그들의 집은 냄새나고 지저분한 오두막이다. 아무도 그들에게 셔츠를 다리는 법, 감자 껍질 벗기는 법, 바닥 닦는 법을 가르쳐주지 않았다. 일은 계획대로 진행되지 않았다.

소피는 상당한 카리스마를 가진 엄격한 숙녀였다. 그녀는 천둥벌거숭이와 다름없는 무방비한 상태의 도둑들에게 곧장 명령을 내린다. 우선 그들에게 손을 깨끗이 씻으라고 지시한다. 지시는 카스퍼와 예스퍼에게만 내려진다. 조나탄은 설거지를 하라는 명령이 떨어져서 굳이 손을 씻지 않아도 되었다.

가족 별장에서 식기 세척기 없이 설거지를 할 때면 이 장면을 생각하며 혼자 웃곤 한다. 팬데믹 이후에는 손에 쪼글쪼글한 주름을 보며 씻지 않은 손이야말로 온갖 종류의 박테리아를 퍼뜨리는 슈퍼 전파자라는 생각을 했다. 그러다 손에 대해 더 깊이 이해하기 위해 앞서 언급한 엘라 알샤마히의 《악수》를 집어 들었고 이후 악수의 확장된 의미를 알게 됐다. 설거지를 마친 후에는 악수에 방해를 끼치는 요소를 제거할 수 있다. 눈에 보이지 않는 해충이 깨끗하게 씻겨 나갔을 것이기 때문이다. 조금 전 설거지를 했다는 조건이라면 양심에 거리낌 없이 방문자에게도 손을 내밀 수 있다.

삶이 점점 편안해지고, 문제가 생겨도 이를 성찰의 기회나 분석의 대상으로 해석하여 해결책을 찾아가는 도전으로 여기는 요즘 시대에는 이렇듯 팬데믹도 일종의 소중한 사유의 시간이 된다. 분별 있는 철학자는 쾌락이 인생의 궁극적인 목표라고 주장하지 않으며 문제를 해결의 대상이 아닌 함께 살아가야 하는 대상으로 여긴다. 역경 없이는 성취도 없다. 평지를 걷는 것이 좋아도 가끔은 오르막길을 가야 한다. 편한 내리막길을 가려면 힘든 오르막길이 필요하다. 풍요로운 사회에서는 위험하게도 눈을 뜬 몽유병 환자들이 존재한다.

카다멈의 도둑들에게는 전기도 수도도 돈도 없었고 음식도 부족했다. 그들도 도둑이 아닌 법을 준수하는 모범 시민으로 살고 싶었겠지만 가진 것이 없기에 어쩔 수 없이 몰래 정육점에 들어가 소시지 1파운드, 스테이크 몇 덩이, 초콜릿바를 훔쳐야 했다.

필요는 발명의 어머니라고 하지만 필요가 만성적이어서 성장을 제한하는 경우도 있다. 글을 쓰고 싶은 작가가 양피지의 부족으로 집필의 제한을 받는 경우처럼 말이다.

알렉산드리아의 도서관은 고대 최고의 도서관이었다. 하지만 그 시절 도서관에는 사서들이 관리할 책은 한 권도 없었고 온통 두루마리뿐이었다. 그럼에도 불구하고 수천 권의 두루마리에 담긴 생각은 오래된 실에 새 생명을 불어넣고 새로운 실을 만들어 도서관을 찾는 독자와 작가를 연결함으로써 과거의 속삭임을 우리의 눈과 귀로 이어준다.

양피지라는 단어는 튀르키예의 페르가몬 시에서 유래

한 것으로, 이집트인들이 독점해서 구하기 힘들었던 파피루스의 대안이었다. 양피지는 동물의 가죽으로 만들어져 같은 장을 여러 번 사용할 수 있었다. 사용할 때마다 잉크를 긁어내는 데 시간이 걸렸기 때문에 많이 사용된 양피지는 과거의 생각과 목소리가 담긴 팔림프세스트(원래의 글 일부 또는 전체를 지우고 다시 쓴 고대 문서-옮긴이)가 되기도 했다. 저렴하고 쓰기 편한 종이가 일반화되었을 때도 쓰기의 행위가 편해진 건 아니었다. 깃펜을 잉크통에 담갔다 종이 위에서 글씨를 쓸 때 종종 부러지는 문제가 여전했다. 이렇듯 잉크와 종이로 생각을 옮기는 데 많은 장애물이 있기 때문에 글을 쓰는 사람은 깃펜을 종이에 대기 전에 온전히 문장을 구성하고 집중해서 글을 써야 했다. 글쓰기는 일종의 저항과 결핍을 수반하는 행위였다.

19세기 후반까지는 세상의 모든 글이 손으로 쓰였다. 때문에 단락의 위치를 바꾸거나 설명을 추가하는 것은 쉽게 할 수가 없었다. 하이든을 듣기 위해 실내악단을 고용한 18세기 독일의 영주가 갑자기 바흐가 듣고 싶다고 연주곡을 바꿀 수 없었던 것과 마찬가지다. 글의 사정도 비슷했다. 변경이 불가능하지는 않지만 비용이 많이 들고 번거로웠다. 이런 이유로 1980년 워드 프로세싱이 세상을 정복하기 전까지 약 한 세기 동안 쓰인 글은 버전이 여러 가지로 존재한다. 엉성한 초안과 세련된 텍스트 사이의 경계가 뚜렷했던 것이다.

몽테뉴가 쓴 《수상록》의 여러 판본을 보면 추가된 부분은 많고 삭제된 부분은 적은 것을 알 수 있다. 처음 두 권으로 출간된 이 책의 1595년 마지막 판본은 다섯 권으로 늘어났다. 몽테뉴는 수정 작업을 이어가면서 추가되는 텍스트를 기존 책의 여백이나 별도 페이지에 기호로 표기를 하고 적었다. 위대한 천재들의 읽기 힘든 메모를 해석한 식자공들이야말로 문학사의 이름 없는 영웅이라는 생각이 든다.

● 저항, 삶의 긍정적인 자극

깨어 있기 위해서는 저항이 필수다. 무의미에 대해 사유했던 철학자 헤르만 퇴네센은 한 인터뷰에서 자신이 무척 즐거운 시간을 보낸다고 했다. 삶의 무의미함에 대해 이야기하는 것이 그에게 의미 있는 일이었고 매순간 마주치는 심각한 의견 차이나 비판으로부터 저항의 힘을 얻어 철학자의 업을 계속 이어갈 수 있었다. 그가 철학적으로 취했던 극단적인 입장으로 인해 그는 철학자로서 가장 필요로 했던 자극적이고 적격한 의견 충돌을 얻을 수 있었다. 아쉽게도 지식인들 사이에서 의견 충돌은 많이 사라졌다. 물질적으로 풍요로운 사회에서 지식인들의 날 선 의견 충돌은 점점 사라지는 것 같다.

내가 가지고 있는 것에 대한 평가는 그것의 결핍을 경험했을 때 비로소 이루어진다. 평범한 진실이지만 되풀이할 만한 가치가 있는 생각이다. 아름다운 물건으로 둘러싸여 있을 때 만족감이 들겠지만 너무 많을 때는 그렇지 않다. 아마 다섯 개 또는 열 개 정도면 실을 묶기에 충분할지 모르겠다. 물건이란 것을 왜 소유해야 할까. 어차피 가장 기억에 남는 물건은 쉽게 볼 수 없는 것, 박물관이나 해외여행 도중 볼 수 있는 것들인데. 원주민 지도자들은 그들이 땅을 소유하는 것이 아니라 땅이 자신들을 소유하고 있다고 강조한다. 마찬가지로 명나라 시대 화병이나 피카소의 작품을 떠올려보라. 그 시대의 문화와 유대감을 갖기 위해 그 물건들을 소유해야 하는 건 아니다. 그것들의 가치는 무형적이다. 그것들의 가치는 구할 수 없을 때 더욱 향상된다.

역사가들은 로마 제국의 쇠퇴를 떠올리며 현재 우리 문명의 미래를 크게 걱정한다. 쾌락에 사로잡혀 지루하게 사는 무지한 귀족이 없을 뿐 그때와 지금이 크게 다르지 않다는 이유에서다. 사회학자 소스타인 베블런Thorstein Veblen은 《유한계급론The Theory of the Leisure Class》에서 소비의 쳇바퀴에 대해 기백 넘치는 풍자를 한 바 있다. 참고로 이 책은 지금처럼 소비의 악순환이 일상화되기 100년 전에 쓰였다. 미국 중서부 시골에서 근면하고 검소하게 자란 베블런은 보이지 않는 가치는 무시한 채 자신의 성공을 공작새처럼 과시하는 신흥 소비주의 문화를 안타깝게 여겼다.

한 세기가 지난 지금 베블런의 사상이 다시 이야기되는 것은 우연이 아니다. 물질적으로 다 가진 듯 보이지만 그것 빼고는 가진 게 없는 이 사회에서, 삶에 힘을 부여하는 것은 전기차보다 더 심오하고 OTT 서비스보다 더 본질적이고 쇼핑보다 더 도전적인 그 무엇이다. 나는 이것을 꿈 혹은 희망이라고 부르고 싶다.

다만 이렇게 삶에서 무언가를 추구하는 것이 반드시 목표 지향적일 필요는 없다. 그것은 도리어 자기목적적인 활동일 때가 많다. 가족과 친구, 반려동물과 함께 즐거운 시간을 보내거나, 강렬한 음악을 듣거나, 따뜻한 여름날 오후에 산책하는 것만으로도 충분하다. 이런 활동으로 사람들과 혹은 자기 자신과 더 가까워질 수 있다.

하지만 이것만으로는 삶을 의미로 채우기에 충분치 않다. 활동의 방향성을 부여하고 추진력을 키우는 에너지가 필요하다. 보통 이야기되는 야망이 그렇다. 언젠가 달성될 성취를 목표로 하는 행동은 야망이라는 이름으로 우리 사회에서 인정받는다. 야망은 주로 개인의 성취에 대한 것이지만 다행히 이런 충동은 평등한 집단의 이념과 균형을 이루거나 상쇄된다. 특히 농민 사회에서는 더 그렇다. 반대로 이런 이유로 농촌 청년들이 개인의 야망을 찾아 도시로 이주하고 있지만.

한 번쯤 세상의 중심에 서서 크든 작든 자신의 성취를 인정받는 권리는 존중되어야 한다. 어려운 일을 해냈으면 인정받는 것이 당연하다. 부유하든 가난하든, 상황이 좋든 나쁘든, 병이 들든 건강하든 수십 년 동안 결혼 생활을 유지하는 것처럼 말이다. 노벨상을 수상하는 것, 동네에서 가장 맛있는 빵을 굽는 것, 작년보다 더 나은 조각품을 만드는 것, 색소폰을 연주하는 것, 작년보다 아름다운 장미 정원을 만들어 이웃과 즐기는 것.

비물질적인 결핍을 채우는 이런 행위는 음식이나 섹스의 결핍을 채우는 것과 비교했을 때 자각하기 쉽지 않다. 하지만 일단 이런 비물질적인 결핍을 자각하는 순간 그것은 내 안의 갈망과 허기를 자극하고 마침내 성취를 이루고 타인의 인정을 받을 때면 온전한 정서적 포만감을 느끼게 된다.

《나의 투쟁My Struggle》이라는 제목으로 칼 오베 크나우스고르Karl Ove Knausgaard가 쓴 자전적 소설도 그런 맥락에서 탄생한 작품이다. 위대한 작가가 되고자 하는 그의 열망에 저항과 마찰, 실망, 절박한 결심 등이 뒤섞여 만들어진 결과일 것이다. 매력적인 단어는 떠오르지 않았을 것이고 표현이 엉성해서 고민하는 일이 부지기수였을 테고 엄격한 편집자의 잔소리는 끊임이 없었을 것이다. 방대한 양의 이 프로젝트에는 그래서 실존적 깊이가 있다. 크나우스고르는 자신의 실패와 한계를 극복하려는 야망을 묘사하는 데 성공한 셈이다.

크나우스고르에게 이 책은 삶의 성패가 달린 중요한 일이었으며, 스스로에 대한 의심과 자신감의 위기, 어긋난 충성심 등 수많은 내적 갈등을 극복해야만 했다. 결국에는 그것이 그를 세계 문학계에 우뚝 서게 만들었지만. 이러한 결과를 내기 위한 엄청난 노력, 때로는 삽질이자 헛수고투성이었던 그 노력을 묘사함으로써 말이다.

인정을 통해 타인의 관심에 대한 갈증이 해소되었다면 이후에는 수익 감소의 법칙이 엄습한다. 인정하는 데 드는 비용이 적게 들수록 인정의 가치는 떨어진다. 페이스북에서 '좋아요'를 누르는 데 드는 비용을 생각해보라. 손가락을 잠시 움직이는 것으로 바로 충족되는 '좋아요'의 가치는 0과 다름없다. 모두가 하는 모든 일에 대한 칭찬 역시 같은 맥락으로 그 가치가 제한적이다. 각 실의 의미는 실의 개수가 늘어날수록 희석된다. 해가 진 후 사냥감을 가지고 돌아온 유일한 사냥꾼과 너나없이 사냥감을 매달고 돌아온 수십 명의 사냥꾼 중 한 명은 전혀 다른 의미를 갖는다. 타인의 인정은 일종의 결핍이다. 장소와 시간에 관계없이 인간에게 가장 결핍된 요소일지 모른다.

내 존재가 유한하다는 인식에서 삶은 무한하지 않으며 따라서 방향성이 필요하다는 사유의 틀이 생긴다. 보르헤스 Borges의 단편 〈두 갈래로 갈라지는 오솔길들의 정원el jardin de senderos que se bifurcan〉 속 두 갈래 길에 서 있는 것처럼 느껴져도 말이다. 어느 길을 선택하든 모든 선택에는 각각의 대안이 존재하므로 특정한 길이 옳다고 말할 수 없다. 선택이라는 행위에 대한 압박과 스트레스는 어느 정도 삶에 여유가 있는 사람들에게 부여되는 고통이다. 치명적인 병에 걸린 사람의 삶에서는 선택이랄 게 없다. 삶의 유일한 바람은 건강이 좋아지는 것이기 때문이다. 빈민에게 지금의 삶이 적극적인 선택의 결과라고 한다면 그들은 매우 기분이 상할 것이다. 잘못된 결정에 대해 좌절감을 느끼려면, 그 결정의 대안이 현실적인 동시에 매혹적이어야 한다.

북대서양 지역에서는 개인을 두고 선택과 차별이라는 행위를 하는 주체로 본다. 개인주의는 주변 환경이 아무리 나빠도 결정에 대한 책임은 개인에게 있다는 것을 의미한다. 그럼에도 불구하고 잘못된 결정으로 인한 파국을 완화하는 것은 가능하다. 인간은 절대 혼자가 아니며 따라서 인간의 선택과 결정은 모두 다른 사람, 다른 모든 것과 연결되기 때문이다.

팬데믹은 우리 삶에 필요하지만 인식하지 못했던 마찰과 저항이라는 깨달음을 주었다. 물질적 풍요의 소우주에서 팬데믹을 통해 얻은 가장 중요한 식견은 바로 이 네트워크에서 발견할 수 있다. 빡빡하고 정신없는 일상의 상실은 공허할 수도 있지만 고요함에서 오는 안식을 안겨주기도 했다. 도리어 바쁜 일상을 그리워할 수 있는 정서적 여유를 주었던 것이다.

● 지금 당신에게 결핍된 것은 무엇인가

위기라는 말을 만들어낸 아테네인들이 보통 위기를 언급한 상황은 의학적인 맥락에서였다. 크리시스(위기)는 높은 열을 뜻했다. 당시에는 항생제도 백신도 없었기 때문에 위기가 닥치면 가능한 일이 두 가지뿐이었다. 죽거나 회복하는 것. 회복했다면 무언가를 배웠을 것이다. 생존자는 무엇을 배웠을까? 철학자 아르네 요한 베틀레센Arne Johan Vetlesen이 표현했듯이 자신의 나약함을 인식함으로써 더 현명한 사람이 되었을 것이다. 베틀레센은 즉각적인 욕구 충족은 삶을 더 의미 있게 만들지 못한다고 믿었다.

부유한 사람들은 큰 위기가 있어야만 잠에서 깨어날 수 있다. 나는 나만의 아늑한 작은 어항에서 헤엄치던 사람이었는데 갑자기 심각한 암 진단을 받았다. 암으로 인해 나는 2년 넘게 죽음의 대기실에 내던져졌다. 건강을 완벽하게 되찾지 못할 것이고 삶은 예전과 같지 않겠지만, 나는 스틱스(그리스 신화에서 저승을 일곱 바퀴 돌아 흐르는 강-옮긴이)의 진흙투성이 기슭에서 오랜 시간 머무르며 뭔가를 배웠다.

식물의 마법 같은 푸르름, 부엌의 흙냄새 가득한 허브에서 풍기는 생명의 향기, 설탕 그릇으로 향하는 개미들의 결의에 찬 행진, 남은 생애 따뜻한 안식을 찾는 내 늙은 고양이에 감사하는 법을 배웠다. 코냑에서 느낄 수 있는 바닐라, 오크, 캐러멜의 풍미는 주류회사의 술책이므로 아예 큰돈을 들여 정말 좋은 술을 사거나 그게 아니면 이베리아나 남아프리카의 정직하고 저렴한 브랜디를 선택하는 것이 차라리 낫다는 사실도 알게 되었다. 또한 와인을 고를 때는 포도 품종이 생산지보다 더 중요하며, 잘 모를 때는 카베르네 소비뇽을 선택하는 것이 가장 안전하다는 사실도 알았다. 이동의 자유와 건강이 결핍되는 현실을 깨달으면서 내 안의 실들이 단단해지고 새로운 실도 자아졌다. 스쿼시 코트의 직사각형 바닥에서 나오는 실은 끊어졌을 수도 있겠지만.

위기는 필사적으로 탈출하려고 창문 앞에서 윙윙거리는 파리나 파르메산 치즈와 함께라면 뭐든 좋다는 지식인에게 똑같이 적용되는 일종의 여과기다. 위기를 통해 보풀은 불어 날려보내고 극히 중요한 것은 남기게 된다. 다만 여과기는 정기적으로 청소를 하지 않으면 막히고 이렇게 되면 나도 모르는 사이에 위기가 준 가르침을 잊기에 주의해야 한다.

챕터 서두에 언급했듯, 건강한 사람에게는 여러 가지 소원이 있지만 병든 사람에게는 오로지 하나의 소원이 있고, 자유인에게는 여러 가지 소원이 있지만 죄수는 하나의 소원에 만족한다. 바라던 모든 것을 가진 자는 순간 가난한 사가 되어버린다.

결핍은 동기를 부여하고 입맛을 돋운다. 20대 초반, 모리셔스에서 현장 연구를 진행했는데 어촌 마을의 아이들은 과자를 살 수 있는 동전만 쥐어줘도 황홀경에 빠졌고, 더 큰 아이들은 일주일 내내 토요일에 열리는 파티를 고대했다. 그곳의 아이들은 가진 것이 아무 것도 없었다. 열아홉 살에 키가 180센티미터가 넘는 프랑수아는 파티가 열리는 날이면 흰색 티셔츠와 특별한 날에만 신는 흰색 아디다스 운동화를 차려 입었다. 장난기 가득한 미소와 반짝이는 눈을 가진 귀여운 소년이었다. 프랑수아는 가난했지만 부자였고 가는 곳마다 꿈과 희망의 마법 가루를 뿌렸다.

풍요로운 사회에서는 꿈을 꾸고 희망을 품는 능력이 결핍되어 있다. 100년 전만 해도 이런 상황이 펼쳐질 것이라고는 아무도 생각하지 못했다. 영영 얻지 못할 수 있는 것을 오랫동안 고대하는 것은 가치 있는 일이다. 희망이 없으면 기대하는 것도 없고 우리는 절망적인 사람이 된다. 절망적인 사람에는 두 종류가 있다. 절망적으로 가난한 사람들과 절망적으로 부유한 사람들. 둘 다 희망을 잃었지만 이유는 정반대일 것이다.

지난 세기 초 사회학자 에밀 뒤르켐은 국민에게 권리와 혜택을 부여하는 것은 쉽지만 이후에 이를 철회하는 것은 거의 불가능하다고 지적했다. 부유한 사람들의 소비를 줄이는 것이 그토록 어려운 것도 이 때문이다. 수천 년의 투쟁 끝에 마침내 물질적 결핍에서 벗어난 인류가 물질을 다시 삶에 들이는 것은 무슨 까닭일까? 의지가 약한 율리시즈처럼 나 자신을 돛대에 묶어야 하는 것일까? 그럴 필요는 없을 것이다. 오늘날과 같은 결핍 부족 시대에서는 미래라는 특정 시간에 대한 희소성에 주목한다. 우리와 후손을 연결하는 실이 필요한 이유다.

열심히 땀 흘려 얻은 자산을 포기하라고 하는 건 현실적인 아이디어가 아니다. 이 부분에 있어서는 생산적이고 합리적인 산업 사회에 길들여지지 않은 사람에게 배울 점이 있다. 나라가 없는 민족은 종종 시대에 뒤지고, 원시적이고, 미신에 사로잡히고, 후진적이라고 묘사되곤 한다. 선진국 사람들은 이들에게 깡통따개 사용법, 시험에 합격하는 법, 직장에서 일하는 법을 가르쳐야 이들의 삶이 좋아진다고 생각한다. 나는 이런 종류의 편협한 시야를 납득하기 어렵다. 물론 가난을 낭만화하거나 청바지와 아이폰 소비를 꾸짖을 생각은 전혀 없다. 자본주의를 비판하는 사람들이 원주민을 자기 경멸의 인질로 삼으려는 시도도 탐탁지 않다.

그러나 밀과 쭉정이는 구분해야 한다. 세상에 지배력을 갖지 못한 사람들이 도리어 소비주의 사회에 대한 진정한 대안을 제시하고 있지만 이들은 쇼핑몰과 고속도로 건설에 장악당하고 있다. 국가가 없는 약소 민족들이 북극의 반황원이나 깊은 열대우림과 같이 지구의 변두리로 밀려난 역사적 이유는, 농지를 확장하려는 탐욕스러운 농장주부터 성장을 위한 성장에 전념하고 뭐든지 콘크리트로 덮어버리는 국가 정부까지 다양하다. 국가와 자본주의의 거대한 선전은 소비만능주의에 대한 대안을 없애버린다. 이는 완전히 잘못된 방향이다. 풍요로운 사회에서 가장 부족한 자원은 타인의 관심과 시간, 외부 세계와 연결하는 믿을 수 있는 실, 나 자신을 알게 되는 느린 시간 그리고 그 실에게 세심한 주의를 기울이는 것이다.

인류학자 클리포드 기어츠Clifford Geertz는 인간은 수천 가지의 삶을 살 수 있는 잠재력을 가지고 태어나지만 결국 하나의 삶만 살게 된다고 말했다. 다른 사람의 삶에 대한 호기심과 지식은 나 자신을 아는 데 도움을 줄 뿐만 아니라 내가 살 수 있었던 다른 삶에 대해서도 배움과 깨달음을 준다. 이로써 내 안의 실이 무한대로 확장하여 이제껏 공유해보지 못했던 기억과 한 번도 방문한 적 없는 장소까지 뻗어나갈 수 있다. 이것이 바로 상상력의 힘이다. 이런 경험을 공유할 능력이 없는 인공지능이 애처롭게 여겨질 지경이다.

몽테뉴는 데카르트의 합리주의 신조와 베이컨의 과학

적 낙관주의보다 한 세대 앞선 철학자였다. 때문에 과학과 진보, 합리적 사고가 획기적으로 발전하는 걸 보지 못했다. 르네상스적 교양인인 몽테뉴는 진보된 과학 지식이 없었기 때문에 오히려 모든 것을 평가하고 순위를 매기는 개념으로부터 자유로울 수 있었다. 그는 에세이에서 개발이라는 개념도 이야기하지 않았다. 그 당시엔 아직 개발이라는 용어가 만들어지지 않았기 때문이다. 몽테뉴가 남아메리카 원주민과 고대의 크고 작은 사상가들에 대해 호기심과 활기 넘치는 목소리로 이야기하고, 문명의 기준으로 함부로 그들에게 순위를 매기지 않았던 것도 그런 이유에서다.

몽테뉴 이후에, 특히 18세기부터 소위 교양 있다는 유럽인들 사이에서 스스로를 최상위에 두고 민족의 순위를 매기는 것이 일반화되었다. 세상의 다양성이 가진 귀한 가치는 유럽인 이외의 모든 사람은 본질적으로 열등하거나 뒤틀려 있고, 운이 좋으면 백인의 도움으로 개선될 수 있다는 단선적 발전의 역사에 밀려났다.

이런 정신의 구속복은 원주민을 향한 낭만적 시선보다 더 불쾌하다. 근거 없는 굴욕감과 불필요한 고통의 근원이 되기 때문이다. 원주민도 우리처럼 갖고 싶은 것, 원하는 것을 말하라고 하면 옷과 음식, 수도와 같은 소비재를 말하겠지만 이를 갖기 위해 가족과 환경을 희생시킬 생각은 하지 않을 것이다. 이런 가치 체계와 삶의 방식에 대해 글을 쓰고 알리는 것이 인류학자들이 100년 이상 해온 일이다. 각 나라의 정책 입안자와는 정반대의 입장일 테지만.

아마존 원주민은 소형 보트에 장착할 모터를 구입하기 위해 집에서 멀리 떨어진 곳에서 하루 8~10시간씩 몇 달 동안 일을 해야 한다는 것을 깨닫고 충격에 빠진다. 백인들이 가지고 온 물건과 그것을 생산하는 데 필요한 노동은 베이컨 한 팩을 위한 돼지의 고통만큼이나 눈에 띄지 않기 때문이다. 세이셸을 방문하는 백인들도 마찬가지다. 그들은 세이셸 사람들에게 비싼 휴가를 즐기는 모습만 보여줄 뿐이다. 세이셸 사람들은 이들이 2주간의 휴가를 위해 몇 달 동안 일하고 저축하는 것을 쉽게 짐작하지 못한다. 실은 아무리 열심히 일해도 웬만해서는 세이셸 같은 피서지에서 호화로운 휴가를 보내기 힘들다는 사실도 알지 못한다.

남태평양 멜라네시아의 카고 컬트 역시 상품 물신주의의 왜곡을 여실히 보여준다. 2차 세계대전 당시 멜라네시아 사람들이 화물기에서 각종 생필품이 줄줄 나오는 것을 보고 화물기를 숭배하기에 이르렀다는 웃지 못할 사례다. 전쟁이 끝나고 미국이 발길을 끊자 멜라네시아 사람들은 서둘러 활주로와 곧 무너질 듯한 관제탑을 만들었다. 화물기를 향한 일종의 제단인 셈이다. 심지어 어떤 사람들은 나뭇가지와 나무껍질로 헤드폰을 만들어 비행기가 다시 들어오기를 간절히 바랐다.

지금의 우리라고 무엇이 다를까. 자본주의의 소비 세계가 거대한 카고 컬트 아닌가. 상점이나 온라인에는 생산 노동의 흔적이 보이지 않는 물건들이 마법처럼 나타나며, 소비의 가장 중요한 메시지는 더 많은 소비를 하라는 것뿐이다. 대안은 소비주의를 우회하는 방법을 활성화시키고 평생 옷 한 벌로 사는 사람들, 흙바닥을 걸어 다니는 사람들로부터 배우는 것이다. 그들이 부럽다는 말이 아니다. 물질적 안정과 생태적으로 지속가능한 삶의 방식 사이에서 균형을 찾는 것이 목표라면, 적어도 무조건적인 자본주의는 방법이 아니라는 걸 말하려는 것이다. 물질적으로 부족함이 없는 지금 새로운 형태의 결핍이 등장했다. 이는 소비주의를 감추려고 시도하는 실과 관련이 있다.

노르웨이의 경우 상황은 꽤 좋았다. 갑작스러운 오일 머니가 노르웨이를 휩쓸기 시작한 1980년대까지는 말이다. 돌이켜 생각하면 이 불건전한 풍요의 혜택을 누린 사람은 아무도 없다. 10년 전만 해도 노르웨이 사람들에게는 결핍을 적당히 안고 살았다. 지금보다 조금 더 편안한 미래를 소망하고, 평일에 없는 일요일의 특별한 간식을 마음껏 즐기고, 가까운 사람들과 여유롭게 시간을 보낼 수 있을 정도로 말이다. 현대의 노르웨이는 부유해졌지만 삶이 더 의미 있게 변하지는 않았다. 아니, 나는 오히려 의미가 없어졌다고 주장한다. 다른 사람들의 시간과 관심에 대한 결핍을 느끼는 것이 그 어느 때보다 절실하다.

현대 노르웨이 정치인들은 노르웨이가 생태적인 책임을 다하려면 석유와 가스를 계속 채굴해야 한다며 온갖 수사학적인 재주를 부리지만 아무도 그들의 말을 믿지 않는다. 정치인 자신들도 그 말을 믿지 않을 것이다.

풍요로운 사회에서는 결핍 자체가 희소한 자원이 된 것처럼 보인다. 관계보다 개인을, 지속 가능성보다 성장을 중요시하는 사회에서는 다른 모든 것과 연결되는 끈, 실, 필라멘트가 얇아지고 때로는 사람들의 관심 밖으로 사라진다.

결핍은 삶의 방향성과 집중도에 필요한 요소이지만, 결핍의 가장 중요한 역할은 삶에 윤활유가 되는 마찰과 저항을 야기한다는 점일 것이다. 마찰과 저항으로 인해 당신은 원하든 원하지 않든 삶에 전력을 다하게 되고, 극도로 어렵지만 반드시 달성해야 할 과제가 있다는 것을 깨닫는다. 이러한 저항은 결국 성취로 이어진다.

희망이 없으면 저항도 있을 수 없다. 희망은 꿈에서 자란다. 이것이 꿈이 인생의 세 번째 의미인 이유다.

세 번째 의미

꿈

언제나 긍정적인 에너지를 주는 친구 한 명이 몇 년 전 사고로 전동 휠체어에 의존하게 되었다. 무고한 장난에서 시작되었으나 사고로 이어졌고 이내 참사가 되었다. 세 단계로 일이 벌어지는 데는 채 1분도 걸리지 않았다.

아들과 축구 대회에 갔던 친구는 휴식 시간에 동료와 레슬링을 했다. 친구는 이란 출신으로, 젊은 시절 전도유망한 레슬링 선수였던 만큼 몸이 건장하고 온통 근육질이다. 레슬링 도중 잘못 넘어지면서 그의 고개가 꺾였고 고개가 땅에 닿으면서 90킬로그램의 몸에 눌리는 바람에 목이 부러지고 말았다.

몇 달간의 재활 끝에 그는 아내와 두 아들과 함께 집으로 돌아왔다. 여생 동안 밤낮으로 전문 보조사의 도움을 받아야 한다. 다행히 팔의 움직임을 부분적으로 회복했고 뇌 기능도 이상이 없어서 얼마 후 사회학 교수로 직장에 복귀할 수 있었다. 제일 기적적이었던 건 그의 긍정적인 에너지가 전혀 다치지 않았다는 사실이다. 물론 재활 기간 어두운 순간도 많았다. 밤에 발작으로 깨어나 보조사가 몸을 뒤집어줘야 했을 때는 특히 그랬다. 그런데도 그는 빙하도 녹일 만큼 따뜻한 미소를 지으며 사람들에게 생기를 불어넣는다. 함께 맥주를 마시러 가면 친구는 여전히 보드카 샷을 주문한다.

나는 거의 매일 그를 생각하며 지금 어떤 꿈을 꾸고 있을까 생각한다. 그가 지금 꾸는 꿈은 사고 전과는 다를 거라 생각하며.

꿈에는 백일몽과 실제 꿈이라는 두 가지 형태가 있다. 둘 사이의 경계는 흐릿하다. 반은 자고 반은 깨어 있는 리미널 페이즈 상태에서는 소파에 누워 있어도 내면에서는 빨리 일하라고 말한다. 나처럼 얕은 잠을 자는 사람이 많은지 모르겠다. 꿈이 깨어 있는 상태로 스며들기도 하고 그 반대이기도 하다. 직장에서의 문제를 생각하기 시작했지만 다음 순간에는 침 흘리는 거대한 곰을 피하기 위해 나무를 오르는 식이다.

대체로 밤의 꿈은 낮의 꿈과 다르다. 밤의 꿈은 내가 두려워하는 것을 투박하게 혹은 완곡하게 드러내기도 한다. 프로이트가 이에 대한 이론과 지식을 만들었지만 꿈에 대한 연구를 그가 처음 한 것은 아니다. 꿈의 해석은 인간의 광기와 얇은 막을 두고 존재하는 미지의 영역에 대한 가장 오래되고 보편적인 사유다. 특정 종교가 지배하지 않는 사회에서는 사람들의 영적 세계에 샤머니즘적 요소가 있게 마련이다. 우주의 비밀은 과학자의 영역이지만 인간 내면의 특정한 영역에서는 당신이나 나도 꿈의 비밀에 다가갈 수 있다.

전 세계 어느 문화에나 존재하는 주술사는 동물 가죽 혹은 독니가 튀어나온 동물 가면으로 치장하고 자신만이 신비의 영역에 들어갈 수 있다는 메시지를 내뿜는다. 그 과정에서 스스로 환각성 약물을 마시기도 한다. 남아메리카에서는 원주민이 아야와스카라는 환각성 식물 추출물을 마시곤 하는데 단순히 기분을 방방 뜨게 만드는 이상의 역할을 한다. 나는 아야와스카가 상상력을 무한대로 확장시킨다고 표현하고 싶다.

어쩌면 인간은 항상 샤머니즘과 함께했을지도 모르겠다. 일찍이 엄숙한 종교가 인간의 삶에 들어왔음에도 불구하고 초자연적인 무엇, 마음과 세계의 숨겨진 비밀과 미스터리에 대한 갈망은 가라앉지 않았다.

귀를 울리는 북소리와 연기에 둘러싸여 무아지경에 빠진 주술사는 동물이 말을 하고 신들이 조언을 하는 또 다른 우주이자 꿈의 영역으로 이동한다. 일상적인 세상으로 돌아온 후에는 자신의 경험과 지혜를 상세히, 종종 미화시켜 이야기한다. 나아가 다른 사람의 꿈(보통 위험한 꿈)을 해석하기도 한다.

● 꿈의 다섯 가지 종류

밤에 꾸는 꿈들은 대부분 이해하기 쉽다. 모든 꿈이 상서롭고 희망적인 것은 아니다. 문제가 많고 스트레스를 받은 사람은 기차를 놓치거나 끝이 없는 에스컬레이터에 탄 꿈을 꿀 수도 있다. 내가 그런 꿈을 자주 꾼다. 보통 나는 어딘가로 가는 중이고 아내와 아이들은 제 시간에 어딘가에 도착하기 위해 나에게 의존한다. 무엇인지는 정확히 알 수 없지만 대단히 중요한 일이 걸려 있는 상황이다. 이후 나는 갑자기 지갑을 잃어버리거나, 여권을 집에 두고 왔거나, 드넓은 해변에서 렌트카 열쇠를 잃어버리거나, 길을 잃거나, 엉뚱한 방향으로 차를 몰고 간다. 시계는 쉼 없이 똑딱거리고 거의 다 왔다고 안도하는 찰나, 알고 보니 갑자기 풍경과 건물이 생각했던 모습과 완전히 다르다는 것을 발견한다. 카프카의 소설처럼 나는 갑자기 낯선 나라에 와 있다. 상점과 거리 표지판은 이해할 수 없는 상형문자로 되어 있고, 현지 사람들은 내가 다가가면 웃으며 외면한다. 믿을 수 있는 실은 소멸되고 기만적인 길과 모퉁이로 대체된다.

팬데믹이 끝날 무렵, 이런 꿈이 초대받지 않은 손님처럼 종종 나에게 들이닥쳤다. 현실 세계에서의 나는 꿈과 정 반대의 일상을 살고 있었다. 독일의 할레 안 데르 잘레에서 일주일을 보냈고, 그날 늦게 라이프치히와 베를린을 거쳐 집으로 돌아갈 예정이었다. 현실 세계에서는 시간이 넉넉했으며 여권, 마스크, 예방 접종 증명서도 재킷 주머니에 안전하게 넣어두었다. 하지만 악몽에 시달리며 새벽 3시에 땀에 흠뻑 젖은 채 갑작스레 깨어난다.

꿈에서 나는 이렇다. 우리 가족은 휴가를 마치고 집으로 돌아올 참이었고 일정이 조금씩 늦춰진 상황이었다. 그때 짐을 다 싸지 못했다는 것을 알아차린다. 옷장에는 내가 알지 못하는 옷들이 아직 걸려 있었고 선반 위에는 가방에 넣지 못한 크고 거추장스러운 판다 모양의 옷이 있다. 판다 모양의 옷을 가방에 구겨넣다가 그만 여행 가방이 부서진다. 경첩이 망가져서 다시 조립하는 것은 거의 불가능한 상황.

이보다 더 큰 문제는 집으로 돌아올 때 내가 가르치는 학생도 챙겨서 데려가야 한다는 것이었다. 그는 친구 여동생의 머리를 빗겨주고 있는데 그녀 머리카락이 두피와 얼굴에 너무 달라붙어 있어서 할퀴듯 빗질할 수밖에 없는 상태다. 결국 우리는 두 남녀를 방에 두고 나와야 했다. 한 방에 성인 남녀를 두고 나왔다는 사실에서 묘한 성적 긴장감이 느껴졌지만 우리 가족은 서둘러 공항으로 향한다. 가까스로 비행기 탑승에 성공한 후에는 기장과 실랑이가 벌어진다. 기장은 우리가 체크인을 하지 않았고 카운터에 줄이 너무 길어 비행기가 지연될 수 있다고 난리 친다. 우리를 그냥 남겨두고 갈 생각인 듯하다.

활주로에 가득 찬 인파를 보면서 나는 비행기 탑승을 포기했고 땀을 흘리며 멍한 상태로 잠에서 깼다. 2021년 가을 카불에서 엄청난 사람들이 미국행 비행기에 타려고 아수라장이 되었던 장면 때문에 이 꿈을 꾼 것 같다. 현실에서 나는 실제로도 기차역 내 카페에서 책을 읽다가 베를린행 기차를 놓치긴 했지만 별 어려움 없이 다음 기차를 탔고 무난히 비행기를 탔다.

몇 년 전, 입원했을 때 다행스럽게도 웅장하고 우아한 빌라를 개조한 병실에 배정받았다. 과거 병원장의 집을 개조한 듯했지만 간호사도 건물에 대해 정확히 아는 게 없었다. 덕분에 나는 병동에 대해 마음껏 상상을 할 수 있었다. 잠들기 전이면 이 미스터리 하우스에 시선을 고정하고 버려진 집을 내 것으로 삼는 상상을 하곤 했다. 손전등을 들고 삐걱거리는 지하 계단을 내려가 꽃무늬 벽지로 장식된 널찍한 방을 감탄하며 바라보고, 때때로 설렁줄을 당겨 하인을 불러서 죽은 파리와 거미줄을 쓸어버리고, 벽난로에 불을 피우고, 묵직하고 편안한 가죽 소파에 앉아 브랜디를 마시는 상상 말이다.

이 백일몽의 백미는, 내 하인들이 거만한 동료 교수들이라는 사실이다. 교수들은 내가 설렁줄을 당길 때마다 나타나서 공손히 차를 따르고 스콘을 내는 것 외에는 마음대로 할 수 있는 게 없다. 가끔은 이 상상이 잠든 후까지 매끄럽게 이어져서 더욱 초현실적인 형태로 발전하기도 한다. 삶이 건강하고 모험을 즐기는 사람들이 누릴 법한 기회와 자유에 대한 꿈이었다.

분명하게 정의하기 더 어려운 꿈들도 있다. 많은 문화권에서 꿈의 세계는 죽은 자의 영역이거나 평행 우주에서 두 세계를 오가는 열린 문으로 간주된다. 그런 꿈은 상황이 허락하기만 한다면 실현될 수 있는 실과 관계에 대한 전망을 제시한다.

꿈은 세상과 자아에 대한 통찰의 원천이지만 그 자체로는 모호하다. 고대 북유럽 신화에는 많은 꿈이 등장하는데 주로 곧 일어날 사건에 대한 복선 역할을 한다. 《날의 사가 Njal's Saga》(13세기 아이슬란드 신화―옮긴이)에서 힐리아렌디의 군나르는 굶주린 늑대 무리가 자신들 그리고 협력자인 콜스케그구르와 그의 형 회르투르를 공격하는 꿈을 꾼다. 이들은 적을 공격할 시점이 왔다는 신호로 이 꿈을 받아들이지만 꿈에서 회르투르가 늑대들에게 죽임을 당하자 자신의 생각이 맞는지 의심이 든다. 실제로 회르투르는 의견 충돌로 인한 싸움에서 목숨을 잃는다.

이후 콜스케그구르 꿈에는 몸이 크고 빛나는, 명예롭고 선한 남자가 등장하고 그 남자는 그를 깨워 자신과 함께 가자고 명령한다. 순순히 그 남자를 따라간 대가로 콜스케그구르는 훌륭한 아내와 기사라는 명예로운 지위까지 얻는다. 꿈에서 깬 콜스케그구르는 덴마크에 가서 세례를 받은 후 남쪽으로 더 멀리 여행을 떠난다. 바이킹스럽게 살인과 약탈 등의 나쁜 짓도 저지르지만 중간에 길을 잃은 영혼을 구하기도 하면서. 그는 결국 미클라가르드(현재 이스탄불)에 이른다. 책을 보면 중간에 누군가 크비테크리스트(예수 그리스도)의 비범한 능력에 대해 알려줬다고 생각할 만한 내용도 있다.

이런 꿈은 일종의 예언이다. 미래를 이야기해주기 때문이다. 영험한 힘 혹은 신이 현세와 내세 사이로 침투해 운명에 대한 메시지를 전달한다. 이로 인해 보이지 않던 실을 잡을 수 있게 된다.

반면 지루하고 불만족스럽게 사는 젊은이들의 소중한 백일몽도 있다. 이런 꿈은 사람을 경이와 모험의 세계로 옮겨 놓는다. C.S. 루이스C. S. Lewis의 《나니아 연대기The Chronicles of Narnia》가 그 전형이다. 그런가 하면 오스트레일리아 원주민의 드림타임(오스트레일리아 원주민이 세상 모든 기원과 가치를 포괄하는 문화적, 정신적 개념을 설명하는 용어—

옮긴이)은 깊이에 있어 실존주의 철학에 비견할 만하다. 오스트레일리아에 정착한 유럽인들은 드림타임을 원주민 신화의 기원을 설명하는 구전 역사, 즉 성경의 창세기와 같은 유의 이야기라고 여겼다. 인류학자 레비스트로스 Lévi-Strauss 가 신화에 대해 설명했듯이, 드림타임은 시간의 흐름을 막는 기계다. 원주민에게 드림타임은 칸트적 공간과 시간의 범주에서 벗어난 무한한 존재, 세상의 진정한 본질이 드러나는 플라톤적 관념의 세계다. 동물이 알아들을 수 있는 말을 하고 끝없는 사막에서 반짝이는 길이 보인다. 그렇게 살아있는 모든 것들에게 실의 소중함을 일깨운다. 드림타임은 영웅이 신비로운 힘으로 우주의 질서를 유지하는 세계이자, 물리적 세계가 견고히 지켜온 우주의 질서를 방해하지 못하도록 지키는 순간이다.

이런 종류의 꿈을 누리려면 오랜 수련과 깊은 몰입이 필요하다. 주술사의 무아지경은 보통 사람의 꿈과는 다르다. 드림타임은 변하지 않는 다른 세계로부터 변덕스러운 현재로 중요한 메시지가 전해지는 세상, 평소 닫혀 있던 통로가 열리는 세상이다. 주술사의 눈에서 흰자위가 보이는 순간에는 그를 절대 방해하지 말아야 한다. 그는 세계 사이의 경계에 들어갔으므로 그 여정이 갑자기 중단되었을 때 어떤 위험한 일이 생길지 예측할 수 없다.

● 인공지능과 동물의 상상력

가상현실 역시 주술사의 여정과 비슷하다. 워쇼스키^{The} ^{Wachowskis} 자매의 《매트릭스^{The Matrix}》 4부작은 공상 과학 세계의 의미 있는 업적이라 할 만하다. 이 영화에서 사람들은 평생 꿈의 세계에 살고 있었다는 것을 알게 된다. 실제 세계에서는 지구를 지배하는 인공지능에 의해 식물처럼 살고 있다는 것을 알지 못한 채.

1편에서 모피어스는 네오를 현실로 안내하면서 "현실의 사막에 온 것을 환영한다"라고 말하며 연기가 자욱하고 폐허가 된 행성을 보여준다. 모피어스의 간결한 문장은 철학자 슬라보예 지젝^{Slavoj Zizek}에게 강렬한 인상을 주었던지 그는 이 대사를 자신의 책 제목으로 쓴다. 자본주의가 가져온 매혹적인 풍요와 눈부신 기술적 성과로 인해 소비자들이 권력에 눈이 멀고 9·11테러를 제대로 이해하지 못했다고 주장하는 내용의 책이다.

한참 후에야 알게 된 사실인데, 모피어스 대사와 지젝의 책 제목은 철학자 장 보드리야르^{Jean Baudrillard}가 한 말이었다. 수십 년 전부터 보드리야르는 가상현실 이론을 주창해왔다. 시뮬라크르라는 개념을 도입해, 복제된 것이 너무나 현실적이어서 많은 사람들이 현실이라고 믿는 시뮬레이션을 언급했고, 걸프전이 일어난 적이 없다고 주장해 학계 밖에서 유명해졌다. 보드리야르는 걸프전을 CNN이 미군과 손잡고 연출한 수익성 높은 텔레비전 쇼로 여겼다. 여기서 포인트는 그가 전쟁의 학살과 고통을 부정했다는 것이 아니라 전쟁이 인포테인먼트infortainment(정보information와 오락entertainment을 합친 신조어−옮긴이)로 상연되었다는 사실이니 오해 마시길.

동물은 꿈을 꿀까? 육식성 포유류는 그럴 가능성이 높아 보인다. 나는 포유류가 파충류나 곤충보다 일반적으로 더 똑똑하며 육식동물이 초식동물보다 더 지적인 경향이 있다고 생각한다. 진화는 동물에게 선택의 여지를 주지 않았다. 먹이는 저절로 주어지지 않는다. 먹이는 노력을 기울여 잡아야 하는 것이고 때문에 가급적 똑똑해야 한다. 개를 키우는 사람들은 개가 자는 동안 으르렁거리고 꼬리를 흔들고 위협적인 동작으로 발을 휘두른다고 말한다. 내 고양이가 어리고 기민했을 때 나도 비슷한 행동을 관찰했던 것 같다. 하지만 동물이 약속을 지키지 못하거나 전봇대에 앉아 세상의 종말을 예고하는 검은 새 떼가 나오는 꿈을 꾸는 것은 상상하기가 어렵다. 일부 동물은 일부러 약물에 취하기도 한다지만, 약물에 취하려는 목적이 현실 세계를 넘어 미지의 세계와 새로운 연결 고리를 만들기 위함은 아닐 것이다.

인간과 동물의 유사점을 과장해서는 안 된다. 개는 주인에게 순종적이고 친근하며 고양이는 고분고분하게 우리 무릎 위로 기어오른다. 이 부드러운 상황에서 인간과 동물은 연결의 실로 둘러싸여 있다. 힘의 균형이 뒤바뀐다면 어떨까? 고양이가 나처럼 크고 내가 고양이처럼 작다면 과연 고양이는 나를 조심스럽게 대할까? 코끼리 크기의 개가 작은 인간을 돌보고 먹이를 줄까? 답은 '노'일 것이다. 난쟁이 인간은 즉시 육식동물의 먹잇감이 될 뿐이다.

인간은 자신과 다른 동물 사이에 경계를 둔다. 주된 이유는 인간이 아닌 모든 대상을 원하는 대로 좌우하기 위해서다. 21세기가 시작되자 이에 대한 이슈가 부각되기 시작했고, 호모 사피엔스와 인간의 창조물 사이의 경계가 면밀히 검토되어왔다.

최초의 인공지능 시뮬레이션은 1966년에 만들어진 컴퓨터 프로그램 엘리자다. 엘리자는 사용자와 대화를 하는 것처럼 보였다. 상담 치료를 하도록 프로그래밍된 엘리자는 이해심 많고 친절했다. 내가 남자 친구와 문제가 있다고 말하면 "남자 친구에 대해 말해주세요"라고 답하는 식이다. 물론 한계는 여실했다. 뉴질랜드에 있는 양로원에서 간병 로봇에 관한 글을 쓰고 있는 내 학생이 엘리자를 테스트한 적이 있다. 학생이 "나는 마리예요"라고 자기 소개를 하자 엘리자는 "마리가 된 지 얼마나 되셨어요?"라고 답했다. 마리는 그때 엘리자와 길고 답답한 저녁 시간을 보낼 것 같다고 했다.

이후의 챗봇과 로봇은, 메모리가 고작 500킬로바이트인 컴퓨터가 방 하나를 가득 채우던 시절에 만들어진 엘리자보다는 훨씬 더 다재다능하다. (내 노트북은 무게가 2킬로그램도 안 되지만 메모리가 8기가바이트다. 1966년의 수퍼컴퓨터보다 약 2,000배 좋은 성능이다)

그러나 2020년대 초 챗GPT와 GPT-4가 출시된 이후, 실리콘밸리의 IT 기술자와 리더를 중심으로 불안이 생기기 시작했다. 인공지능 기계와 프로그램이 세계를 지배하려 할 것이고 결국에는 그 목표를 달성할 것이라고 우려하는 것이다. 이들은 잘못된 공상과학 소설을 너무 많이 읽어서 인간을 잘못 이해하고 있다.

머신 러닝은 컴퓨터가 체스를 점점 더 잘하고, 더 정확히 일기 예보를 하고, 의학과 법학 필기시험에 합격하고, 시어머니와의 문제를 다루는 데 도움을 주는 인터넷 링크를 줄 수는 있다. 하지만 인공지능은 신체가 없기 때문에 죽음의 의미를 알지 못하고 꿈을 꿀 수도 없다. 상상력 또한 없으며 인간 스스로 불만스러워하면서도 기적을 일으키기도 하는, 그래서 인간을 인간답게 만드는 비합리성도 없다. 사랑에 빠지지도 않는다. 가난하지만 정직하고 성실하고 근면한 부모님을 본받고 배우는 일도 절대 하지 못할 것이다.

수면 중에 우리를 찾아오는 꿈이든 깨어 있을 때 소환되는 꿈이든, 다른 삶이 가능하다는 것을 알려준다. 꿈은 기대와 추억, 두려움과 희망이 뒤얽힌 증류수다. 사람을 닮은 로봇이 삶에 대한 질문을 던지는 영화와 소설이 흥미로운 것도 그 때문이다. 미국 작가 필립 K. 딕Philip K. Dick은 '안드로이드는 전기양의 꿈을 꾸는가?'라는 질문을 던졌다. 이 질문에서 시작된 그의 호기심은 소설로 이어졌으며, 소설은 곧 영화 《블레이드 러너Blade Runner》로 재탄생해 인간의 집단 이성에 큰 영향을 미쳤다. 영화와 마찬가지로 딕은 저 질문에 대한 답을 열어두고 있다.

인간의 다양한 삶을 탐구하는 데 평생을 바쳐온 내 답은 "노"이지만, 지금 현 시점에서는 나도 확신할 수가 없다. 물론 안드로이드나 챗봇, 인공지능 알고리즘이 아무리 인간과 똑같이 프로그래밍되어 있다 해도 꿈을 꿀 수 없는 것은 분명하다. 그러나 인공지능이 때때로 인간의 꿈과 구별하기 어려운, 믿음이 갈 만한 꿈을 '만들어낼' 수 있을지도 모른다.

안드로이드의 꿈에 등장하는 양은 정말 로봇으로 된 양일까? 러시아 TV 시리즈 《그녀, 안드로이드》의 주인공은 부유한 가족에게 고용된 아름다운 여성형 안드로이드다. 집안 일와 육아를 완벽하게 수행해낸 이 안드로이드의 유일한 문제는 이 집의 아버지와 사랑에 빠졌다는 사실이다. 또 다른 TV 시리즈에서는 안드로이드 '마더'가 꿈을 꾸기 시작한다. 이것은 등장인물들에게 나쁜 소식이다. 마더의 임무는 먼 행성에서 새로운 문명을 시작해야 하는 아이들을 키우는 것이다. 몽상가에게는 이성적인 판단을 기대할 수 없다. 마더는 자신에게 갈망이나 이기심과 같은 감정이 있다는 것을 발견하고 경악을 금치 못한다. 자신이 누구인지 성찰하기 시작하면서 "왜"로 시작하는 질문을 하기 시작한다. 결국 마더는 인간처럼 감정적이고 예측할 수 없는 존재가 된다. '무언가'에서 '누군가'가 되는 선을 넘은 것이다.

꿈속 세상에서는 모두가 평등하다.
아무도 우리의 꿈을 빼앗을 수 없다.
꿈의 가능성은 삶을 견디게 해준다.

● 환각과 꿈의 경계

꿈은 대체 현실이며 물리적 세계와의 경계와 중첩이 불분명해지면 빠져나오기가 특히 힘들다. 몇 년 전 수술을 받았을 때 두 명의 외과의가 내 몸을 절개하고 치료하고 봉합하는 동안 나는 하루 종일 전신 마취 상태였다.

간호사였던 이모가 의사들이 초콜릿 선물에 진저리를 친다고 귀띔해준 덕분에 초콜릿 선물 대신 나는 매년 크리스마스 즈음 그들에게 안부를 전한다. 기후 중립적이고 칼로리가 소모되지 않는 방법으로 그들의 노고에 감사의 마음을 전하는 것이다. 그들과 만나지 못한 지 7년이 되었지만 적어도 내 생각 속에서는 우리를 연결하는 실이 온전히 유지되고 있다.

전신 마취를 해본 사람이라면 그 느낌을 잘 알 것이다. 몇 초 만에 의식이 없어진다. 옷을 개어 옷장에 넣고, 처음으로 결혼반지를 빼고, 실오라기 하나 걸치지 않은 몸에 평범한 환자복을 입고, 바퀴 달린 침대에 누워 양팔에 주사를 꽂고, 그들이 주사를 조절하는 동안 간호사와 이야기를 나누고, '한편'이라고 시작하는 문장을 반쯤 끝냈을 때 나의 의식에는 어둠이 부드러운 이불처럼 내려앉는다.

그 다음으로 경험한 것은 스틱스 강이나 지구 내부를

향한, 말하는 동물과 탄산음료 분수가 있는 경이와 모험을 시작하는 여정이 아니라 무거운 각성이었다. 몸은 여전히 약물로 가득 차 있었고, 상체의 가장 살이 많은 부분에서 고무호스가 튀어나와 있었으며, 불쾌한 장치가 부착된 수치심과 당혹감으로 인해 성기는 작은 소시지처럼 쪼그라들어 있었다. 밖에는 어둠이 내려앉았고 격리 병동의 조명은 희미했다. 간호사가 부드럽게 "마음 놓으세요. 다 잘 됐어요."라고 말했다.

나는 그녀에게 주절주절 떠들기 시작했다. 인간은 하찮은 먼지 한 톨에 불과하다고, 하루살이부터 600년 된 레드우드에 이르기까지 살아있는 모든 것이 덧없는 찰나의 존재이지만, 그럼에도 인간은 의미 있는 모든 존재와의 관계를 통해 변화할 수 있기 때문에 절망해서는 안 된다고, 우주의 거대한 노래, 순간의 의미 그리고 먼 미래와의 관계 속에서 작은 역할을 맡은 데 감사해야 한다고 이야기했다. 갑작스러운 횡설수설에도 간호사는 부드러운 목소리로 나더러 매우 현명한 사람이라며 용기를 북돋워주었다.

환각제는 사람을 마취 상태에 빠뜨려 이 세상과 다른 것 사이의 장소로 데려간다. 환각제 사용자를 인터뷰한 일부 연구자들은 그들이 일반적인 마약 중독자와 다르다고 보고한다. 그들은 좋은 직장과 나무랄 데 없는 매너를 갖춘

논리 정연하고 교양 있는 사람들이며, 지루하고 타성에 젖은 일상 뒤로 통찰을 얻고자 올더스 헉슬리 Aldous Huxley 가 말한 지각의 문으로 들어가기 위해 의식적으로 환각제를 복용한다.

결론적으로는 이들도 마약 사용자와 그리 큰 차이가 없는 것으로 보인다. 마약에 중독된 사람들에는 동일한 목표가 있다. 그들은 반복적인 일상생활보다 더 강렬하고 더 즉각적인 것을 갈망한다. 물질마다 작용하는 방식이 다른데, 코카인은 사람을 열정적으로 만드는 반면 아편은 우주와의 조화로 사람을 이끈다.

수십 년 전, 현장 연구를 진행했던 트리니다드와 모리셔스에서 나는 마약에 관한 박사 학위 논문을 손보고 있었다. 모리셔스의 경우 흡연하는 비정제 헤로인인 브라인 슈거를 쉽게 구할 수 있었고 트리니다드는 콜롬비아와 미국 사이 코카인 거래의 중간 기착지였다. 모리셔스는 외국에서 온 백인에게 편안하고 안전한 곳이었지만 트리니다드는 치안이 매우 불안정해서 가끔 총소리가 들릴 정도였다.

끝내 완성하지 못한 그 논문은 약물에 따라 행동 유도성이 어떻게 다른가에 관한 것이었다. 아편은 사람을 세상과 하나가 되게 하는 반면, 코카인은 사람을 과격한 포식자로 바꿀 수 있다. 아편은 꿈을 자극하지만 시간이 지나면 무여지는 반면, 다른 환각제에 의존하는 경우에는 매번 다른 경험을 만들어낼 수 있다.

● 희망은 어떻게 만들어지는가

꿈은 상상력에 날개를 달아주고 다른 삶, 다른 세계가 가능하다는 것을 상기시킨다. 현실 가능했다면 탈레반에서는 꿈을 꾸는 것조차 금지했을 것이다. 그러나 꿈은 사적이고 보이지 않는다. 차도르 아래, 퍼다(이슬람 국가들에서 여자들이 남자들의 눈에 띄지 않도록 하는 관행-옮긴이) 안, 종교적 순응을 표시하는 수염 뒤, 신에 대한 숭배를 보여주는 몸짓 뒤에서도 꿈을 품을 수 있다. 인간에게는 자신의 꿈을 빼앗기지 않을 무기가 있다.

작가 미하엘 엔데 Michael Ende 는 《끝없는 이야기 Die unendliche geschichte》에서 백일몽과 물리적 현실 사이의 경계를 넘어선다. 과체중에 인기도 없고 불행한 소년 바스티안은 학교 폭력으로부터 도망치다가 헌책방에서 도피처를 찾는다. 《끝없는 이야기》라는 제목의 책에 이끌렸지만 돈이 없었던 바스티안은 책을 훔치고 싶은 충동을 참지 못하고 결국 책을 몰래 가져와 학교 다락방에서 읽기 시작한다. 이야기는 평행 세계 판타스티카에서 펼쳐진다. 책을 읽다가 휩쓸리듯 판타스티카로 건너간 바스티아는 그곳의 이야기가 활기를 잃으면 판타스티카는 사라진다는 사실을 알게 된다. 미하일 엔데는 인간 세상이 아무것도 아닌, 아무것도 없는 상태로 사라지지 않으려면 꿈과 희망 그리고 상상력이 필요하다는 이야기를 전하고 있다.

《끝없는 이야기》는 유럽에서 엄청난 베스트셀러가 되었다. 청소년을 대상으로 쓰인 책인데 철학자들의 진지한 관심을 받을 만큼 충분히 세련되고 정교하다. 나와 너, 상상의 영역과 물리적 현실을 연결하는 수많은 실은 손상되기 쉽고 깨지기 쉬우며, 상상력을 잃는 순간 실은 존재하지 않는다는 메시지는 여전히 우리에게 많은 울림을 준다.

나는 가끔 반신불수가 된 친구가 아내와 함께 달리고, 걷고, 아들과 축구하는 꿈을 꾸지 않을까 생각한다. 꿈속 세상에서는 모두가 평등하다. 아무도 우리의 꿈을 빼앗을 수 없다. 꿈의 가능성은 삶을 견디게 해준다. 많은 꿈이 실현될 수 없고 실현 불가능하다는 것을 알면서도 말이다.

노동이 신성시되고 결속이 이기주의를 이기는 세상을 노래하는 혁명가들의 공상도 같은 이야기를 한다. 정의롭고 평화로우며 갈등이 없는 사회라는 혁명가들의 꿈과 걸을 수 있게 되는 장애인의 꿈은 대단히 비슷하다. 모두 불가능에 도달하고, 다시 시작하고, 새로운 실을 묶는 것이 가능하다고 약속한다는 점에서 그렇다.

최근 젊은 세대 사이에서 철학자 에른스트 블로흐Ernst Bloch의 대작 《희망의 원리Das Prinzip Hoffnung》가 화제가 된 일이 있었다. 이 책의 출간 연도에 주목하라. 철학자 블로흐는 마르크스주의자였고 독일인인 동시에 유대인이었다. 그의 이런 정체성은 낙관주의와 거리가 멀었다. 정체성의 교차점에서 그는 마르크스주의의 유토피아를 뒤로하고 희망의 의미에 대해 묵상했다. 블로흐는 희망을 통해서 세상이 앞으로 나아간다고 말한다. 역사 속에서 실현된 희망의 존재를 믿었으며, 여러 난관과 좌절에도 불구하고 역사에는 희망적인 방향이 있다고 믿었다. 미래 세계에서 인간으로 사는 일이 더 나아지려면 희망이 필요하다.

희망은 꿈에 대한 가시적인 방향을 제시한다. 시리아 난민에게 희망은 곧 목숨이다. 기후 운동가에게 희망은 사고방식의 변화, 개발이라는 개념의 변화, 가치 혁명이다. 희망은 현실에 뿌리를 두고 증류된 꿈이다. 노르웨이를 휩쓴 오일 머니는 생태적 재앙일 뿐 아니라 희망까지 앗아갔다. 80년대 이후 노르웨이 정치는 이민자 추방과 함께 소비와 부, 국제 유가를 중심으로 돌아갔다. 노르웨이는 기대를 넘어서는 성과를 냈다. 그리고 희망을 잃었다. 과거 욕실 바닥 난방은 보기 드문 사치였지만, 단 몇 년 만에 바닥 난방이 되지 않는 욕실은 찾아보기 힘들 정도가 되었다.

희망에 대한 정치인의 이야기를 마지막으로 들은 것이 언제였나? 우리 사회가 엄청난 도전에 직면해 있고, 모두가 최선을 다해야 하며, 목표를 달성하는 것이 엄청나게 어렵겠지만 그럼에도 우리는 해내야 한다는 엄숙한 연설을 들은 적이 있나? 주요 정당의 정치인들이 기후 변화와 환경에 대해 이런 식으로 이야기했다면 나는 그들에게 표를 던졌을 것이다. 유권자와 정치 지도자를 연결하는 실은 전 세계 곳곳에서 오염되고, 중독되고, 파열되었다. 대세를 따르는 데 만족해온 지도층에게 적절하고 합리적인 요구를 하는 것만이 망가진 실을 봉합할 수 있다. 새장에 갇힌 새는 자유를 꿈꾸고 주류에 순응하는 것은 죽은 물고기뿐이다. 자유로운 새는 자유를 꿈꾸고 나서 실제 하늘로 날아간다.

희망과 자유에 대한 이런 통찰이 늦게 찾아오는 사람들이 있다. TV 시리즈 《솔로》의 여주인공 페그는 끝없는 우주로 향하는 우주선에 홀로 앉아 있다. 이 일에 자원했을 때의 페그는 자신의 삶이 일회용이라고 느꼈다. 얻은 것이 전혀 없어 잃을 것도 없었다.

그녀는 우주선의 인공지능과 대화를 나누며 자신의 인생 이야기를 한다. 그녀는 자신의 인생에 대해 이야기하면서 일관적이고 온전한 태피스트리를 짜려 노력한다. 본래 삶은 거칠고 평탄치 못하며 우연과 변덕, 뜻밖의 발견이 수시로 일어난다. 하지만 나이가 들고 과거가 늘어나면서 모더니즘 소설이 아닌 고전소설의 구조가 되는 삶에서 연결점을 찾는다. 페그의 삶은 평온무사했고 자신이 나이 들고 있다는 사실조차 알아채지 못했다. 쉰 번째 생일이 지나고 얼마 안 돼 자신의 주름진 손을 보고나서야 나이 듦에 대해 경악했을 정도였다. 그녀는 성가신 존재가 겁이 나서 제대로 연애를 하지도 못했다. 그녀 안에 있는 잠재적 실들의 대부분은 무한정 보류된 상태였다.

거대한 공허감에 빠지던 페그에게 전환점이 찾아온 것은 인공지능의 조심스러운 격려에 힘입어 자신의 능력을 새롭게 발견한 때부터였다. 그녀는 방향을 바꿔 지구로 돌아갈 수 없는지 정중히 묻는다. 아직 해야 할 일이 많이 남아 있다. 안타깝게도 컴퓨터는 이것이 편도 여행이라고 답한다.

중년 즈음부터는 누구나 세월이 얼마나 빨리 흐르는지 안다. 10년은 열 살 아이에게는 불가해한 시간이지만, 예순 살인 사람에게는 티타임 정도로 느껴질 뿐이다. 이 드라마의 메시지는 '곧' '나중에'라고 미루면 그땐 너무 늦다는 사실이다. 극도의 청춘 숭배가 지배하는 이 시대에 이를 인정하는 데에는 상당한 용기가 필요다. 얼마 전 작년에 은퇴한 동료 교수와 차를 마셨다. 그는 아내와 함께 베르겐 중심부의 한 아파트에서 살고 있다. 학교까지는 걸어서 갈 수 있는 거리다. 어느 날 아내가 그에게 교외에 집을 사면 어떻겠냐고 물었고 그는 이렇게 간단히 답했다. "우리 곧 일흔이야."

합리적인 대답이다. 그에게 사과나무를 심고 그네를 매달 시간은 40년 전에 이미 왔다 가버렸다. 그의 아내는 꿈을 이루기에 늦은 때란 없다고 했지만. 그 말도 어떤 부분에선 합리적이다.

며칠 전 나는《솔로》의 페그를 보며 잃어버린 것을 되찾으려는 강렬한 소망에 감명을 받았다. 학생들을 가르치며 일하는 데 시간을 쓰지 않아도 되는 노년의 동료에게는, 지금이 사과나무를 심고 차고에서 목공 일을 하기에 적절한 시간일 지도 모른다.

시간은 내 내부와 외부에서 만들어지며, 그렇기 때문에 맹렬한 속도를 피하고 꿈과 희망을 품을 수 있는 틈새를 만들 수 있다. 가속화되는 정보화 시대에는 자기 이해가 결핍된다. 다양한 소비로 시간의 틈새를 메워버리기 때문이다.

몽테뉴는 38세가 되던 해 은퇴하고 외딴 탑에 칩거했다. 그는 자기 자신을 알기 위해 삶의 속도를 늦춰야 했다. 그렇지 않았다면 에세이를 계속 쓸 수 없었을 것이다. 4세기가 지난 지금, 몽테뉴의 탑은 그가 살았던 도르도뉴 지방의 명소로 남아 있다. 이 탑은 19세기에 화재가 난 이후로는 손상 없이 보존되고 있다. 뚱뚱한 시가처럼 둥글고 뭉툭한 모양의 벽돌 탑 내부는 나선형 계단으로 올라가게 설계되었다. 탑의 상층은 몽테뉴가 생전에 사용했던 도서관으로 꾸며져 있다. 벽면은 고대 사상가의 명언과 그림으로 장식되어 있고 아늑한 벽난로도 있다.

몽테뉴는 자신의 상상력과 조용한 움벨트가 만나면서 생성된 실로 추억을 떠올리고 창의력을 자극했을 것이다. 때때로 현실에서 일어나는 일 때문에 방해를 받았지만, 적어도 그는 진중하게 생각할 시간이 주어지지 않았던 16세기 후반의 혼란스러운 상황에서는 도망친 듯하다.

오늘날 스칸디나비아의 젊은이들은 부모 세대보다 덜 행복하며 이제 막 시작된 기후 재앙에 대한 걱정이 크다. 흥미롭게도 젊은이들 상당수가 그럼에도 불구하고 가족 계획을 이야기한다. 그들은 자녀를 가지게 될까? 그들이 그런 선택을 한다면 그들의 자식 세대는 어떻게 살게 될까?

이들의 이야기는 가감해서 들을 필요가 있다. 유럽의 20대들은 지구 환경에 대한 장기적인 전망보다는 가까운 미래와 눈에 보이는 상황을 더 많이 생각할 것이다.

진보라는 개념은 물질적 결핍을 벗어나기 전까지 희망과 연결되었지만, 이후에는 지속적인 번영을 위한 조건으로 여겨진다. 오늘날 진보라는 개념은 환경 파괴와 기후 변화라는 현실에 부딪혀 좌절되었다. 결핍을 벗어나 안락한 삶을 가능하게 했던 개념이 임박한 종말의 원인이 되고만 것이다. 진보라는 아이디어는 빛을 잃었고 양심을 가진 사람들은 이를 잘못된 길잡이이자 기만적인 실로 여긴다. 암울한 시대에 희망의 중요성을 역설한 에른스트 블로흐에게서 교훈을 얻는 것이 나을지도 모르겠다.

희망이 꼭 더 나은 세상에 대한 꿈과 연결되어야 하는 것은 아니다. 희망은 보통 내 주변 세계 안에서 존재하니까. 먼 나라에서 일어나는 테러보다 내 아이가, 베네수엘라의 초인플레이션보다 당장의 대출금이 더 중요하듯 말이다. 세상이 정도에서 벗어났다는 이유만으로 보통의 삶을 거부하면 희망의 화살이 아래로 향한다. 그런 상태는 의미도 없고 삶의 질을 높이지도 못한다. 어둠을 저주하기보다는 촛불을 켜는 것이 항상 더 나은 법이다.

꿈과 희망은 비현실적일지라도 결국엔 가능성을 만들어내는 낙관주의에 불을 붙인다. 상상력을 위한 트램펄린인 꿈과 희망은 시야를 확장시켜서 우주 합창단에서 노래하는 우리의 능력, 지금 이 순간의 의미 그리고 먼 미래와의 관계 속에서 삶을 이끄는 잠재력을 깨닫게 해준다. 그런 맥락에서 느림이 인생의 네 번째 의미다.

느린 시간

극복될 수 있는 결핍은 삶에 의미를 불어넣는다. 숨 가쁜 우리 시대에 가장 결핍된 것이 있다면 바로 느림일 것이다. 나 자신을 알아가거나 타인을 사랑하고 배려하기 위해서만 느림이 필요한 것이 아니다. 느림 없이는 상상력도 상공으로 이륙할 수 없다.

우리는 나무로부터 느림에 대해 배워야 한다. 공식적으로 세계에서 가장 오래된 나무는 캘리포니아의 브리슬콘 파인이다. 므두셀라(구약성서에 나오는 노아의 할아버지로 아주 나이가 많은 사람을 뜻한다-옮긴이)라는 이름의 이 나무는 나이테가 거의 5천 개에 가깝다. 사실 스웨덴 달라르나의 전나무가 더 오래되었다는 주장이 있긴 하다. 이 나무는

9,000살이 넘었다고 하는데, 나는 나무의 사진을 보고 무척 실망했다. 바닷가 오두막 근처의 얕고 메마른 땅에 달라붙은 별스러울 것 없는 전나무였기 때문이다.

달라르나의 전나무가 므두셀라와 다른 점은 자기 복제를 통해 여러 번의 삶을 살았다는 데 있다. 현재의 전나무는 노르웨이가 매년 11월 말 런던에 보내는, 휘어지고 헝클어진 나무(노르웨이는 제2차 세계대전 중 영국으로부터 받은 지원에 대한 감사의 표시로 매년 크리스마스 트리를 선물로 보낸다—옮긴이)와 매우 흡사하게 생겼다. 솔직히 나는 므두셀라가 더 마음에 든다.

나무는 최근 새로운 방식으로 담론의 중심이 되고 있다. 거기에는 그럴 만한 이유가 있다. 스웨덴과 캐나다의 온대림 파괴와 브라질과 인도네시아의 열대림 파괴는 생물의 다양성을 감소시키고 생태계를 황폐하게 만들고 있다.

나무는 광물과 콘크리트 건축물에 자리를 내주기도 하지만 반대로 대규모 플랜테이션으로 과하게 생산되기도 한다. 마치 사람들이 영어를 잘하게 되면서 점차 영미권 문화가 퍼져 세계의 문화적 다양성이 줄어드는 식으로 말이다. 야자유 농장에 있는 나무는 정글에 있던 나무와 숫자는 같을지 몰라도 다양성에서는 천지 차이다. 농장의 나무들 사이의 의사소통은 레퍼도리가 제한적이다. 직접적으로 혹은 균류를 통해 뿌리를 연결하는 나무들의 지하 네트워크는 박테리아부터 지렁이나 두더지까지 수천 종의 생물에게 매력적인 서식지가 된다. 하지만 이런 지하 네트워크도 토질을 단기간에 올리기 위한 화학 비료의 남용으로 토질이 단조롭고 황폐해지면서 야자수만 번성하고 다른 모든 것은 사라지게 된다.

나무는 인간에게 있어 의미의 원천이다. 수분을 머금은 무성한 나무들은 모든 생명체에게 활력을 준다. 그늘을 제공하고 습도를 유지하며, 덩굴식물의 서식처가 되어주고, 거대한 덤불과 다양한 야생동물을 불러들인다. 먹을 수 있는 열매를 맺는 나무도 있다.

프랭크 허버트Frank Herbert의 SF 대서사시 《듄Dune》의 배경인 메마른 사막 행성 듄에는 나무가 없다. 사막의 나라 오만의 숨겨진 보석 같은 장소는 나라 곳곳에 위치한 와디일 것이다. 와디는 저지대에 위치한 일종의 오아시스와 계곡으로, 이곳에서는 지하수와 이슬, 이따금씩 드물게 내리는 비를 통해 물이 고여 있는 까닭에 주변에 대추야자가 서식한다. 오아시스가 멋진 이유는 그 주변이 사막으로 둘러싸여 있기 때문이다. 주변에 물과 나무가 풍부했다면 오아시스라는 단어는 존재하지 않았을 것이다. 결국 결핍은 대조를 만들고 그렇게 만들어진 대조는 인간에게 의미를 갖는다.

나무의 삶은 느리다. 참나무는 자라는 데 200년, 사는 데 200년, 죽는 데 200년이 걸린다고 한다. 오랜 시간 나무와 친밀하게 지내면 인내심을 배울 수 있다. 사람은 시간을 들여야만 자신을 알 수 있고 창의적으로 변할 수 있다. 디지털로 만들어진 것들은 이런 시간 감각을 파괴할 위험이 있다. 나나 당신보다, 챗봇이나 알고리즘보다 훨씬 더 오래 존재해온 나무는 리듬과 성장, 죽음에 대한 귀한 이야기를 들려줄 것이다. 그 이야기를 듣기 위해서는 주의 깊게 귀를 기울여야 한다.

소설가 리처드 파워스Richard Powers는 《오버스토리The Overstory》에서 나무의 속도로 사는 삶에 대해 이야기하면서, 시대정신에 자욱한 깨달음의 꽃가루를 흩뿌렸다. 그에 따르면, 나무의 리듬을 이해하기 시작하면 인간 세계가 다시는 예전으로 돌아갈 수 없다. 나무의 느린 리듬은 그 정도로 혁신적인 대안인 것이다.

나무도 우리와 마찬가지로 경계가 모호하다. 인간이든 나무든 삶의 어디까지 독립된 개체로서 사는지 구분하기는 쉽지 않다. 유기체는 항상 유동적이고 변화무쌍하고, 상징적, 물질적 환경에 영향을 받기 때문에 실제로 일생 동안 어느 정도까지 통합적으로 살고, 어느 정도까지 독립된 생명체로서 존재하는지는 확정적으로 답을 할 수가 없다. 이는 지금도 열띠게 이야기되는 오랜 철학적 담론이기도 하다.

● 느린 것들이 세상을 바꾼다

뇌테뢰이 교회는 내가 어릴 적 살던 집에서 멀지 않은 곳, 그러니까 돌을 던지면 닿을 만한 가까운 곳에 있다. (돌 던지기로 거리를 측정하는 문화라니, 우리 스칸디나비아 사람들은 여전히 바이킹인가?) 노르웨이에서 가장 오래된 교회 중 하나로 꼽히는 곳이지만 화재 등 여러 차례 재건을 해서 교회 신도석은 12세기에 만들어진 반면, 본당은 200년도 되지 않았다.

1955년에 발표된 스타니스와프 렘 Stanisław Lem의 SF 단편 〈당신은 존재합니까, 존스 씨?〉의 주인공 카레이서는 몸의 곳곳을 교체한다. 그는 신체 부위를 너무 많이 교체한 나머지, 자신이 법적 주체로 간주될 수 있는지 불확실한 상태다. 예비 부품이 오작동한다는 점을 제외하면 뇌테뢰이 교회와 비슷하다.

7년이면 인체의 모든 세포가 교체된다고 한다. 그렇다면 우리는 7년 후 완전히 새로운 세포로 구성된 완전히 새로운 사람이 된다. 그런데 왜 흉터는 사라지지 않고, 나이가 들면서 신체가 약해지고, 암이 생기는 것일까? 폐 세포가 7년 후 교체된다면, 수십 년을 흡연해도 폐암이 발생하지 않아야 하는 것 아닌가?

답은 간단하다. 조 단위로 무수히 많은 세포의 평균 수명이 7년이라는 뜻이기 때문이다. 따라서 혈액 세포나 피부 세포는 수명이 짧기도 하고, 뇌세포는 평생 교체되지 않기도 한다. 바보처럼 보이고 헤어스타일이 망가지더라도 자전거 헬멧은 반드시 착용하기를. 뇌는 손상되면 스스로 재생되지 않으니 말이다.

이처럼 통계적 평균이 좋은 척도가 되는 경우가 드물다. 해저에서 발견된 유전 덕분에 적도기니의 1인당 GDP는 아프리카에서 높은 수준이지만 빈부 격차는 하늘과 땅 차이다. 극도로 사치스럽게 사는 소수의 엘리트들은 흙바닥에서 굶주림과 질병에 시달리는 대다수 적도기니 사람들의 고통에 무관심하다. 머리는 오븐에, 발은 냉동실에 넣으면 신체의 평균 온도가 완벽해진다는 어리석은 논리와 마찬가지다.

나무 이야기로 다시 돌아가보자. 앞서 언급했듯이 최근 들어 나무가 많은 관심을 받는 데에는 몇 가지 이유가 있다. 그 이유 중 하나는 헤겔에게서 빌려온 원리, 즉 미네르바의 올빼미는 황혼이 되어야 비로소 날아오른다는 원리다. 어떤 현상이 극에 달해 사라지기 직전에야 비로소 눈에 띄고 알아볼 수 있게 되는 것이다. 지혜는 황혼에 찾아온다.

나무는 계속 존재하겠지만 그 수와 다양성은 감소할 것이다. 현대인은 나무의 느린 시간과 조화를 이루지 못하고 있다. 지금의 인간은 거북이의 시간 감각을 제 것으로 만들기 위해 안절부절못하는 파리 신세다. 열대우림이 기름 야자수로 대체되거나 스웨덴 북부의 혼성림이 크리스마스트리 농장으로 대체되면 생태계는 악화된다. 종의 다양성이 감소할수록 선택지가 줄기 때문에 생태계도 유연성을 잃는 까닭이다. 이는 문화 영역에서도 마찬가지다.

나무의 비밀스러운 삶에 대해 연구하는 과학자와 사상가들 중 식물학자 수잔 시마드Suzanne Simard는 땅속 실들의 중심점인 '어머니 나무'를 세상에 드러낸 연구자다. 시마드는 캐나다 브리티시컬럼비아의 숲에서 성장했고 그녀의 가족은 대대로 숲에 살며 큰 나무를 대규모로 베어 생계를 유지했다. 시마드는 나무를 연결하는 땅속 뿌리, 곰팡이, 미생물 네트워크에 관한 논문으로 박사 학위를 받았다. 나무가 종의 경계를 넘어 자원을 공유한다고 이야기하는 시마드의 초기 연구는 2007년 《네이처》가 〈우드 와이드 웹Wood Wide Web〉이라는 제목으로 크게 소개하기도 했다.

그녀는 다른 연구자들과 함께 최근까지 알려지지 않았던 나무들의 땅속 네트워크를 입증하고 기록했다. 시마드는 실타래처럼 얽혀 있는 곰팡이와 균근 네트워크의 도움으로 나무들 사이에 탄소와 물, 영양분, 심지어 경고의 신호까지 이동한다는 사실을 입증했다. 동물도 식물도 아닌 곰팡이는 인간의 삶에서는 존재감이 거의 없으나 생명의 나무 안에서는 자신만의 왕국을 이룬다. 어쩌면 곰팡이야말로 다른 생물들이 흙으로 변하고 우리의 DNA가 흩어져 쓸모없게 되었을 때 지구를 물려받는 존재가 될지도 모르겠다.

《네이처》의 논문에서 시마드는 더글러스 소나무와 자작나무 사이에서 종간 협력으로 각종 자원이 이동하고 있음을 보여주었다. 이런 땅속 네트워크를 구성하는 실들은 눈에 띄지 않지만 연대를 이루며 결정적으로 속도가 느리다. 빛과 소리, 자본주의의 속도와는 정반대인 것이다.

에콰도르 아마존 저지대의 원주민 루나족이 숲에 대해 가지는 견해가 시마드와 비슷하다는 사실은 대단히 흥미롭다. 《숲은 생각한다How Forests Think》를 쓴 인류학자 에두아르도 콘Eduardo Kohn은 루나족이 숲을 살아있는 유기체처럼 개념화한다고 설명한다. 루나족에 따르면, 숲의 연결성을 고려하지 않은 채 그 일부를 파괴하면 숲은 사지가 절단된 것과 같은 상태로 변한다.

아마존 부족들 사이의 공통된 우주론에서, 모든 생명체는 소통의 네트워크를 구성하며 이는 모든 생명이 신성하고 존재 이유가 분명하다는 것을 의미한다. 이런 세계관을 통해 조화와 균형을 경험할 수 있고 전체를 관리 가능한 조각으로 잘라내는 분석 과학의 강박에서 벗어날 수 있다. 물론 루나족은 자연의 모든 것이 영혼에 의해 움직인다고 믿는 물활론자들이다. 하지만 나 같은 무신론자조차도 살아있는 세계를 이루는 거대한 직소 퍼즐 앞에서는 경외감과 겸허함을 느낀다.

뒤르켐은 종교 사회학 연구에서 신성모독적인 것과 성스러운 것, 세속적인 것과 숭고한 것을 나눔으로써 이 문제를 언급했다. 인간은 성스러운 것을 통해서만 대출금, 넷플릭스, 일상의 스트레스가 삶의 하찮은 것들이라는 걸 깨달을 수 있다.

문화인류학자 그레고리 베이트슨도 무신론자였지만 세상을 이해하는 데 합리성과 과학만으로는 충분하지 않다는 것을 이해하고 있었다. 그의 딸 메리 캐서린Mary Catherine이 완성한 그의 마지막 작품은 다름 아닌 이런 신성한 것을 묘사하고자 하는 시도다. 부녀가 함께 완성한 책 제목은《천사들도 두려운Angels Fear》(국내에서는《마음과 물질의 대화》로 출간되었으나 절판되었다—옮긴이)로, '바보들은 천사들도 발을 들이기 두려워하는 곳에 달려든다'라는 알렉산더 포프 Alexander Pope의《비평론Essay on Criticism》속 문구를 인용한 것이다. 포프에 대한 오마주였을 것이다. 3세기 전 포프의 희미한 속삭임은 나무를 베기 전, 더 큰 의미와 장기적인 결과를 먼저 생각해야 한다고 전하고 있다. 시마드의 가족이 그랬던 것처럼 직업으로써 임업은 계속해야겠지만, 인정사정없는 개벌은 이제 실행 가능한 선택지에서 제외해야 한다.

삶을 가능하게 하는 느림과 눈에 띄지 않는 연결은 '그어떤 자연도 가장 작은 생명체만큼 위대하지 않다'는 말처럼 곳곳에서 발견된다.

세계적인 곤충학자 안네 스베르드루프튀게손Anne Sverdrup-Thygeson은 아주 미세한 크기의 벌레와 미생물에 관한 최근 저서를 통해 자신의 관점을 확장했다. 그녀는 바닷물 한 줌에 수십만 마리가 들어 있을 정도로 미세한 청록색 박테리아 프로클로로코커스에 대해 이야기한다. 크기는 너무나도 작지만 전 세계 총 광합성의 5%를 담당한다. 바다를 오염시키면 프로클로로코커스는 사라지고 그들보다 먹이 사슬의 상위에 있는 모든 종이 영향을 받는다. 그녀는 하찮아 보이는 작은 개체부터 인간의 삶과 연관 있는 개체까지 생명의 여정을 들려주며, 세상의 그물망이 단단히 묶여 있기 위하여 별것 아닌 작은 벌레들이 얼마나 중요한 역할을 하는지 강조한다. 박테리아가 없으면 코끼리도 없다. 플랑크톤이 없으면 고래도 없다.

세상을 계속 움직이게 하는 것은 느리고 반복적인 요소인데, 현대 사회는 불안하고 독창적이며 변화무쌍한 것에 중독되어 있다. 과열된 현대 세계는 속도에 눈이 멀어 물질적 풍요를 주된 목표로 삼기 때문에 미세한 프로클로로코커스의 의미를 알아차리지 못한 채 지나친다. 삶의 전체성과 생명의 그물망을 성찰할 때는 다른 가치관, 다른 종류의 지식, 느림의 가치에 대한 인식이 필요하다. 현대인들은 자연을 정복하고, 지배하고, 이익을 얻는 일에 아드레날린을 내뿜는다. 그 과정에서 루나족이 당연하게 여겼던 지혜, 즉 누구도 자연을 소유할 수 없으며 존중과 겸허한 마음으로 주변 환경에 다가가야 한다는 중요한 지혜를 잃고 말았다.

느림은 필요불가결하다. 느린 리듬을 향한 발걸음에는 방목장을 돌아다니는 소의 시간 감각에 나를 맞추거나, 핸드폰을 넣어두고 끝없는 파동의 브루크너 교향곡을 듣거나, 라이밍을 예술의 한 형태로 도야한 트리니다드 사람들처럼 세련되고 창의적인 방식으로 시간을 즐기는 것들이 모두 포함된다. 신용카드를 늘 가지고 다니는 도시의 사람들은 느리게 사는 데 필요한 기술을 다시 배워야 한다. 어떤 일들은 브루크너나 말러의 음악을 듣고 결혼하고 아이를 낳는 것과 같이 천천히 시간이 흘러야만 성취할 수 있다. 나무를 키우는 것도 마찬가지다.

느림은 규칙적으로 사용하지 않으면
시들어버리는 삶의 근육이다.

● 산책의 힘, 어떻게 걸을 것인가

느긋한 산책은 느림을 실천하는 좋은 방법이다. 나는 걷는 것을 좋아한다. 몇 년 전 병으로 인해 걷는 속도가 느려진 후에는 걷는 것이 더 좋다. 동네를 걸으면서 가끔 프리드리히 니체를 생각한다. 편두통과 매독 등 몸이 성치 않았던 니체는 민들레와 촉촉한 클로버가 흐드러지게 피어 있고 눈 덮인 산이 보이는 스위스의 풀밭에서 산책하는 것을 무척 좋아했다. 1906년 에드바르드 뭉크가 그린 니체의 초상화는 그래서인지 사색에 잠긴 평온한 얼굴을 보여준다. 그림 속 니체는 호수와 작은 마을이 내려다보이는 언덕 중턱, 노란 하늘 아래 서 있다. 콧수염은 잘 손질되어 있고 옷차림도 말끔하다. 니체는 걷는 동안 만들어진 철학적 사상이 아니면 확신이 없다는 말을 하기도 했다.

몹시 추운 지구 북쪽에 사는 일은 스키나 등산을 좋아하는 사람에겐 좋겠지만 향기롭고 다채로운 주변 환경을 선호하고 추위를 타는 나 같은 사람에게는 그렇지가 못하다. 애국심이 강한 노르웨이 사람들은 '좋지 못한 날씨는 없다. 부적절한 옷차림이 있을 뿐'이라며 춥고 어두운 날씨를 감싼다. 그러나 애국심을 한 꺼풀 벗겨내면, 대부분의 사람들은 외부 온도가 영하로 떨어지면서 모든 것이 시들어 죽어가는 것이 결코 유쾌한 환경이 아니라는 사실을 잘 알고 있다.

11월 초가 되면 솔잎으로 배를 채우고 동면에 들어가는 무민(스칸디나비아반도 전설에 등장하는 트롤로 작가 토베 얀손이 그림책에서 캐릭터화하여 세계적으로 유명해졌다−옮긴이)처럼 따뜻한 차를 마시고 따끈한 목욕 후에 포근한 담요를 덮고 실내에 있는 것이 안락하다는 데 모두 동의할 것이다. 무민은 남쪽 여행을 마치고 돌아온 스너프킨이 개울을 가로지르는 다리 위에 앉아 지저귀는 새소리에 맞춰 하모니카를 연주할 때가 되면 비로소 겨울잠에서 깨어난다.

열대를 선호하는 인간에게 모든 것이 죽고 얼어붙는다는 상황은 참으로 슬프다. 그러나 일 년 내내 봄인 쿤밍이나 제대로 된 겨울이 없는 리스에서는 최북단에서 봄이 마침내 찾아왔을 때 느끼는 희열을 느낄 수 없다.

인간은 열악한 환경 속에서도 억지로 밖으로 나가 걸으면서 잠든 나무의 역설적인 아름다움을 즐긴다. 이처럼 걷기는 날씨를 능가하는 실존적인 중요성을 가진다. 더구나 우리의 신진대사는 반년 동안 몰아서 자는 동면을 허용하지 않는다. 탐험가 엘링 카게 Erling Kagge는 걷기의 의미에 관한 책에서 빠르게 움직이면 모든 것을 간과한 채 그냥 지나쳐 버리기 때문에 천천히 걸어야만 한다고 강조한다. 또한 카게는 걷기와 침묵이 동전의 양면이 될 수 있다는 사실을 고찰한다. 남극까지 혼자 갔던 그는 분명히 알고 있을 것이다. 이어폰과 잡담 없이 고요에 둘러싸여 있을 때는 무슨 일이든 일어날 수 있다는 것을. 그리고 그럴 때 비로소 자신과의 시간을 가질 수 있고 상상력을 발휘해 나와 연결된 실을 보고 느낄 수 있다는 것을.

산책을 영적으로, 또 지적으로 나아가기 위한 수단으로 여긴 사상가는 니체만이 아니다. 다윈도 집 주변에 정기적으로 산책을 하는 길이 있었고 그 길에 샌드워크라는 이름을 붙였다. 그는 매일 여유로운 속도로 그 길을 여러 번 반복해 걸었다. 산책 중에 그가 생각한 것은 아마 진화론 출간 후 신앙심이 두터운 아내가 보일 반응이었을 것이다.

그와 동시대를 살았던 찰스 디킨스 역시 런던의 한적한 밤거리를 걸으며 연재 중인 소설의 다음 화를 구상했다. 스티브 잡스 또한 걷기가 사람을 더 똑똑하게 만들고 의욕을 높인다는 확신으로 미국 애플 캠퍼스에 직원들을 위한 산책로와 러닝 트랙을 만들었다. 애플에서 영감을 받아 뭄바이의 인포시스(인도 2위 규모의 IT 업체−옮긴이) 캠퍼스도 비슷한 시설을 갖췄다.

효율을 극히 중시하는 과열된 소비 사회에서의 한가로운 산책은 형광색 운동복과 디지털 심박수 모니터와 함께하는 피트니스와 비교했을 때 시대에 뒤떨어져 보일 수도 있지만 천천히 걷기를 고집하는 사람들이 여전히 많다. 그들은 느리게 걷기를 통해 나 자신과 움벨트가 더 편안해진다는 느낌을 받는다고 주장한다. 혼자 식사를 하는 것과는 달리 혼자 걷는 것에는 의미가 있다. 혼자 걷는 것은 관계의 실을 강화하고 회복시키며 새로운 실을 생성한다. 물론 다른 사람과 함께 걸을 때도 생각과 감정이 해방되는 마법 같은 효과가 있다. 익숙한 풍경 사이를 천천히 걸음으로써 고백을 가능하게 해주는 완벽한 환경이 만들어진다.

지리학자 데이비드 하비David Harvey가 '시공간 압축'이라고 단호하게 표현한, 시간과 공간을 통합하는 활동도 가능하다. 물론 온라인에서 가능한 것이지만.《해리 포터》시리즈에 나오는 플로 파우더처럼 순간 이동을 할 수 있게 해주는 물질이 없는 관계로, 아직까지는 인터넷이 마법의 냄비 역할을 한다.

느린 산책은 세상을 새로운 방식으로 읽을 수 있게 해주며 과열된 세상에서 결핍된 시간이라는 선물을 선사한다. 사회학자 마르셀 모스는 선물을 '총체적 혜택'이라고 표현하며 선물로써 무수한 관계가 요약되고 확인된다고 말했다. 그는 물질적 선물과 비물질적 선물을 구분하여 언급했지만 제일 중요한 시간에 대해서는 언급하지 않았다. 타인이 내게 내어주는 시간은 언제나 소중한 선물이다. 지금은 나미브 사막의 폭풍우처럼 희소해졌지만 누군가에게 한 시간 혹은 하루 동안 온전히 집중하는 것은 매우 가치 있는 일이다.

몇 해 전 겨울, 암 치료로 몸과 마음이 많이 쇠약해진 나는 벨소리를 듣고 겨우 소파에서 일어나 출입문으로 향했다. 여호와의 증인이 왔나 싶었다. 현관에는 친한 친구가 따뜻한 미소를 띄고 서 있었다. 연구로 늘 바쁜 친구 헬게는 그저 나와 시간을 보내기 위해 연구 중간 쉬는 시간을 나에게 내어준 것이었다. 그가 선사한 느린 시간은 우울했을 하루를 밝히는 빛나는 보석과 같았다. 우리는 일과 가족들에 대해 대화를 나누고, 대학 내 정치와 중단된 프로젝트에 대해 얘기하면서 바로 지금 여기 함께 있는 것 자체에 집중하며 서로의 실을 뽑고 단단하게 묶었다.

미식가이며 요리를 즐겨 하는 헬게와 음식에 대한 이야기도 빼놓지 않았다. 헬게는 2월과 3월에만 구할 수 있는 대구 살을 썰어 당근과 감자, 버터, 삶아 으깬 완두콩을 곁들여 먹는 스크레이에 대해 열정적으로 이야기했다. 나는 요즘 꽂힌 라멘에 대해 얘기했다. 라멘의 본질은 국물에 있기 때문에 돈카츠 라멘의 경우 돼지 뼈를 천천히, 가능하면 하룻밤 동안 끓이고 마지막에 가다랑어 조각과 감칠맛이 풍부한 조미료를 살짝 추가하는 것이 이상적이다.

음식에 대한 의견 교환은 결국 삶의 의미가 사람과 사람 사이, 때로는 다른 존재와 사람 사이에서 끊임없이 오가는 흐름으로 이루어진다는 걸 뜻한다. 마오리족은 '와카파파'라는 말로써 시간의 여명기부터 먼 미래까지 이어지는 사람들의 연결고리를 묘사한다. 와카파파에서 내 존재를 느낄 수 있으면, 내면의 자아와 타인 사이의 접점, 우주의 합창단이나 지구의 태피스트리처럼 시공간을 넘어 무한히 뻗은 사슬 속에 위치한 내 자리를 찾게 될 것이다. 와카파파에서는 나와 공통점을 갖는 사람들과 연결되어 있지만, 그보다 시선을 높이면 공간을 가로지르고 시간을 거슬러 올라가면서 이전에 살았던 모든 존재 그리고 앞으로 살게 될 모든 존재와 나를 연결하는 무한한 실을 보게 될 것이다.

● 과거와 미래를 잘 연결하기

느림은 세상이 정신없이 숨 가쁘게 돌아갈 때 균형을 잡기 위해 반드시 필요한 요소다. 사람은 느리게 사는 능력을 잃을 때 많은 것을 놓치게 된다. 우리가 누구인지, 어디에서 비롯되었는지, 궁극적으로 '우리'라는 단어가 무엇을 의미하는지에 대한 긴 실을 엮지 못하게 된다. 느림에 있어서는 나무로부터 배울 것이 많지만 나무가 아무리 느리더라도 돌 만큼 느리기는 어려울 것이다.

현대 지질학의 아버지로 일컬어지는 제임스 허튼James Hutton은 스코틀랜드 남동부 해안가의 식카 포인트에서 지구의 공식 연대가 한참 빗나갔다고 확신했다. 그는 식카 포인트의 암석이 형성되는 과정이 눈에 보이자 몹시 들떠 있었지만, 자신의 발견이 세상을 뒤흔들고 반세기 후 진화론의 토대가 될 줄은 상상조차 하지 못했다. 때는 1788년, 제임스 쿡의 도착으로 호주에 정착민 식민주의가 시작된 해였다.

허튼은 이후 지질학에서 부정합으로 알려진 이상한 변칙을 설명했다. 스코틀랜드 해안에서 누구나 볼 수 있는 두 암석층은 색과 질감이 현저하게 달랐고, 이는 서로 다른 시기에 생긴 것이 분명했다. 두 퇴적물의 정확한 연대를 측정한 과학자들은 둘 사이에 수천만 년에 이르는 격차가 있다는 사실을 밝혀냈다. 1650년, 구약성서를 기반으로 창조의 첫날이 기원전 4004년 10월 22일이라고 주장한 어셔 주교의 이론이 불합리하다는 것을 허튼이 입증해낸 것이다. 보수적인 기독교인들의 엄청난 비난에도 불구하고 허튼은 현대 지질학의 창시자라는 불후의 명성을 얻었다. 스코틀랜드 교회의 목사이자 저명한 과학자였던 존 플레이페어^{John Playfair}는 식카 포인트에서 느낀 시간의 심연에 대해 아찔했다고 털어놓았다. 갑자기 천지창조의 명확한 시작점이 사라진 것 같았고, 설령 있다고 해도 인간이 이해할 수 있는 수준이 아니라고 생각했다. 침묵의 바위들은 이렇게 세상을 보는 시선을 확장하고 세상의 연대표를 무한히 확장했다.

몇 백 년이 흐른 지금도 지층의 부정합이 전해주는 시간의 심연은 여전히 매혹적이고 이해하기 어려운 영역이다. 이는 때로 삶의 안정감을 잃은 사람들에게 위로와 애착의 실을 제공하기도 한다. 뉴욕에 사는 영국인 인류학자 휴 래플스^{Hugh Raffles}도 그렇게 위로받은 사람 중 하나였다. 1990년대 중반 그의 두 여동생이 세상을 떠났다. 한 명은 출산 중에, 다른 한 명은 자살로 생을 마감했다. 래플스는 부서진 유대와 피 흘리는 실들 앞에서 숨을 골라야 했다. 그는 의지할 무언가가 필요했고 자신이 아는 가장 오래되고 단단한 것, 즉 돌에 관심을 갖기 시작했다. 그의 최근 저서 《부정합에 대한 책Book of Unconformities》은 일 년 내내 얼어붙어 있어 초목이 존재하지 않아 오직 사람과 돌의 관계에 집중할 수 있는 북극권 지역을 다니며 돌을 탐구한 여행기를 담고 있다.

허튼과 마찬가지로 래플스 역시 부정합, 지층 사이의 간격이 10억 년이나 되는 사실이 대변하는 지질학적 역사의 공백에 대해 숙고한다. 어떤 일이 일어났을지 모르는, 하지만 어떤 일이든 일어났을 수 있는 수억 년에 걸친 미지의 시간이 존재한다는 생각은 묘한 해방감을 준다. 이 긴 간극의 시간 동안에 어떤 선진 문명이 100만 년 이상 번영하고 오만과 허영심으로 멸망했을지 아무도 모를 일이다. 너무나 철저하게 멸망해버린 바람에 미래의 지질학자들이 찾을 수 있는 흔적조차 남지 않았을 것이다. 호모 사피엔스가 덤벼들고 성공하고 실패했던 시간, 오랜 지구의 역사 안에서는 찰나와도 같을 그 시간의 흔적을 찾아 2억 년 후 지구를 배회할 지적인 생명체가 우리 인간이라는 상상을 하면 현기증이 날 정도다.

돌은 오래 버틴다. 결국 부서질 때까지 말이다. 대학 세미나에서 테이블 주위로 돌 하나를 돌리면 모두가 돌을 만지고 쓰다듬고 싶어 한다. 사람들은 손바닥에 돌을 얹고 무게를 가늠하고 손가락으로 표면을 쓸어본다. 이 조용한 물체로 인해 모든 살아 있는 것들이 곧 퇴색하고, 시들고, 흙으로 변하고, 그 후에는 새로운 형태로 부활하거나 입자로 변했다가 결국에는 돌로 굳어진다는 점을 깨닫게 된다. 돌이 가진 시간의 심연은 세계에서 가장 오래 된 나무조차 하루살이로 보이게 만든다.

돌은 오래 간다. 고층 건물을 지으려면 고도의 공학 기술, 수천 명의 일꾼, 1년 반의 시간이 필요하지만 그것을 폐허로 만드는 데에는 순간이면 족하다. 명성을 쌓는 데는 20년이 걸리지만 그것을 허무는 데는 5초면 족하다. 참나무가 다 자라기까지는 수백 년이 걸리지만 2분이면 그것을 베어낼 수 있다. 돌은 다른 시간 감각을 따른다. 돌의 존재를 위협하는 것은 과학으로도 다 밝혀지지 않은 혼돈의 힘이다.

학자들이 과거에 대한 새로운 열정을 갖게 된 이유는, 과학을 통해 지구상의 생명체가 생각보다 훨씬 오래 전부터 존재했음을 깨달은 데 있다. 인류의 역사가 수십만 년에 이른다는 사실이 받아들여졌고, 제임스 허튼을 선두로 다윈과 동시대 과학자들에 의해 자연의 나이는 훨씬 더 늘어났다. 과거를 탐험하는 것이 의미 있는 일이 된 것이다. 가까이 귀를 기울이기만 한다면 모든 산, 모든 둔덕, 모든 이끼 덩어리가 긴 이야기를 들려준다는 사실을 알게 되었다.

동물 가죽을 입은 사냥꾼, 돌도끼를 두드리는 초기 인류, 공룡이 멸종한 직후의 설치류와 비슷한 포유류, 더 나아가 양서류, 초기 척추동물, 궁극적으로는 최초의 단세포 생물까지 나 자신과 연결된다는 아찔한 네버엔딩 스토리가 완성되고 있는 것이다. 《종의 기원》이 남긴 가장 큰 업적은 모든 생물은 다른 모든 생물과 연관되어 있다는 메시지를 알린 것이다.

글로벌 사우스(남반구나 북반구의 저위도에 위치한 아시아, 아프리카, 남아메리카 등의 개발도상국을 일컫는 용어-옮긴이)에서는 오래된 유물이 런던과 파리의 박물관에 전시된 후에야 관심을 갖는다. 자신의 역사와 뿌리, 조상의 행적을 되찾는 일은 이들의 정치적, 실존적 프로젝트가 되었다. 라파누이(칠레령의 외딴섬-옮긴이)의 모아이상은 느린 시간에 대한 이야기를 속삭이고 있다. 인간의 뇌로는 몇 세대 정도까지 쉽게 상상할 수 있지만 수백만 년은 버겁다. 따라서 지질학적 역사의 균열과 불협화음은 인간의 수명과 연결되기 어려운 개념이다.

사람들은 기록된 자료의 도움 없이 앞이나 뒤로 6세대 이상을 상상할 수 없다. 6은 구전 족보에서 흔히 발견되는 연결 고리로, 살아있는 후손과 혈통의 창시자를 연결하는 숫자다. 이 숫자를 넘어서는 순간 우리는 사고의 기어를 바꿔 신화 속 세계로 들어간다. 괴물과 영웅이 활보하던 시대에 살았을지도 모르는 씨족 조상의 세계 말이다. 하지만 6대까지는, 즉 할아버지의 할아버지의 아버지에 도달할 때까지 여섯 명까지는 어느 정도 추적할 수 있다.

그렇다면 같은 방식으로 손자의 손자의 아이들을 상상하면서 미래를 생각할 수 있을까? 지금으로서는 그럴 수 있을 것 같지 않다. 만약 그랬다면 문명이 자멸의 궤도에 오르기 전에 경종이 울렸을 것이다. 오늘날의 세계 문명은 서서히 자멸해가는 중이다.

기억은 우리의 실을 뒤로 향하게 하고 상상력은 앞으로 향하게 한다. 사람들은 서로에게 이야기를 들려줌으로써 과거로 향한다. 이 과정에서 공간을 거스르는 패턴을 엮어내면서 닻을 내리고, 연결을 형성하여 살아있는 사람들이 자신이 태어나기 전에 일어난 사건들을 기억할 수 있는 것이다. 이런 이야기를 더 많이 공유할수록 시공간적으로 가깝기도 하고 멀기도 한 주변 환경과의 관계는 더욱 풍성해지고 긴밀해진다. 현대사회의 문제는 온통 새로움에 중독되어 과거를 잊고 지금의 여기만 우선시한다는 것이다. 미래는 과거에 달려 있다. 미래와 과거가 연결된 경첩이 부서지면, 남는 것은 미친 듯 흘러가는 현재의 시간뿐이다.

개인의 추억이 모여 역사적 기록을 만든다. 추억은 예

고 없이 나를 찾아와 부채나 종이 지도를 착 펼치는 것처럼 시간의 우주를 펼쳐 보인다. 냄새, 맛, 풍경, 그림, 음악, 기분에 자극을 받은 추억을 통해 시간과 공간이 맞닿은 인피니티풀에서 헤엄을 칠 수 있는 것이다. 물론 이를 누릴 시간적, 정신적 여유를 마련할 수만 있다면 말이다.

이런 의미에서 뇌는 연결의 미로이자 만화경이다. 전혀 예상치 못한 때에 기억을 환기시키며, 그렇게 환기된 기억은 숲의 땅속에 있는 곰팡이처럼 서로 달라붙어 있다. 원치 않는 기억이 너무 많이 연상될 땐 거기에서 벗어나기 위해 마체테(정글에서 풀을 벨 때 쓰는 날이 넓고 길쭉한 칼—옮긴이)가 필요할 수도 있다. 하지만 굳이? 그러한 기억의 실들도 우리가 속한 거대한 태피스트리의 일부다.

버즈 올드린Buzz Aldrin에 대해 들을 때마다 내 머릿속에서는 루이 암스트롱의 〈왓 어 원더풀 월드〉가 흘러나온다. 올드린은 닐 암스트롱에 이어 두 번째로 달에 발을 디딘 사람이기 때문이다. 의식의 흐름은 아프리카계 미국인 루이 암스트롱에서 민권 운동가 마틴 루터 킹으로 옮겨가고 이어 존 F. 케네디 암살 사건에 도달한다. 킹은 몇 년 후 암살당했고 케네디 역시 그 몇 년 전에 암살당했다. 또 케네디는 암스트롱과 마찬가지로 아일랜드식 이름을 가지고 있다. 루이 암스트롱의 경우 아일랜드계 주인이 그의 조상을 소유했기 때문이고, JFK와 닐의 경우 조상이 아일랜드 이민자였기 때문이다.

마음에서 파낼 수 있는 인상과 지식의 조각이 많을수록, 맨 아래 서랍에 숨겨져 있거나 먼지가 많은 구석에 있다 해도 필요할 때 언제든 꺼낼 수 있는 조각들이 많을수록, 다시 말해 우리가 세상을 더 많이 소유할수록 더 많은 세상이 우리를 소유한다. 나를 연결하는 기억의 실들이 많을수록 당신은 주변 환경과 더 조화롭게 살 수 있다.

인생의 중요한 의미는 이런 네트워크에서 나온다. 우연히 마주친 낯선 사람과 나 사이에 공통된 지인이 있으면 무척 기쁘게 마련이다. 식민지 시대 이전의 오스트레일리아에서는 원주민 둘이 사막에서 만났을 때, 서로가 어떻게 연결되어 있는지 알아내기 위해 족보와 신성한 장소의 이름을 오래 읊으며 시간을 보냈다고 한다. 그 연결의 결과에 따라 함께 사냥을 떠날지, 각자의 길을 계속 갈지, 아니면 서로에게 창을 겨눠야 할지를 결정했다. 과거는 죽음과 우정을 결정하는 역할을 함으로써 현재에 직접적인 영향을 미쳤다.

● 짧은 시간을 길게 쓰는 법

시간이 삶에 의미를 부여하는 것 이상으로 시간은 삶 그 자체다. 그것은 세계가 세계라고 말하는 것과 마찬가지다. 우리는 곧 시간이다. 하이데거 철학과 진화론의 주요 주제이기도 하다. 시간은 ① 소중하고, ② 희소하며, ③ 추상적이고, ④ 불가해하며, ⑤ 천천히 사라지는 모래시계의 모래이고, ⑥ 나쁘며, ⑦ 공간과 함께 칸트의 철학적 범주 중 하나이고, ⑧ 아인슈타인의 물리학에서 말하는 4차원이며, ⑨ 돈, ⑩ 기억, ⑪ 친척, ⑫ 사회적 구조, ⑬ 기타 등등이다.

우리에게 할당된 시간은 늘어나는 동시에 줄어든다. 인류학자인 그레고리 베이트슨과 마거릿 미드Margaret Mead의 딸인 메리 캐서린 베이트슨은 인류학자이자 커뮤니케이션학 교수였다. 1939년에 태어난 그녀는 2021년 1월 81세의 나이로 세상을 떠났다.

메리 캐서린은 사람들이 더 오래 사는 반면 사람들의 생각은 더 짧아지는 중이라고 말한다. 그녀다운 예리한 관찰이다. 나는 이 말을 듣고 짧은 삶을 살지만 앞뒤로 길게 생각하는 사람들이 떠올랐다. 인간의 삶이 펼쳐지는 한정된 시간을 벗어난 무제한적인 시간, 시간을 초월한 시간, 영원,

열반, 몽상에 대한 개념을 가진 사람 말이다. 요즘의 60대는 흔들의자에 앉아 옛 생각이나 하며 하루를 보내기보다는 새로운 프로젝트를 시작하기에 적절할 수 있는 나이다.

중세 시대에 대성당 건축을 시작한 사람들은 건물이 생전에 완공될 것을 기대하지 않았을 것이다. 바르셀로나의 주요 관광 명소이자 유네스코 문화유산인 사그라다 파밀리아 성당은 한 세기가 넘도록 공사가 이어지고 있는 와중에 교황에 의해 봉헌되었다. 1882년 착공한 후 1년이 지나 전임자가 건축주와 불화 끝에 물러나자 가우디가 설계와 구상을 책임지게 되었다. 고딕 양식에 모더니즘적 요소를 가미해 장난기가 보이면서도 엄숙한 분위기를 자아내는 디자인이 특징이다. 공사는 가우디가 31세였던 1882년에 시작되었고 1926년 가우디가 사망할 당시에는 약 5분의 1이 완성된 상태였다. 전쟁, 자금 부족 등 완공을 지연시켰던 여러 방해 요소가 있었지만 어쨌거나 라 사그라다 파밀리아는 마침내 2026년 즈음 완공될 수 있을 것으로 보인다.

시간을 덜 가진 사람들은 도리어 조급함에 시달리지 않는다. 19세기 중서부 유럽에서 땅을 개간하고 소박한 집을 지어 검소하게 생계를 이어갔던 북유럽 정착민들은 자신도, 심지어 자녀도 아닌 손주의 미래에 투자를 했다. 소스타인 베블런 역시 선조의 배려를 받은 후손이었고 단발적인 소비주의에 대한 그의 신랄한 비판은 이런 이력과 떼어놓고는 이해할 수 없을 것이다.

지금은 무엇이든 장기적인 건 좋은 효과를 내지 못하고 있다. 팬데믹이 끝난 후 정치와 금융 엘리트들은 생산과 소비의 활성화를 간절히 바랐고, 북대서양 지역의 소비를 위한 공급망이 지연되는 것에 스트레스를 받았다. 숨 가쁘게 돌아가는 JIT(생산 과정에서 필요한 만큼만 상품과 자재를 주문, 생산 및 배송하는 생산 및 재고 관리 전략−옮긴이) 경제는 지금, 가급적이면 어제 상품이 오늘 도착하는 스케줄을 강요한다.

순환적 시간과 선형적 시간의 차이는 쉽게 눈에 띈다. 순환적 시간이 지배하는 사회에서는 사건들이 경건하게 반복될 수 있도록 세심한 주의를 기울인다. 심지어 아기가 다시 태어난 조상일 수도 있다고 생각한다. 그렇다고 해서 레비스트로스가 말한 '차가운 사회'(역사의 영향을 최대한 제거하고 항상성을 유지하려는 사회. 그 반대는 역사적 시간 개념을 발전의 원동력으로 삼아 변화에 가치를 두는 뜨거운 사회다−옮긴이)가 변하지 않는다는 뜻은 아니다. 다만 계획적이지 않고 종종 눈에 띄지 않을 정도로 점진적일 뿐이다. 자본주의 국가의 불안정한 힘은 눈에 띄는 변화를 가져왔고, 차가운 사회는 이상향으로만 존재할 뿐 현실에서는 거의 찾아보기 힘들다.

반면 선형적 시간은 발전의 시간, 시계, 달력, 증기 기관의 시간이다. 이 시간은 현대의 개념에 속한다. 미래 지향적인 선형적 시간은 성장과 진보라는 이데올로기와 샴쌍둥이처럼 붙어 있다. 진보의 내러티브는 점진적인 개선을 약속한다. 최근 수십 년 동안 이 논리가 야기한 문제점이 본격적으로 드러났다. 지속적인 성장은 생태학적 재앙으로 가는 길이다. 난개발의 결과를 누린 주체는 부모와 조부모, 증조부모였고 그 대가를 치르고 설거지를 해야 하는 것은 미래 세대다.

그렇다면 선형적 시간의 개념에서 삶이 더 나아진다는 것은 무슨 의미일까? 건강 상태가 좋아지고 기대 수명이 길어지는 것이 좋다는 데에는 대부분 동의하겠지만, 마흔 살까지 살더라도 아흔 살까지 사는 것만큼 의미 있게 살 수 있다고 말하는 사람도 분명 있을 것이다. 하지만 그 범위를 넘어선다면? 예수 그리스도는 33세에 십자가에 못 박히지 않았는가. 운동선수, 록 뮤지션, 수영 선수, 수학자, 랭보 같은 시인, 예수 같은 선지자 등 중년 이전에 삶과 정점에 도달하는 사람이 있는 반면, 느린 성장과 성숙이 필요한 사람들도 있다. 여름 꽃을 두고 전나무가 아니라고 비난하는 것은 어리석은 일이다.

● 시간을 제대로 계획하는 사람들

삶의 질에 대한 객관적인 기준을 말하는 데에는 주의가 필요하다. 고도의 추상적 수준에서 존재하는 기준이기 때문이다. 누군가에게는 그 기준이 등산이고 다른 누군가에게는 음악이다. 그런가 하면 사람들은 누구나 교육을 받을 수 있어야 한다고 말한다. 그런데 그것은 무슨 의미일까? 몇 년이나 학교에 다니면서도 교사로부터 아무것도 배우지 못했다는 사람들이 많은 건 어떻게 설명해야 할 것인가?

유네스코 보고서에 따르면, 충분한 보수를 받지 못하는 교사, 낡고 부족한 교구, 시대에 뒤떨어진 교수법으로 인해 개발도상국의 대다수가 열악한 교육 환경에 처해 있다고 한다. 남아프리카공화국에 대한 2022년 연구 보고서에 따르면, 이 나라 초등학교 4학년 학생의 80%가 기능적 문맹자다. 다른 아프리카 국가들의 상황도 그리 나을 것 같지 않다. 좋은 교사와 적절한 학습 자료로 공부한 일부 학생들은 시험에 합격하고 일자리를 찾아 세상으로 나가지만 곧 일할 곳이 없다는 것을 알게 된다. 벽돌공이나 택시 운전사 등으로 근근이 생계를 이어갈 수는 있겠지만, 중앙아프리카공화국에는 시험에 합격한 이들을 위한 틈새조차 존재하지 않는다.

이들이 학교에 다니지 않았다면 차라리 더 나은 삶을 살았을까? 아니면 더 나빴을까? 그들은 자녀들에게 교육이 성공의 열쇠라고 말할 수 있을까? 답은 많은 사람들이 생각하는 것만큼 간단하지가 않다. 남수단의 딩카족 노인들은 어깨를 으쓱하며 독서를 어디에 쓰냐고 치부할지도 모른다. 독서는 그들에게 중요한 것, 소와 아내와 같은 삶에 꼭 필요한 것을 가져다주지 않는다.

시간은 늘어날 수도 줄어들 수도 있다. 마찰이 없는 풍요의 사회에서 멀리 앞을 내다볼 수 있는 능력은 멸종 위기에 처했다. 모든 것이 다 잘 될 거라고 생각하는 순간에 계획은 불필요한 것으로 인식될 수 있다. 하지만 물질적 결핍이 삶에 방해가 되는 사람에게는 그렇지가 않다. 내가 케이프타운에서 만난 한 우버 드라이버는 지금 사는 헛간보다 조금이라도 더 나은 집을 마련하고 열여섯 살 난 아들이 교육을 받을 수 있도록 가능한 많은 저축을 하고 있었다. 나는 별 생각 없이 50%의 팁을 건넸지만, 그에게는 그 지폐가 몇 년 후 미래에 대한 희망을 상징했을지도 모른다. 우버 기사와 나 사이의 가느다란 실은 그와 주변 사람들 사이에 새로운 실을 만드는 데 도움이 되었을 수도 있다. 나와 달리 그는 10년 후 자신이 살고 싶은 곳에 대한 정확한 그림을 그리고 있었다.

내가 카다멈 농장에서 만난 여성 역시 그 우버 기사만큼이나 전형적이었다. 카다멈은 그늘과 수분을 제공하는 나무 옆에서 자라는 연약한 식물이기 때문에 대부분의 나무를 살려둔다. 대신 바닥에서 자라는 식물은 모두 제거하고 카다멈 싹에 농약과 인공 비료를 뿌려 생산성을 높인다. 지속 가능한 방식이 아니기 때문에 이런 농장 운영 방식은 생물 다양성에 피해를 입힌다. 내가 이야기하려는 여성 로히니는 카다멈 농장에서 4대째 일하고 있는 노동자다.

　　인도 남서부의 케랄라는 적도에서 조금 북쪽에 있을 뿐이지만 고지대는 밤이 되면 서늘해지고 어슴푸레한 새벽이면 푸른 언덕 위로 냉랭한 연무가 걸린다. 그때가 바로 노동자들이 농장에 도착하는 시간이다. 로히니는 30대 후반으로 열두 살 때부터 농장에서 일했다. 어머니를 통해 농장에 취직했고 어머니 역시 할머니를 통해 농장에서 일을 시작했다.

　　대부분의 농장 노동자가 그렇듯이 그들은 낮은 카스트에 속해 있다. 하루 일과는 새벽부터 땅거미가 질 때까지 거의 열두 시간 동안 이어진다. 급여는 많지 않다. 로히니에게는 세 자녀와 부유한 남성이 소유한 택시를 운전하는 남편이 있다. 일은 단조롭고 고단하다. 토양이 살충제에 의해 오염되어 있어 건강에 좋은 영향을 주지도 못한다. 많은 사람들이 자주 감염으로 고통 받으며 특정 형태의 암 발병률도 높다.

로히니는 자신의 삶에 만족한다. 어쨌거나 그녀는 어머니보다 잘 살고 있다. 그녀는 수도와 전기를 사용하며 남편에게는 스마트폰도 있다. 무엇보다 로히니에게 가장 중요한 것은 아이들이 자신보다 더 잘 살 것이라는 확신이다.

자신의 운명을 개선한다는 것은 무슨 의미일까? 이를테면 학위는 더 높은 임금과 이에 따른 물질적 생활 수준을 제공한다. 인도 케랄라의 가난한 사람들이 직면한 문제는 부유한 북유럽 사람들과는 다르다. 그들에게 결핍된 것은 다른 종류다. 그들의 문제는 너무 많이 가진 것이 아니라 너무 적게 가진 것이다.

로히니와 그녀의 남편은 저축과 대출을 통해 땅을 사서 벼농사를 짓고 젖소 네 마리를 돌본다. 힌두교도들은 소고기는 먹지 않지만 유제품은 인기가 있다. 설탕에 졸인 우유는 인도 디저트의 주재료다.

긴 세월 열심히 일한 끝에 로히니 가족은 상당한 돈을 모았다. 목표는 집을 넓히거나 에어컨 설치가 아닌 아이들 교육이다. 로니히는 꽤 괜찮은 지참금을 마련할 수 있기 때문에 딸들이 시집을 잘 갈 수 있을 거라고 말한다. 반대로 아들은 공학 계통의 고등교육을 받을 수 있다면 결혼할 때

상당한 지참금을 받게 될 거라면서. 로히니에게는 이런 희망이 있기에 아침에 일어나 맨발에 플립플롭 하나만 신고 습한 날씨에 2킬로미터의 진흙길을 걸어가 농장에서 일할 수 있다. 인도 하층민의 평균 수명을 고려할 때, 그녀가 유럽인들만큼 장수할지는 모르겠지만 생각하는 시간은 분명 더 길 것이다.

이런 사례를 통해 자신의 모습을 발견하는 사람이 얼마나 될까? 당장 내일 먹을 것을 걱정하는 것이 어떤 의미인지 잊어버린 삶 속에서는 닻을 잃어버릴 위험이 있다. 온라인이 지배하는 삶은 의미 있는 실을 잃게 만들고 미래가 불확실하고 불명료해지면서 과거도 그렇게 되고 있다. 이런 상황에서 우리에게 남은 것은 소비 그리고 가끔 받는 마음챙김 수업뿐이다.

많은 사람들이 이 문제를 인식하고 과거와 미래를 잊은 채 지금만 살지 않으려 애쓰고 있다. 옥스퍼드의 철학자 로만 크르즈나릭Roman Krznarik은 14세기 옥스퍼드의 뉴칼리지 설립 이야기에 대한 책,《좋은 조상The Good Ancestor》에서 느림과 도토리에 대해 적고 있다. 대학을 지을 당시 책임자는 천장의 참나무 들보가 썩어 치명적인 사고로 이어질 가능성이 있다고 보았다. 이후 그는 대학 건물에서 조금 떨어진 곳에 도토리 몇 개를 심도록 했다. 들보를 교체해야 할 때쯤 크고 튼튼한 도토리나무가 자랄 것이라고 계산한 것이다. 약 500년 후 들보가 삐걱거리며 갈라지기 시작했을 때, 수석 정원사는 강가에 위풍당당한 도토리나무 군락이 있는 것을 발견했다. 들보는 교체되었다.

크즈나릭은 이 서사가 실제 있었던 일이 아니라고 인정한다. 손자의 손자들보다 더 나아간 시간을 내다보며 장기적인 관점에서 생각하고 행동해야 할 필요성을 얘기하는 교훈으로써 이 에피소드를 썼을 것이다. 먼 미래와 연결되려면 주차 위반 딱지와 임박한 마감일 등에 대한 걱정은 잠시 내려놓는 것이 좋다. 풍요와 가속의 명령에 둘러싸인 불안한 사람보다 케랄라 농장 노동자인 로히니에게 더 발달된 능력이기도 하다.

우리는 스스로를 궁지에 몰아넣고 있다는 사실을 깨닫지 못한 채 두 가지 큰 모순에 빠졌다. 하나는 자신의 삶보다 더 큰 시간적 지평으로 살 수 있는 능력과 관련되어 있다. 세계기상기구IPCC와 세계 각국 정부가 기후 변화에 대해 어떻게 이야기하는지 생각해보라. 기후 변화로 인한 지구의 위기가 2030년부터라고 하던 것이 2040년이 되었고 지금은 2050년이 되었다. 2050년이라니 즉각적인 조치를 취하기에 너무 먼 미래처럼 보인다. 하지만 인류세(인류가 지구 기후와 생태계를 변화시켜 만들어진 새로운 지질시대—옮긴이)의 관점에서 볼 때 2050년은 지구의 위기가 너무 가까워서 절망적이다. 지속가능성이 의미를 가지려면, 자신의 상태를 망치지 않고 무한히 꾸준한 발전을 지속할 수 있는 시스템을 가리켜야 한다. 그런 의미에서 2340년 또는 2650년을 말하는 것이 실현 가능한 시작점일지도 모른다.

또 하나의 큰 모순은 순간이라는 시간의 폭력성과 연관되어 있다. 1960년대에 태어난 컴퓨터 과학자 대니얼 힐리스 Daniel Hillis 는 2000년에 미래가 어떻게 끝날지를 생각했다. 2000년에는 좋은 일이든 나쁜 일이든 이런저런 일이 일어날 것이고 지구의 삶은 이런저런 방식으로 변할 것이라고 말이다. 실제로는 2000년이 점점 가까워지면서 그가 말하는 미래는 매년 1년씩 짧아졌다. 세계기상기구가 2040년에 대해 이야기할 때, 2040년의 삶이 어떤 모습일지 누구도 상상할 수 없었다. 20년이 채 남지 않았는데도 말이다.

어슐러 K. 르 귄 Ursula K. Le Guin 같은 공상 과학 소설가 외에는 누구도 지속 가능한 지구를 묘사하려는 시도를 하지 않는다. 그것이 불가능하다고 생각하는지도 모르겠다. 과거를 지운 채 미래에 그림자를 드리우면서 시간을 오염시키는 것은 현재주의(과거는 지났고 미래는 오지 않았으니 현재만이 중요하다는 시간 개념-옮긴이)의 특징이다. 그러나 현재의 시간에 치중한 나머지 지금 여기가 가득 차버리면, 미래뿐 아

네 번째 의미

니라 과거를 위한 틈이 사라진다. 순간의 폭압은 이럴 때 발생한다.

왜 많은 사람들이 즉각적인 만족의 강박에 사로잡힐까? 매사 저항이 가장 적은 길을 선택한다는 인간의 약점 때문일 것이다. 이에 더하여 인간이 자본주의로 인해 라곰(스웨덴어로 현재에 만족하는 삶의 태도를 이르는 말−옮긴이)이나 삶의 질이 아닌 '지금 여기' '더 빨리, 더 높이, 더 강하게'라는 버튼을 누르기 때문이기도 하다. 이런 경향이 계속된다면 디지털 삶에 익숙한 중산층이 결국 카프카스(러시아 남부, 카스피해와 흑해 사이에 있는 산악 지역의 총칭−옮긴이)에 사는 신화 속 인물들처럼 변신할 위험이 있다. 그들은 순간을 사는 데 너무 열중한 나머지 매일 아침 침대를 팔았다가 밤에는 다시 사러 뛰어나갈 정도였다.

길고 느린 시간의 개념을 체화하려면 운동선수가 새벽 여섯 시에 일어나 아침 식사 전 훈련을 하는 것처럼, 자신을 몰아붙이고 단련할 필요가 있다. 느림이 없으면 삶은 숨이 막히고, 만족감을 주지 못하고, 머리와 꼬리도 구분할 수 없이 급히 꿰매진 조각이 되고만다. 나무는 뿌리에서 위로만 자라는 것이 아니다. 추운 겨울을 나는 나무는 천천히 그리고 오랫동안 생존에 필요한 휴식을 취하며 위쪽만큼이나 아래쪽으로도 자란다.

스스로 좋은 조상이 될 미래를 꿈꾸는 것이 시작일 수 있다. 바로 지금 해야 할 일은 현재와 미래의 지구 사람들을 위해 다양한 생명과 좋은 기회를 구하는 것이다. 나무의 근계가 사람의 눈에는 보이지 않는 것처럼, 보이지 않는 연결의 실들은 앞은 물론 뒤와 옆으로도 뻗어 있다. 좋은 조상이 되려면 먼 미래로 독성 강한 실을 뽑아내는 대신, 먼 미래까지 이어지는 좋고 견고한 실을 만들어야 한다.

세계 여러 지역에서는 적을 물리치고 질서를 만든 위대한 영웅들의 비범한 신화가 전해진다. 그들은 당대 최고의 스포츠맨이자 용감한 전사였다. 어느 날 건장한 젊은이가 선택에 직면한다. 신 또는 조상의 영혼이 그를 찾아와 큰 위험이 다가오고 있다고 설명한다. 주인공은 첫 장에서 항상 그러듯이 고개를 젓는다. 그에게는 돌봐야 할 가족이 있으며 그는 평화로운 삶을 갈망한다. 신은 "좋다. 네게는 선택권이 있다. 가족과 평온하게 산다면 너는 필연적으로 잊힐 것이다. 전쟁에 나가 위대한 업적을 남긴다면, 죽을 수도 있지만 지금부터 500년 후에도 사람들은 너에 대한 노래를 부를 것이다. 너의 선택은 무엇인가?"

당신이라면 어떤 선택을 할까? 내가 500년 후에 기억되는지 여부가 현재 삶에서 중요한 의미를 갖는가? 이 주제에 있어 생각나는 인물은 모차르트다. 그는 늘 불평불만이 가득했던 쾌락주의자였다. 결혼 생활을 망쳤으며 자녀들을 방치했고 빚을 졌다. 하지만 당대 최고의 재능을 지닌 존경받는 작곡가였다. 모차르트는 서른여섯 살에 그의 가장 강렬한 작품, 〈레퀴엠〉을 완성한 후 폐렴으로 목숨을 잃었다. 광기는 덜한 대신 잘츠부르크에서만 이름이 알려진 채 가족과 80세까지 행복하게 지내는 삶을 그가 더 좋아했을까? 모차르트가 구름 위에 앉아 우리를 지켜보고 있지 않는 한, 죽은 지 몇 백 년이 지난 지금 전 세계 공항에서 그의 이름을 딴 초콜릿이 판매되는 것이 그에게 무슨 의미가 있을 것인가.

모차르트를 움직인 것은 음악에 대한 애정이었다. 그는 짧은 생애 내내 완벽을 위해 노력했다. 그가 40년 더 살기 위해 자신의 소명을 포기하는 일은 없었을 것이다. 후대에게 좋은 조상이 되는 일도 별로 중요하지 않았던 것 같다. 모차르트는 짧은 시간 동안 연주와 작곡, 파티, 마감일로 점철된 비범한 삶을 살았다.

기나긴 지구의 역사에 동참하는 건 스스로 평범하다고 생각하는 사람에게 더 쉬운 일은 아닐까? 나는 그렇게 생각한다. 그들은 연결이 연약한 실들을 가꾸고 즐기는 데 최선을 다한다. 어떤 사람들은 대좌 위로 받들어지는 불멸의 삶을 꿈꾸지만 실제로 성공하는 사람은 극소수다. 명성에 대한 꿈은 원동력이 될 수 있지만, 많은 사람들이 생각하는 것만큼 삶에서 중요하지는 않다. 보통의 사람에게는 후손들에게 기억되고 존경받는 평범한 조상이 되는 것만으로도 충분하다.

자신보다 더 큰 무언가의 일부가 되는 건 가치 있는 일이다. 긴 삶의 여정에서 작은 톱니바퀴나 먼지 한 줌이 되는 것만으로 의미 있는 삶을 살기에 충분하다. 창조하는 일보다 파괴하는 일이 더 많이 일어나고 있는 현재 시대에, 우리의 목표는 당장의 충동과 오만 그리고 눈부시지만 뒤틀리고 역설적인 성공을 물리치는 것이어야 한다.

● 미래를 위한 느림 근육 단련하기

느림은 규칙적으로 사용하지 않으면 시들어버리는 삶의 근육이다. 삶의 두께와 풍요로움은 당신이 묶을 수 있는 실의 질과 양에 달려 있다. 시선을 더 높은 위치로 올린다고 해서 가깝고 친밀한 것들이 상실되지 않으니 걱정 마시길.

주로 백인 남성으로 구성된 엘리트 클럽, 롱 나우 재단Long Now Foundation의 회원들은 전 세계에서 사용되는 그레고리력 앞에 0을 추가하기로 합의했다. 롱 나우 재단의 합의에 따르면 나는 이 글을 02023년에 쓰고 있다. 모차르트는 01791년에 사망했다. 천 년이 아닌 만 년 단위로 생각하는 습관을 기르려는 것이다. 생태 운동가 스튜어드 브랜드Steward Brand와 음악가 브라이언 이노Brian Eno 등이 설립한 이 재단은 텍사스에 만년 시계를 건설하는 일에도 참여하고 있다. 이 시계는 만 년 동안 규칙적으로 울리며, 가끔씩 브라이언 이노가 프로그래밍한 독특한 멜로디를 연주한다. 같은 선율은 두 번 재생되지 않는다.

왜 그런 시계를 만들었을까? 이사회의 구성원인 언론인 케빈 켈리Kevin Kelly는 이런 질문을 한다는 자체가 중요하다고 답한다. 01995년 처음 아이디어를 낼 때의 계획은 새 천년이 시작될 때 뻐꾸기 시계를 울리는 것이었다. 시계 안에는 한 세기마다 한 단계씩 움직이는 세기 바늘이 하나 더 있다.

재단의 계획대로 만년 시계가 전 세계에 설치된다면 많은 사람들이 먼 시야를 가지고 시간을 보는 데 익숙해질 것이다. 언젠가는 02200년 또는 03000년과 같은 특정한 미래를 상상할 수 있게 될 것이다. 불가능한 일이 아니다.

이만큼 멀리 가지는 않지만 그 못지않게 미래지향적인 활동으로 종자 은행 설립이 있다. 가장 유명한 종자 은행은 노르웨이 스발바르 제도 내 스피츠베르겐섬에 있다. 이곳에서는 기후 위기와 전쟁 등으로 생태계의 유연성이 사라진 먼 미래를 위해 현재의 유연성을 보호한다. 금고에 있는 씨앗은 마치 냉동된 공룡 알 같다. 스발바르 제도의 기후 변화가 종자 은행의 온도에 위협이 될 수 있다는 점만 빼놓고는 모든 것이 완벽하다. 앞으로 수십 년 안에 새로운 결단이 날 수도 있다.

종자 은행보다 더 작은 규모이지만 같은 맥락에서 설립된 미래 도서관도 있다. 이 프로젝트를 주도한 사람은 케이티 패터슨Katie Paterson으로, 현재에만 집중하는 시간관념을 벗어나야 한다는 주제로 활동하는 예술가다. 2014년, 패터슨은 오슬로 북쪽, 노르드마르카 숲에 가문비나무 묘목 천 그루를 심었다. 프로그네스세테렌역에서 빠른 걸음으로 30

분 거리에 있는 곳이다. 내가 어렸을 때는 객차에 스키용 스트랩이 설치되어 있었다. 지금도 2월의 화창한 일요일이면 좁은 지하철 객차에 스키와 개를 데리고 탄 사람들로 가득 찬다.

그녀는 2014년부터 작가들을 초청해 2114년까지 미공개 소설 원고를 받고 이 의식을 100년 동안 매년 반복한다. 2014년에 가문비나무는 2114년이면 높이 20미터에 셀룰로오스로 가득 차게 될 것이고 이 셀룰로오스로 만든 종이에 인쇄된 책이 출간될 것이다. 첫 두 작가는 마거릿 애트우드와 데이비드 미첼David Mitchell이었고, 2017년에 엘리프 샤팍Elif Shafak, 2018년에 한강, 2019년에 칼 오베 크나우스고르, 2020년에 오션 브엉Ocean Vuong, 2021년에는 치치 단가렘바Tsitsi Dangarembga를 이어 2022년에 유디트 샬란스키Judith Schalansky에 이르고 있다.

원고는 2014년 가문비나무 묘목에 자리를 내어준 나무들로 지은 공공도서관 데이히만 비외르비카의 금고에 보관되어 있다. 이 프로젝트에 대해 02114년에는 인쇄된 책이라는 것이 더 이상 존재하지 않을 수도 있다고 말하는 사람도 있다. 지금까지는 종이책이 놀라운 존재감을 지속하고 있지만, 미래에 디지털 미디어로의 전환이 완료되면 고풍스러운 종이책 형식으로 새롭게 구현될 수도 있다. 그렇다 해도

02000년대 사람들의 목소리를 듣는 경험은 삶을 한층 더 의미 있게 만들 것이다.

롱 나우 재단이나 미래 도서관과 같은 프로젝트가 이목을 끌기 위한 엉뚱한 일로 치부될 수 있다. 하지만 내 의견은 다르다. 이 프로젝트들은 비록 작은 규모이기는 하지만 미래라는 공허한 개념을 눈에 보이는 개념으로 변모시켰다. 이들 프로젝트를 통해 먼 미래로 뻗어나가는 실을 읽을 수 있고 또 볼 수 있다. 미래의 삶이 과거의 삶만큼이나 실재하며, 우리 모두에게 3023년 지구에 서식하는 모든 생명체에 대한 책임을 상기시킨다.

상상력이라는 재주를 활용하면 극복 불가능한 것이란 없다. 지난 2000년 동안 종교를 통해 수많은 사람들이 종교가 아니었으면 절대 만나지 못했을 사람들 사이에 의미 있는 실을 만들 수 있었다. 종교가 성공한 지 오래지 않아, 민족주의 역시 추상적 공동체를 만들어 국가를 대신해 삶의 원동력이 되어주었다.

처음으로 우리는 먼 과거뿐만 아니라 먼 미래까지 볼 수 있게 되었다. 우리는 손자의 손자의 손자와 그 후손들이 확인하고 숙고할 수 있는 흔적을 남긴다. 후손들은 지구가 어두운 심연으로 향하는 시점에서 조상들이 올바른 결정을 내렸다고 생각할까? 아니면 무책임하고 이기적으로 생태계를 망치고 재앙적인 기후 변화가 일어나도록 방치했다고 생각할까?

미래 도서관을 뒷받침하는 아이디어는 열한 번째 밀레니엄 시계와 스발바르 종자 은행 그리고 실제로 옥스퍼드에 심이졌을 도토리나무와 같은 방향을 가리킨다. 우리 뒤에 올 시간, 그 시간의 일부가 될 권리와 의무가 있는 시간 말이다. 미래는 우리가 아무렇게나 내버려둬도 좋은 공허한 시간이 아니다. 이 문제에서라면, 환경에 미쳤다는 소리를 들을지언정 200년, 300년, 500년 후 우리가 나쁜 조상이었다는 소리는 듣고 싶지 않다.

이런 생각은 여러 방향으로 확장할 수 있다. 예를 들어 일주일 혹은 6개월 후에 지구가 폭발한다면 어떤 반응을 할지 자문해볼 수 있다. 누구도, 아무도, 아무 것도 기억하지 못하게 될 것이다. 아무도 신에게 기도하지 않고, 과거의 목소리를 듣는 것에 기뻐하지 않고, 집을 구하지 않고, 나무를 키우지 않고, 아이를 낳지 않고, 친구를 만들거나 충돌을 일으키지도 않을 것이다. 35억 년 동안 느리게 많은 시도와 착오를 거쳐 쌓아 온 모든 진화가 사라질 것이다.

라스 폰 트리에 Lars von Trier 감독의 영화 《멜랑콜리아 Melancholia》에서 남은 시간이 며칠, 몇 시간밖에 남지 않았다는 것을 깨달은 저스틴과 클레어 자매는 서로 다른 반응을 보인다. 몇 년 동안 깊은 우울증에 시달려온 저스틴은 유성이 다가오자 자신이 영원으로 갈 것이라며 도리어 침착한 태도로 노래를 하는 반면, 쾌활한 클레어는 처음에는 공황 반응을 보이다가 이후에는 극도의 불안 증세를 보인다.

주제는 동일하지만 최근의 영화에서는 관객에게 최소 네 가지의 옵션을 제공한다. 애덤 맥케이Adam McKay의 《돈 룩 업 Don't Look Up》은 위선, 탐욕, 어리석음에 이끌린 기후 변화 거부에 대한 풍자다. 이 영화에는 여주인공, 악당 그리고 약하고 무르고 쉽게 조종할 수 있는 다양한 사람들이 등장한다. 이들은 혜성이 다가오고 있으며 그로 인해 지구상 모든 생명체가 멸망할 수 있다는 사실을 깨닫고 정도의 차이는 있지만 정신을 차린다. 모든 것이 먼지로 변할 것이 예상되는 상황에서는 다윈의 선택지, 즉 투쟁이나 도피로는 부족했을 터.

그럼에도 불구하고 영화 속 미국 대통령은 부유한 기부자와 기타 권력자들과 함께 우주선을 타고 도망친다. 그들 중 한 명은 실리콘 밸리와 기후 위기의 기술적 해결을 주장하던 기술 낙관주의자다. 이런 사람들은 우리 세상에도 존재한다.

세 번째 해법은 지구의 마지막 날을 가능한 한 정상적으로 보내는 것이다. 몇몇 사람들은 연어와 유기농 감자, 좋은 적포도주와 수입 올리브 오일 등 질 좋은 음식을 구입한다. 불충실한 남편은 아내의 용서를 받고 그의 동료는 테이블 위에서 잔이 흔들리기 시작하는 가운데 엄숙하게 고백한다. 항상 집에서 만든 음식보다 기성품을 선호했다는 이야기다.

암 전문의가 말기 환자에게 하는 전형적인 조언은 "여기, 이 순간을 살라"는 것이다. 언제가 너무 늦어버린 순간이 될지 알 수 없으므로 완벽한 때를 기다리며 일을 미루어서는 안 된다. 지금의 긴 시간도 순간으로 쪼개질 수 있다. 때문에 당신은 모두와 함께 지금 여기에서 해야 할 일을 해야 한다. 모든 시간은 지금이고 앞으로도 그럴 것이다.

순간

사는 데 항상 느린 시간만 필요한 것은 아니다. 때로는 한순간으로 충분할 수 있다. 어느 날 내 자전거에 펑크가 났다. 연구차 다른 나라에 있었던 데다 공구도 없었기 때문에 자전거를 끌고 가까운 정비소로 갔다.

메이슨이 운영하는 자전거 정비소는 카페와 기독교 단체가 있는 건물 사이에 위치했다. 일찍 출근하고 싶었던 나는 오픈 시간 5분 전에 도착해 창살 너머로 정비소 안을 들여다보았다. 선캡를 쓰고 문신을 한 다부진 남자가 나왔다. "펑크가 났습니다. 보통은 제가 고치는데… 호스를 교체해야 할 것 같네요." 나는 겸손한 어조로 설명했다. 메이슨은 핸들을 잡고 말했다. "염려 마세요. 20분이면 됩니다."

햇빛을 받으며 커피 한 잔 마시고 삶에 대해 조금 생각하기에 충분한 시간이었다. 자전거 수리가 끝났고 수리비는 내가 예상한 것보다 훨씬 쌌다. 메이슨은 "안전하게 출근 잘 하시고 좋은 하루 보내세요"라고 말했다. 진심이 담긴 말이었다. 과묵한 그의 온몸에서 친절한 분위기가 새어 나왔다. 이 한순간만으로 하루가 즐거워졌다. 따뜻한 인연의 실이 만들어졌고, 이후 그의 정비소를 지날 때마다 메이슨에게 손을 흔들며 인사하는 습관이 생겼다.

예기치 않게 찾아오는 순간이 있는가 하면, 계획과 기대가 있어야 맞이할 수 있는 순간도 있다. 3분간 롤러코스터를 타기 위해 45분 동안 줄을 서는 것이 합당한지 한번쯤 의문을 가져본 적 있을 것이다. 하지만 시간은 상대적인 것이며 놀이공원에서는 특히 더 그렇다. 아이들에게 범퍼카를 타는 시간은 숙제를 하는 시간보다 100배쯤 빨리 지나간다. 백미러를 통해 본 황홀한 순간은 이전까지 계속됐던 길고 평온한 시간보다 기억하기가 더 쉽다. 강력한 섬광은 찰나의 느낌이지만, 느린 일상의 흐름과 사람을 바보로 만드는 정보화 사회 시스템으로부터 보호받아 마땅하다. 치과에서 치아에 구멍을 뚫는 시간은 단 3분에 불과해도 으스스할 정도로 조용한 대기실에서 보내는 30분보다 더 기억에 남는 법이다.

오늘을 즐기는 것과 장기적인 안목을 갖는 것은 모순되는 개념이 아니다. 지금 이 순간을 즐기는 능력은 먼 미래를 생각하는 능력과는 다른 종류의 삶의 의미를 제공한다. 둘 다 시간 속에 존재하는 방식이며 둘 다 꼭 필요하다. 역사에 깊이가 더해지려면 강렬한 순간이 필요하며, 그것이 기억으로 변화하는 과정에서 더 큰 무언가가 된다. 모든 사건은 특정 시간, 특정 장소에서 일어나고 세상은 빠른 시간과 느린 시간으로 이루어져 있다.

기억에 남는 순간은 조미료에 비유할 수 있다. 조미료가 없어도 요리를 할 수는 있지만, 조미료가 들어가면 아무리 밋밋한 요리도 맛있게 만드는 감칠맛이 더해진다. 가장 맛있는 순간은 번개처럼 전혀 예상치 못한 때에 찾아오는 법이다.

● 삶의 기쁨을 느끼는 작은 지점들

인생의 소금은 삶을 더 잘 버틸 수 있도록 일상에 작은 풍미를 더한다. 친구나 연인과 즐기는 활기찬 산책이나 멋진 연극 공연, 즐거운 점심 식사일 수도 있고, 저녁 식사 후 마시는 코냑 한 모금, 소중한 사람의 예상치 못한 미소, 좋아하는 축구 선수의 멋진 골, 태피스트리에 더해지는 수천 가지 실일 수도 있다. 프랑스의 인류학자 프랑수아즈 에리티에Françoise Héritier가 2012년 80대의 나이에 쓴, 인생의 소금에 관한 책《달콤한 소금Le sel de la vie》이 그런 내용이다.

서아프리카 연구자이자 젠더 이론가, 파리 사회과학고등연구대학의 학장으로서 커리어를 끝내고 에리티에는 보편적인 삶의 주제에 대한 여러 권의 책을 썼다. 80대에 이르기까지 다양한 경험을 했기에 인생에 대한 책을 쓰고 싶었을 것이다. 에리티에는 초현실주의자들의 연상법을 따라 당장 생각할 수 있는 작은 즐거움을 나열하는 것부터 시작하라고 말한다.

그녀는 차 한 잔을 마시는 순간 잊고 있었던 흥미로운 일들을 열두 가지 떠올린다. "웃음, 시시콜콜한 모든 것에 대한 대화, 편지, 가족이나 친구들과의 식사, 바에서 마시는 맥주, 햇볕을 쐬며 마시는 커피, 그늘에서 즐기는 낮잠, 수

집품(돌, 나비, 상자, 또 뭐가 있을까?), 가을 공기의 신선함이 남기는 여운, 선베드, 세상이 잠든 밤에 깨어있는 것, 오래된 노래의 가사를 기억하려 애쓰는 것, 맛과 냄새에 대한 기억, 사진첩 넘기기, 고양이와 놀기, 상상 속의 집짓기, 예쁜 포장지 만들기, 멍하니 담배 피우기, 일기 쓰기, 춤추기(오! 춤추기!), 외출, 파티 열기, 새해 콘서트 듣기…."

이외에도 인생을 기쁘게 하는 작은 것들은 많다. 그녀는 축구나 스크래블 게임, 신발 신어보기, 조깅이나 페탕크(직경 10cm 정도의 철구를 넌지는 게임―옮긴이) 연습 등을 즉흥적으로 언급한다. 80대 학자의 풍요로운 추억 속에서 소소하고 흥미로운 기억들이 계속 쏟아져 나온다. 인생은 제로섬 게임과는 정반대다. 식사를 하는 동안 식욕은 커지고 더 많은 추억을 공유할수록 더 많은 것이 남는다.

에리티에가 얇고 작은 책에서 이야기하는 모든 것들은 사소한 것들, 순간의 작은 즐거움이다. 오랜만에 따스함이 느껴지는 4월의 어느 날 바닐라 아이스크림을 핥았을 때, 수영장 물 위에 얼굴에 햇볕을 쬐며 누워 있을 때 귓가에 샴페인 같은 기포가 터지는 느낌, 갑작스러운 포옹, 새로운 코드 진행을 언급하는 사람도 있다.

작은 기쁨의 순간들이 일상에서 마주치는 뜻밖의 행운일 수도 있겠지만, 동시에 인생을 이해할 시간이 얼마 남지 않았다는 절박함을 뜻하기도 한다. 에리티에의 전남편이며 존경받는 인류학자인 마르크 오제Marc Augé는 몇 년 후 거의 동일한 주제의 책을 썼다. 《인류학자가 들려주는 일상 속 행복Bonheurs du jour》이라는 제목으로, 오제는 갑작스럽고 격정적인 작은 경험이 어떻게 기억을 방출하고 폭발시키는지에 대해 이야기한다. 대단치 않아 보이지만 이런 사건이 남긴 인상은 강렬하다. 친구와의 만남, 풍경, 책, 영화, 콘서트 같은 작은 사건들이다. 표지에 마들렌이 그려진 이 책에서 오제는 프루스트와 《잃어버린 시간을 찾아서》의 감상에 대해 이야기한다.

1953년, 열여덟의 마르크는 병을 앓아 오랫동안 침실에만 있어야 했다. 어쩔 수 없이 침대에서 보낸 이 시간을 통해 그는 프루스트의 세계로 들어갈 수 있었다고 회상한다. 60여 년이 지난 시점에서 프루스트의 기억은 오제의 추억과 얽혀 있다. 프루스트가 묘사한 붉은 양귀비에 대한 기억이 소풍에 대한 오제의 기억과 섞여 있는 것처럼. 강렬한 순간의 섬광이 기억을 자극해 시간과 공간을 넘나들며 현재와 과거뿐 아니라 순간과 느린 시간 사이를 연결하는 경첩이 된다.

인공지능은 그럴듯한 결괏값을 만들어낼 수 있을지 몰라도 결코 좋은 소설을 쓸 수 없다. 그 차이를 구분할 수 없게 되는 날이 오면 세상은 위험해질 것이다. 처음에는 인공지능이 우리를 모방하지만 이후에는 우리가 모방하기 시작한다. 인공지능은 어린 시절 같은 고유한 기억이 없기 때문에 자연지능을 발전시킬 수 없다. 인공지능은 심술궂고 늘 술에 취해 있던 외삼촌이나 손자가 올 때마다 세계 최고의 와플을 만들어 사워크림과 딸기잼을 곁들여 주시던 사랑 가득한 할머니에 대한 이야기를 할 수 없다.

오제는 80대 후반으로 나이가 많다. 책에는 병원에 입원해 있는 중에도 도시를 산책할 수 있는 기쁨에 대한 이야기가 있다. 나도 그 기분을 안다. 입원 중일 때 내 일상의 하이라이트는 1층으로 나들이 가는 것이었다. 1층에는 동글동글하고 쾌활한 필리핀 여성이 운영하는 작은 카페가 있다. 맨몸에 드레싱 가운만 입은 환자도 환영받으며 카푸치노 한 잔을 즐길 수 있는 곳이다. 병원 안에 있는 곳이지만 커피를 기다리며 신문을 읽으면 나는 북적이는 큰 세상 속에 있는 느낌이 들었다. 그때 마신 커피 맛은 세계 최고였고 주인의 미소는 열대의 기후보다 따뜻했다.

모든 것이 상대적이지는 않지만 모든 것은 관계적이다. 병원에서 나는 엘리베이터에서 내리는 순간부터 막 갈아낸 커피콩 향기를 따라갈 수 있었다. 그런 것이 순간의 기쁨이다. 그 자체로 가치가 있다. 눈에 보이는 결과로 이어지지는 않지만 실을 짜고 연결해서 운명과 나를 화해시킨다.

순간이면 충분하다.
아무리 짧은 순간도 충분히 의미 있을 수 있고
이를 통해 삶에 만족할 수 있다.

● 순간이면 충분하다

서아프리카 시에라리온의 시골 마을 룬사르에도 삶이 더 나은 방향으로 움직이는 날이 온다. 도로가 포장되어 길가에서 사는 빵에 더 이상 흙먼지가 묻지 않는 것처럼 말이다. 마침내 이곳에도 근대적 발전이 찾아왔다. 불과 몇 년 전만 해도 이 작은 마을을 지나는 길은 당나귀들이 지나는 오솔길 뿐이었는데, 도로가 생긴 후 며칠 만에 이 마을이 생긴 이래 최초로 교통 체증이라는 축복을 누렸다. 기니와의 국경을 오가는 밀수꾼들 때문에 도로가 꽉 찬 것이었다. 마을 사람들은 새로 난 길 위에서 흙먼지 없는 빵을 먹으며 더 없는 행복의 섬광을 경험했을 것이다.

의미는 실과 기대에서 비롯된다. 질병이나 장애, 가난과 억압에 시달리는 사람들도 즐거움으로 빛날 수 있고 충만하고 만족스러운 삶을 살 수 있다. 만족스럽고 충만한 삶은 밝은 마음을 불행과 불운으로부터 떼어 놓으며, 고통조차 희미하게 옅어지는 강렬한 축복의 순간을 놓치지 않고 기억 속에 저장하는 능력에서 비롯된다.

1986년 연구차 모리셔스 서부 지역에 도착한 나는 해안가 어촌 마을에 다다르자 곧바로 묵을 곳을 찾았다. 버스에서 내려 나무 그늘에 앉아 도미노를 하고 있던 남성 몇 명에게 마을에서 방을 빌려줄 만한 사람을 아느냐고 물었다. 그들은 위쪽을 가리키며 "저 집이요"라고 말했다. "저 집에 돈이 필요해요."

　나는 곧장 그 집으로 향했고 바로 방 하나를 빌렸다. 집주인 부부에게는 6살에서 18살 사이의 자녀가 다섯 명 있었는데 부부는 나이 많은 백인이었고 아이들은 모두 흑인이었다. 도저히 양육될 환경이 아니었던 곳에 있던 아이들을 입양한 것이었다. 마을 사람 누구도 그들에 대해 얘기하지 않았고 나도 굳이 많은 것을 묻지 않았다. 짐을 대충 정리한 후 먹을 것을 사러 바질이라는 이름의 주인을 따라 중국인이 운영하는 가게에 갔다. 가난하지만 자상한 아버지였던 바질은 닭 한 마리, 쌀, 맥주, 차를 샀고 나도 커피, 필터담배 등 필요한 것들을 사 들고 함께 돌아왔다. 그날은 바질 가족의 잔칫날이었다. 힘들고 고단한 일상이 매일 이어지지만 그들은 매 순간을 즐겼다.

　아이들의 긍정적인 에너지는 상상 이상이었다. 아이들은 함께 놀고, 웃고, 서로를 보살피고, 물을 긷고 집안 청소를 도왔다. 폭력적인 행동이나 불친절한 말은 흔적도 보이지 않았다. 그들은 가진 것이 거의 없는 가난한 가족이지만 순간의 작은 즐거움을 놓치지 않았다. 아이들이 고등학교에 진학하거나 좋은 직장에 갈 가능성은 거의 없어 보였다. 안타깝게도 그들의 사정을 고려하면 실현 가능한 일은 아니었다. 하루 벌어 하루 먹는 생활을 겨우 이어갈 뿐이었다.

내가 떠난 후 바질 가족이 어디에서 수입을 얻었을까 종종 생각했다. 아마도 마리화나와 관련된 일이지 싶다. 마을 사람들은 바질 가족과 너무 가깝게 지내지 말라고 충고했었다. 꽤 괜찮은 방갈로에 사는 인도인 가족은 바질 가족을 게으른 몽상가라고 흉을 보기도 했다.

마을 사람들이 바질 가족을 잘 알지 못하는 어려운 이유가 있다. 그 어디에서도 가족을 찾아오는 사람이 없었다. 늙은 바질에게는 친구도 없는 듯했다. 주름이 많고 척추 장애로 등이 굽은 아내 마리는 나이보다 10년은 더 늙어 보였고 집 밖으로 거의 나가지 않았다. 아이들도 다른 아이들과 어울리지 않고 대부분 자기들끼리만 놀았다.

바질 가족은 나로서는 이해할 수 없는 억울한 오명을 쓰고 있었다. 이 집안에는 수치심과 침묵이 묵직하게 존재했다. 오래 곪은 상처를 딱지 아래 감추고 있었다. 나는 조심스럽게 마을 사람들에게 이 가족에 대해 이야기해보았지만, 그들은 내 말을 외면하고 어깨를 으쓱하며 허공에 대고 뻔한 말을 한 다음 말을 돌리기 일쑤였다.

이 집 장남 프랑수아는 키가 크고 날씬한 십 대 소년이었다. 흰 운동화를 신고 다니는 프랑수아는 늘 웃는 얼굴에 긍정적인 에너지로 가득하다. 그 아이를 보면 희한하게도 세네카와 스토아학파가 떠올랐다. 세네카는 "평생 매일 평정심을 가지고 살았다"라고 말했고, 스토아학파의 마지막 철학자이자 황제였던 마르쿠스 아우렐리우스는 "순간이면 충분하다"고 했다. 아무리 짧은 순간일지라도 충분히 의미 있을 수 있으며, 순간을 통해 삶에 만족할 수 있다는 뜻이기도 하다.

　마르쿠스는 이렇게 적었다. '사람은 어떻게 살아야 할까? 바위가 되어야 한다. 끝없이 파도를 맞는 바위처럼 되어야 한다. 바위는 바다가 발밑에서 잔잔해지는 동안 움직이지 않고 서 있다.' 마르쿠스 아우렐리우스는 기독교인을 박해했고 전장에서는 거친 지휘관이었다. 하지만 팍스 로마나를 유지한 훌륭한 황제로 역사에 기록되었으며 천년의 명저 《명상록》을 남겼다. 이 책은 각각 번호가 매겨진 단편 열두 개로 이루어져 있다.

　스토아 철학은 인도 사상에 영향을 받은 것 같다. 절제를 권장하고 열정이 행동을 지배하는 것을 경계한다. 필수 덕목은 정의, 절제, 자기 이해다. 마르쿠스는 《명상록》 제5권에서 '당신의 날카롭고 직설적인 말에 감탄할 사람은 없다. 그것은 타고난 장애다'라고 썼다. 마르쿠스 아우렐리우스는 허영심과 격앙된 활동을 극도로 비판했다. 그는 이렇게 말한다. "내가 아주 작은 부분을 차지하고 있는 우주와 세상 모든 시대를 하나로 간주하고, 모든 운명과 삶의 과정을 함께 고려해야 한다. 이 중 얼마만큼이 당신의 몫인가!"

순간의 덧없음과 자신의 하찮음을 인식하는 일은 주로 피할 수 없는 일을 받아들일 때 자각된다. 여러 권의 책을 전투 중에 썼기 때문에 마르쿠스는 종종 젊은이들의 죽어가는 몸에서 흐르는 피와 끔찍한 고통을 목격했을 것이다. 그는 전투 후에 이렇게 적었다. "당신이 '이런 일이 내게 일어날 줄이야'라고 말하는 것을 들었다." 그리고 이렇게 덧붙인다. "당신은 이렇게 말해야 할 것이다. '이미 일어난 일로 내가 무너지지 않았고 앞으로 일어날 일이 두렵지 않다는 것은 얼마나 다행인지. 그 같은 충격은 누구에게나 닥칠 수 있으니까.'"

금욕주의는 소극적 태도나 체념과 동의어가 아니다. 종종 그런 오해를 받지만 말이다. 우리가 아주 짧은 시간 안에 재가 되고, 해골이 되고, 이름조차 없는 것이 될 먼지에 불과하며, 부나 명성이 아니라 자기 수양을 통해 하찮은 자신이 더 큰 무언가의 일부라고 인정하는 것이 바로 금욕주의다. 황제이기에 쉽게 이런 말을 할 수 있었는지도 모른다.

프랑수아와 스토아학파는 지금 이 순간을 소중히 했다. 프랑수아는 5년 후 미래에 대해 조급하게 생각하지 않는다.

그렇다고 관심이 없는 건 아니었다. 당시의 가난한 모리셔스인들처럼 그 아이에게는 초등학교 졸업장도 없었다. 가끔해 질 녘 프랑수아와 함께 미래를 성찰하는 대화를 시도했지만 그 아이는 그런 이야기를 좋아하지 않았다. 토요일에열릴 파티에 훨씬 관심이 많았다. 한번은 사촌 미셸의 이야기를 프랑수아가 꺼낸 적이 있다. 지금 생각하면 미셸이 허구의 인물이었던 건 아닌지 의심이 들지만.

프랑수아는 이렇게 말했다. "미셸은 정말 대단했어요. 초등학교에서는 항상 반에서 1등을 했고 중학교에 진학했거든요. 그해 중학교에 간 사람은 마을에서 미셸이 유일했어요. 축구도 잘하고 모두가 좋아했어요. 하지만 열여섯 살쯤에 일이 생겼어요."

"무슨 일이?" 내가 물었다. "사고가 났어?"

"아니요. 사고라고 해야 하나? 모르겠어요. 어쨌든 무슨일이 생겼어요. 학교에 가지 않고 내내 집에 있었어요. 삼촌은 학교에 가지 않으면 집에서 일을 도우라고 했고요. 미셸이 학교를 그만둔 건 차라리 잘된 일이었어요. 이 동네에서학교에 계속 다니는 크리올(유럽인과 흑인의 혼혈인—옮긴이)애들은 없으니까요. 아저씨도 아시죠? 하지만 학교에 가지않으면 뭔가 일을 해야 하잖아요. 그런데 미셸은 침대에 누워만 있었어요. 아무것도 먹지도 않고요. 저럴 거면 차라리 죽는 게 나을 정도였어요."

"얼마나 된 일이야?"

"몰라요. 좀 됐어요. 미셸은 점점 나빠져서 침대에서 아예 못 나왔어요. 그래서 삼촌과 숙모가 돈을 내고 의사를 불렀어요."

"그래서?"

"아무것도 알아내지 못했어요. 의사는 병원에 가야 한다고 말해서 삼촌과 숙모는 미셸을 병원에 데려갔어요. 아저씨도 그 병원이 어디 있는지 알죠? 어쨌든 미셸은 며칠 있다가 퇴원했어요. 목발을 짚고 해골처럼 말라서…."

"그래서 지금은 어떻게 됐어?"

"몰라요. 죽었을 걸요."

"그 얘기를 왜 하는 건데?"

"무슨 일이든 일어날 수 있다는 거예요. 이웃 사람들이 질투를 해서 주술을 걸었을 수도 있고, 뭐 그런 것 있잖아요. 그러니까 제 말은 무슨 일이든 일어날 수 있다는 거예요. 아저씨가 5년 있다가 돌아오면 내가 큰 집에 살고 있을지도 모르죠. 죽었을지도 모르고, 또 여기 앉아 있을지도 모르고요. 제가 할 수 있는 일은 없어요."

"할 수 있는 일이 없다고?"

"있긴 있어요. 좋은 사람이 되기 위해 노력하는 건 할 수 있어요. 그게 할 수 있는 유일한 일이에요."

　프랑수아가 그렇게 노력해서 좋은 사람이 됐는지 확실
치 않다. 아마 미셸이 당시에 잘 알려지지 않았던 에이즈에
걸린 게 아니었나 싶다. 프랑수아의 가족들은 힘겹게 살았
지만 그 아이는 가족을 돕기 위해 손가락 하나도 까닥하지
않았다. 일요일 미사에 참석하는 법이 없었고 아침에 물을
긷기 위해 우물 앞에 줄을 서는 법도 없었다. 여덟 살 난 어
린 동생도 하는 일이었는데 말이다. 그는 앞일을 생각지 않
았다. 나는 그가 그럴 수밖에 없었다고 생각했다. 흰 운동화
와 매력적인 미소 하나면 여자들에게 인기를 얻는 데 충분
했으니까. 힘겹고 고단한 삶 속에서 프랑수아는 순간을 온
전히 살면서 매일 작은 보상을 쥐어 짜냈다. 자기목적적 활
동이라는 게 뭔지도 몰랐겠지만 매일 그걸 실천하며 살았던
셈이다.

　스트리밍과 이어폰의 시대에 음악을 즐기는 사람이라
면 누구나 언제든 자기목적적 세계에 들어갈 수 있다. 음악
은 뇌가 아닌 몸에서 시작되는 실로 우리를 연결한다. 음악
은 선사시대 초기에 자연의 소리를 모방하는 것에서 시작되
었을 것이다. 음악은 은유적 내러티브를 제공한다. 음악은
슬픔을 위로하고 형언할 수 없는 영역에 도달할 수 있게 해
주며 생명체의 태피스트리에 아름다운 추상적 패턴을 엮어

낸다. 그래서 음악은 알츠하이머 환자와 뇌 손상을 입은 사람들의 치료에도 사용된다. 내 동료의 남편은 심각한 뇌졸중으로 말을 못 하지만 노래는 부를 수 있다. 심지어 맑고 깨끗한 고음으로 말이다. 뇌졸중을 겪기 전에는 노래를 부르지 않았던 사람이다.

듣고자 하면 어디에나 음악을 찾을 수 있다. 탈레반은 아프가니스탄 통치 기간 동안 음악을 금지했다. 이만큼 비인간적인 짓이 있을까. 할 수만 있다면 노래하는 새와 계곡의 물소리까지 금지했을지 모른다. 탈레반은 아프가니스탄 태피스트리의 필수적인 부분을 고의로 조각조각 잘라냈다.

음악은 기쁨과 우울, 향수, 심지어 슬픔까지 불러오며 공허함을 채우고 삶에 아름다움과 저항 그리고 충만함을 더한다. 음악이 꼭 오락일 필요는 없다. 브레히트가 말했듯이 예술은 현실을 담는 거울이 아니라 현실을 만들어내는 망치이므로. 음악은 알람시계, 찬물 샤워, 언덕을 오르는 힘겨운 트래킹처럼 도발적이면서도 기억에 남는 순간을 만들어낸다.

잔지바르 시장의 여인은 라디오에서 흘러나오는 음악에 발 박자를 맞추고, 나는 면도를 할 때 8분의 11 박자의 음악을 들으며 행복과 몰입의 순간을 경험한다. 매일 저녁이면 전 세계에서 수천 명의 사람이 휴대폰을 끈 채 콘서트홀에 앉아 두 시간 동안 오직 음악에만 귀를 기울인다. 음악은 그 자체로 보상이다. 열기가 넘치는 클럽에서뿐만 아니라 다른 실을 형성하는 데에도 촉매의 역할을 한다.

인터넷이 없던 시절, 영국의 주간지《뉴 뮤지컬 익스프레스》에 재밌는 개인 광고가 실린 적 있다. 음악적 취향(재즈록과 마일스 데이비스 팬일 것)이 다른 조건(키 178센티미터, 공대생 선호)만큼이나 중요하다는 내용이었다. 강렬한 순간을 공유하는 것은 오래 가는 실을 형성하는 계기가 될 수 있다.

내가 필요할 때마다 단맛을 즐길 수 있는 캐러멜 같은 휴가의 추억은 수많은 장면을 품고 있다. 수영하러 가고, 아이들에게 커다란 아이스크림을 사주고, 올레와 갓 잡은 생선을 한아름 들고 오두막으로 돌아오고, 숲속 산책로에서 길을 잃고, 테니스나 체스에서 지고, 아만다와 숨바꼭질을 하고, 빵을 굽는 외에 종일 별다른 일을 하지 않고 저녁에 카리와 바다에서 명상을 하고, 뚝딱거리면서 뭔가를 고치고, 빈둥거리고, 서투르게 악기를 연주하고, 개미를 지켜보고, 듀이를 쓰다듬고, 꾸벅꾸벅 조는 장면 등이다.

학자로서 보낸 30년 이상의 세월을 돌아보면, 의외로 가장 두드러지게 기억되는 순간은 학회 후에 동료들과 함께한 저녁 시간이다. 그런가 하면 노르웨이에서는 섹스도 문화적으로 중요한 자기목적적 활동 중 하나다. 피임약과 콘돔 사용이 일반화되고 더욱 중요하게 인식되고 있다. 소설과 TV 드라마도 그 자체가 목적이다. 비평가나 문화를 연구하는 교수가 아닌 한, 특정한 목적을 위해 소설을 읽고 드라마를 보지 않기 때문에 그렇다. 모든 형태의 놀이도 자기목적적 활동에 해당한다. 개는 꼬리를 흔들면서도 으르렁거리고 바지를 잡아당기면서 주인을 무는 시늉을 할 수 있다. 뱀이나 개미와 달리 개는 메타커뮤니케이션(말이 아니라 시선·동작·몸짓·태도 등에 의한 커뮤니케이션−옮긴이)이 가능하다. 이 모든 행동이 그 자체로 목적인 연결 형성에 집중한다.

자기목적적 활동은 어떤 일을 그저 좋아서 하는 아마추어의 행동이다. 그 반대는 따라서 목표를 향해 나아가는 행동일 것이다. 스키를 타는 동안 심박수와 속도, 혈압, 고도를 측정하는 앱과 장치를 착용한다면? 노력의 정량화가 스키 타는 활동의 의미를 감소시킬까? 꼭 그렇지는 않을 것이다. 제빵사도 빵 굽는 일 자체를 좋아할 수 있다. 오븐에서 빵을 꺼내 한 귀퉁이를 떼어 내서 바삭하고 촉촉한 맛을 확인하는 것이 일상의 하이라이트일 수도 있다. 물론 그는 빵 굽는 일로 돈도 벌지만 말이다.

● 마지막으로 놀라움을 느낀 게 언제입니까?

기쁨과 경이로움을 느끼는 충만한 순간은 삶의 의미가 발전하고자 하는 욕망에 있다는 말이 잘못됐다는 걸 증명한다. 전통 사회의 궁극적인 목표는 전통을 재현하는 것이고 전통과의 단절은 사회를 와해할 수 있는 위험으로 간주되었다. 하지만 때로는 삶의 의미를 더 깊고 크게 확장하기 위해 전통과의 결별이 필요하다. 아프가니스탄 전통 사회의 해석에 따르자면, 소녀들이 학교에 가서 공부하는 것은 불온한 행동이다. 내가 살고 있는 유럽 북서부에서는 평등을 동일성으로 이해하는데, 이로 인해 집단 구성원들과 행동을 같이 해야 한다는 압박감을 낳기도 한다. 이것이 바로 안정과 통제를 동시에 제공하는 얀테 법칙의 문화적 맥락이다. 안전과 자유는 때때로 기름과 물처럼 존재한다.

그럼에도 불구하고 도전적인 목표를 향해 손을 뻗는 것도 삶에서 필요하다. 어려운 일을 해내고 그에 대해 인정을 받고 싶은 욕구는 인생의 중요한 의미 중 하나다. 좋은 파르메산 치즈를 만드는 데는 1년 반의 시간이 필요하다. 치즈의 향과 질감이 느껴지고 견과류의 짭짤한 감칠맛이 입안을 가득 채우는 짜릿한 순간이 치즈의 느린 제작 과정과 교차한다. 파르메산 치즈는 금방 먹어 없앨 수 있지만 천천히 만들어져야만 한다.

순간에는 분명한 한계가 있다. 순간을 위해서 고매한 이상을 떠올리거나, 인류를 위한 우월한 계획을 세우거나, 더 크고 깊은 생각을 해야 할 필요는 없다. 순간이 매일의 삶에 소금과 양념을 더해주는 것은 맞지만, 실체와 방향을 말해주는 것은 '긴 지금'과 '큰 여기'다.

순간의 장점은 정말로 명확하다. 축구가 예술이나 종교와 달리 감동이 지속되지 않는다고 하지만 분명한 장점도 있다. 순간의 실망은 적어도 기쁨만큼이나 빨리 증발하지 않는가. 축구의 황홀한 순간과 비극적인 순간은 떠오르는 태양 앞에서 트롤처럼 녹아내린다. 매번 다음 주말에는 항상 새로운 경기가 열린다. 최악의 결과를 맞이한 팀이어도 새 시즌을 기다릴 수 있다. 축구 커뮤니티에서는 이미 9월부터 다음 시즌에 대한 이야기를 시작한다. 경기 결과가 안 좋으면 실망하긴 했지만, 상점 창문을 부수거나 건물 외벽을 보기 흉한 낙서로 뒤덮거나 상대 팀 팬을 한 대 치고 싶은 충동은 느낀 적 없었다. 그 실망이 주기적으로 반복된다 해도 가게 유리를 부수거나, 꼴사나운 그래피티로 건물을 덮어버리거나, 상대 팀 팬들과 한판 하고 싶다는 충동은 느낀 적이 없다.

기억에 남는 순간에는 놀라움이라는 요소가 필수다.

2023년에 응원하는 축구팀이 불리한 모든 상황을 딛고 갑자기 프리미어리그 우승을 향해 착착 나아갈 때처럼 말이다. 물론 그중 불쾌한 놀라움도 있지만 어쨌거나 놀라운 순간은 기억에는 확실히 남는다.

나는 갑작스러운 사고로 인한 놀라움을 경험할 때면 언제나 도널드 덕 이야기가 떠오른다. 칼 바크스Carl Barks가 자신이 그린 수많은 도널드 덕 만화 중 가장 좋아하는 작품으로 꼽는 '오믈렛 마을 이야기'다.

오랜 연구 끝에 달걀을 대량 생산한 도널드는 닭장에 달걀을 가득 채우고 가격이 오르기를 기다린다. 어느 날 홍수로 달걀을 보관하고 있는 닭장이 무너진다. 수백만 개의 달걀이 언덕을 굴러 내려가 아름다운 마을을 뒤덮었다. 마을의 시장은 궁여지책으로 불을 질렀고 이후 재건된 마을의 이름은 오믈렛으로 바뀌었다.

수많은 달걀이 언덕 아래로 굴러가는 사고는 삶에서 절대 잊지 못할 놀라움이라고 불러야 할 것이다. 내가 겪은 사고는 그보다는 규모가 작았지만. 남아프리카의 시골길에서 타이어가 펑크 나고, 가족 여행 중 비행기표 날짜가 뒤바뀌고, 중요한 회의에 가던 길에 전기 자동차의 전원이 꺼지는 등의 사고를 겪을 때마다 나는 도널드 덕보다는 낫다는 생각으로 스스로를 위로할 수 있었다.

매일의 삶에서는 작지만 놀라운 일이 항상 일어난다. 다행인 것은 그중에는 즐거운 놀라움이 많다는 사실이다. 인터넷이 없던 시절 인터레일 여행을 할 때는 특히 더 그랬다. 네덜란드와 국경이 맞닿은 벨기에가 완전히 다른 분위기를 풍기는 것에서 알 수 있듯이 유럽은 흥미롭고 다채로운 대륙이었기 때문이다.

유로화로 통일되기 전 각국의 화폐 이름(굴덴, 벨기에 프랑, 마르크, 리라, 페세타…)과 동전 모양(원형, 육각형, 구멍이 있는 것과 없는 것, 왕족의 화려한 이미지가 있는 것과 없는 것…)을 생각해보라. 기차역에서 걸어 나올 때 코를 사로잡는 냄새는 또 어떤가. 상점들도 눈에 띄게 다르고 음식은 말할 것도 없다. 네덜란드와 벨기에의 음식 문화는 그중 양극단이다.

리에주를 떠나고 일주일 후 리스본에서 나는 키오스크에 들를 때마다 껌과 두어 가지 간식을 사곤 했다. 포르투갈의 초콜릿은 달랐다. 커피도 마찬가지였다. 식당에서 먹은 바칼라우는 기름과 부추, 마늘에 재운 대구를 역시 기름에 흠뻑 젖은 올리브, 감자 조각과 함께 내는 음식이었다. 식후주는 보통 넌더리가 날 정도로 달거나 너무 독해서 호스텔로 돌아가는 길에 주취자로 체포될 위험이 있을 정도였다.

파리의 빵집에서 진짜 햄이 들어간 바게트를 처음 샀을 때의 황홀경은 지금도 잊기 힘들다. 그동안 노르웨이에서 먹어왔던 직사각형의 짭짤한 삶은 돼지고기 조각, 그건 햄이 아니었다. 기쁨의 순간은 앞으로 제대로 된 햄을 골라야겠다는 경각심까지 일깨워주었다.

　반면 작지만 놀라운, 그러나 부정적인 기억도 있다. 아직도 마음속 서랍에서 쉽게 꺼낼 수 있는 기억 중 하나다. 그때 나는 힐베르쉼에 사는 친구를 만나러 가는 길이었고 완행열차 식당에서 독일인 가족과 합석을 했던 참이었다. 아버지로 보이는 남자는 식사를 마치고 바로 담배에 불을 붙였고, 몇 분 후 접시에 담긴 갈색 그레이비소스로 뒤덮인 미트로프와 크랜베리 잼 가운에 담배를 푹 비벼 껐다. 헛구역질이 날 지경이었다. 그런 순간은 쉽게 지워지지 않는다.

　놀라움은 잠시뿐이다. 때문에 "마지막으로 놀라움을 느낀 게 언제였습니까?"라는 이 질문의 표현은 잘못되었다. 이 질문을 들은 사람들은 놀라움의 순간을 말하는 것이 아니라 놀랄 만큼의 큰 결심을 한 것에 대해 대답을 할 것이다. 육식을 포기했을 때, 직장을 그만두었을 때, 알파카를 키우기 위해 시골로 이사를 결심했을 때, 도예에 대한 숨겨진 재능을 발견했을 때 등 유머러스하거나 재치 있는 내용을 담아서. 이는 놀라움의 순간에 대한 대답이 아니라 라이프 스타일에 대한 대답이다.

　"무언가와 연결되는 실을 통해 마지막으로 놀라움을 느

낀 때가 언제입니까?"라고 묻는다면 더 흥미로운 질문이 될 것이다. 그렇게 되면 관점은 나와 관련이 있는 모든 것 그리고 모든 사람으로 확장된다. 우선 내가 놀라움을 느끼는 많은 경우가 새로운 지식을 알았을 때라는 사실을 인정한다. 물론 새로운 지식으로 아무리 대단한 놀라움을 느꼈다 한들 그로 인해 바로 바뀌는 건 딱히 없다. 두뇌는 끝없이 재주넘기를 하겠지만.

예를 들어, 최근에 나는 공룡의 대멸종이 지구의 모든 곳에서 극적인 결과를 낳은 건 아니라는 사실을 알고 나서 크게 놀랐다. 6600만 년 전 유카탄반도에 천체가 떨어져 공룡이 멸종하고 포유류가 지구를 지배했다. 충돌체는 지름이 10킬로미터였고 폭 150킬로미터의 분화구를 만들었다. 연기구름이 대기를 가득 채워 온도를 낮추면서 식물과 곤충을 포함한 생명체의 75%가 살 수 없게 되었다.

놀라움은 여기서부터 시작된다. 그 사건이 지구의 모든 곳에서 재앙이었던 건 아니었기 때문이다. 바다에 사는 생물은 육지에 사는 생물보다 생존 가능성이 더 높았고 따라서 이 사건은 모든 종이 멸종할 만큼 위협적이지 않았다. 그뿐 아니다. 심각한 영향을 받지 않은 지역도 있었다. 생물학자이자 예술가인 조너선 킹던Jonathan Kingdon은 남아프리카공화국 웨스턴케이프에서 수없이 다양한 생물의 기원이 엄청나게 오래된 과거라는 이야기를 들려주었다. 생명체의 75%가 살 수 없게 되었지만 나머지 25%는 건재했던 것이다.

쇤베르크의 12음 기법(한 옥타브의 12개 음을 수학적 배열에 따라 나열하며 작곡하는 기법—옮긴이)으로 시작된 음악의 새로운 시도를 알게 되면서도 나는 비슷한 놀라움을 느꼈다. 왜 쇤베르크 전에는 생각지 못했던 것일까? 쇤베르크와 그의 제자들은 장조와 단조를 넘어 음계의 개념을 뛰어넘었다. 이를 무조라고 부른다. 쇤베르크는 왜 거기서 멈추었을까? 왜 12개 음으로만 작곡을 한 걸까? 왜 한 옥타브는 12개의 음으로 구성되는 걸까? 중동과 인도의 음악은 C, C 샵, D, D 샵으로 나뉘는 보통의 음계보다 음을 더 세밀하게 나눈다. 이를 미분음조성이라고 한다. 쇤베르크 이후 작곡가 해리 파치Harry Partch는 43개의 음으로 이루어진 음계를 개발하고 43개의 음을 모두 연주할 수 있는 오르간을 만들었다.

내가 파치에게 이르는 실은 사실 일본의 뮤지션 시지쥐스Syzygys에 연결된 실에서 시작되었다. 내가 좋아하는 아방가르드 프로그레시브 로커와 함께 공연하면서 관심을 갖게 된 뮤지션이다. 시지쥐스는 오르간의 시미즈 히토미와 바이올린의 나시다 히로미로 이루어진 듀오다. 나시다는 카이로에서 미분음 조성을 공부했고 시미즈는 옥타브당 43음으로

커스텀 제작된 파치 오르간 연주의 명인이다.

이들의 음악은 꽤 난해하다. 아바의 음악과는 완전히 다르다. 팝은 이래야 한다는 기존의 규칙을 확인시키면서 저항이 가장 적은 방향으로 청각을 유도하지 않는다. 낯설 수는 있으나 마음먹고 귀를 열면 음악의 세계에 정말 많은 가능성이 존재한다는 빛나는 깨달음을 들려준다. 오랫동안 팝에 갇혀 있어 미처 알지 못했던 세계다. 시지쥐스라는 말은 천문학, 생물학, 수학에서 종종 사용되는 용어인데 연결, 패턴, 대칭을 뜻한다.

최근의 또 다른 놀라운 발견은 모든 포유류의 평생 심장 박동 수가 거의 같다는 사실이다. 3년을 살든 80년을 살든, 온혈 동물의 평균 총 심박수는 약 10억 번이다. 햄스터와 회색고래의 평생 총 심박수가 거의 같은 것이다. 물론 호모 사피엔스는 예외다. 운이 좋으면 30억 회를 넘길 수 있다. 물론 현대 의학의 발달 덕분이지만. 물리학자 제프리 웨스트 Geoffrey West가 규모에 관해 쓴 놀라운 책을 접하기 전에는 이런 생각을 해본 적이 없었다.

다음으로 내가 경험한 놀라움은 영양 섭취에 관한 것이다. 상식적으로 생각해보면 체중이 쥐의 10,000배인 코끼리는 쥐보다 10,000배 많은 먹이가 필요할 것 같지만, 1,000배 정도 많이 먹을 뿐이다. 동물의 세계에는 이런 측면에서 충격적인 규칙성이 존재한다. 크기가 두 배가 될 때마다 에너지 요구량은 100%가 아닌 75% 증가한다. 따라서 듀이는 쥐보다 체중이 100배는 더 나가지만 필요한 음식은 쥐의 32배뿐이다. 반대로 식당에서 어린이용 1인분은 성인 1인분의 절반 정도인데, 부모 몸무게의 절반도 안 되는 아이들도 1인분을 너끈히 먹어치우는 것을 보면 확실히 호모 사피엔스는 다르다.

생물학자 J. B. S. 홀데인 J. B. S. Haldane의 1926년 논문 〈적절한 크기에 관하여 On being the right size〉를 읽기 전까지는 내가 이러한 주제에 관심이 있다는 사실조차 몰랐지만, 지금은 관련된 모든 책과 자료 등등을 게걸스레 읽고 있다. 그런 식으로 접하게 되는 우연한 놀라움 덕분에 내 삶은 더 풍요로워졌다. 이런 지적인 놀라움을 겪다 보면 답을 찾는 것보다 올바른 질문을 하는 것이 훨씬 더 어렵다는 것을 알게 된다. 세상은 아무도 묻지 않았던 질문에 대한 답으로 가득하다.

● 지혜의 총량을 증가시키는 작은 깨달음

놀라움과 호기심은 동전의 양면과도 같다. 완전하게 통제되고 엄격하게 계획된 삶을 고집하는 사람은 '놀랄 권리'를 포기하는 셈이다. 새롭고 예기치 못한 것을 경험하는 놀라움을 버리는 것이다.

인공지능의 가장 큰 문제 중 하나는 자기 멋대로 할지도 모른다는 사실이 아니라 호기심이 없다는 것이다. 인공지능은 어떤 것도 경이롭게 여기지 않는다. 인공지능은 담배도 피우지 않고 술도 마시지 않으며, 밤하늘의 무한한 별을 바라보면서 위엄에 눌려 스스로 작은 먼지가 된 듯한 느낌을 받지도 않는다. 그들은 농담에도 웃지 않으며 실제 삶을 살아본 적이 없기 때문에 죽고나면 무슨 일이 일어날지에 대한 철학적 질문처럼 쉽사리 답이 나오지 않는 질문을 할 수 없다.

새로운 문을 열 때 마주하는 놀라움은 느닷없이 찾아오며 우리는 이때 감정적이고 본능적으로 반응한다. 지혜의 총량을 증가시키는 것은 이런 작은 깨달음에서 비롯된다. 조숙한 스무 살 젊은이보다 사려 깊은 칠순 노인의 말을 듣는 것이 더 보람 있는 까닭도 여기에 있다. 경험으로부터 의미 있는 것들을 배울 수 있는 법이다.

놀라움은 갑작스럽게 사고를 확장하면서 상황이 얼마든지 달라질 수 있다고 전한다. 사소한 놀라움도 삶을 변화시킬 수 있다. 삶을 이루는 몇 개의 실들을 재편하기 때문이다. 그 순간은 짧고 강렬하게 다가와서 갑자기 사라지기 때문에 어떤 부분에서는 폭압적으로 느껴질 수도 있지만 녹지 않는 사탕을 맛보는 것처럼 그 여파는 영원히 남을 수 있다.

갑작스러운 깨달음, 갑작스러운 만족감 모두 살아있는 모든 것과 친밀해질 수 있는 수단이다. 그리고 그건 지금 여기에만 존재한다. 이런 강렬하고 충만한 순간들을 설명하는 데 자주 사용되는 용어가 바로 마음챙김이다. 마음챙김 수업에 참여한 사람들은 끝없이 계속되는 것처럼 느껴지는 시간 동안 자신의 호흡에 열심히 귀를 기울인다. 발가락부터 시작해 천천히 발목, 종아리, 무릎 그리고 그 위로 체계적으로 몸을 느낀다.

마음챙김과 명상에 대한 관심은 계속 커지고 있다. 거기에는 그럴 만한 이유가 있다. 명상은 우주 속 나에 대해 알게 해준다. 지금 여기에 있는 나 자신을 이해하는 일은 지구 생명의 긴 역사에 나를 앉혀놓는 일과 전혀 다른 개념이다. 둘 다 삶의 충만함을 실현하는 데 필요한 것은 맞지만.

순간, 장기적인 시간, 영원의 시간은 우리의 실이 짜여 있는 세 가지 좌표계다. 비슷한 통찰이 공간에도 적용된다.

친밀한 공간과 고결한 공간, 작은 여기의 공간과 큰 저곳의 공간 사이의 변화가 삶의 관점과 방향을 제시한다. 삶은 작은 개인부터 내가 아끼는 사람들 그리고 앞으로 만나게 될 혹은 만나지 못할 모든 사람에 이르기까지 다양하다. 궁극적으로 선하고 의미 있는 삶은 올바른 균형을 찾는 데 달려 있다.

여섯 번째 의미

균형

시력이 좋지 않은 사람이 안경을 벗으면 세상이 흐릿해진다. 보이는 것이 흐릿하니 쉽게 공상에 빠질 수 있는 여건이 마련된다. 상대의 여드름과 주름이 마법처럼 사라지는 것은 덤. 트롤의 동굴을 방문한 페르 귄트는 눈에 작은 상처를 내주겠다는 제안을 받는다. 추악하고 지저분한 트롤의 세계가 아름다운 궁전처럼 보일 것이라는 게 이유였다. 페르 귄트는 망설이다가 거절하고 그곳을 탈출한다.

페르 귄트가 제안받은 조잡한 눈 수술과 달리 안경을 벗는 것은 다시 씀으로써 시력을 되돌릴 수 있다. 시간 엄수와 효율성을 중시하는 내가 나와 다른 시간 개념을 갖는 사회에서 현장 연구를 하는 동안 사용했던 방법이기도 하다.

트리니다드에 있을 때 나는 지각을 하고도 미안한 기색이 없는 그곳 사람들 성향 때문에 짜증이 나곤 했다. 카리브 맥주를 몇 잔 마시기 전까지는 그랬다. 확실히 적당한 양의 알코올은 온화하고 편안한 태도와 관련이 깊다.

정신과 의사 핀 스코르데루드Finn Skårderud 역시 나와 같은 생각이었던 것 같다. 그는 사람들의 혈중알코올농도가 낮은 상태로 태어나는데 농도가 0.05%만 되어도 여러 면에서 더 낫다는 가설을 세웠다. 스코르데루드의 탐구는 토마스 빈터베르그Thomas Vinterberg의 영화 《어나더 라운드Another Round》에 영감을 주었다. 영화 속 주인공들은 0.05%의 혈중알코올농도를 유지하기 위해 하루 종일 취해 있기로 한다. 어쨌거나 이는 영화의 상상력일 뿐 무엇이든 과한 것은 좋지 않다. 셰익스피어가 《맥베스》에서 '술은 욕망을 불러일으키지만, 술꾼 본인이 의도하지 않은 방향으로 성과를 앗아간다'고 지적했듯이.

경제학자 빌프레도 파레토Vilfredo Pareto의 이름을 딴 파레토 법칙은 많은 것이 80대 20의 비율에 따라 분배된다고 가정한다. 경제학자인 그는 주로 이탈리아의 소득 분배에 관심을 가졌지만, 이 법칙은 여러 분야에서 적용되는 것으로 입증되었다.

일반적인 직장에서는 직원의 20%가 전체 업무의 80%

를 수행한다. 마찬가지로 맥주를 마시는 사람의 20%가 맥주의 80%를 마시는 것으로 보인다. 가혹하다고 생각하는 일부 국가의 알코올 정책은 바로 이들 때문이다. 한두 잔으로는 멈출 수 없는 음주자들은 기능적인 균형을 찾지 못한다. 저울이 잘못된 방향으로 기울고 있는 것이다.

균형 없이는 의미 있는 삶을 살 수 없다. 이런 이상은 동아시아의 음과 양이라는 개념에서 나온 것이다. 하나는 다른 하나가 있을 때 의미가 있다는 것이다. 중용을 찾으라는 아리스토텔레스의 훈계 역시 비슷한 말일 수 있지만 메시지는 약간 다르다. 중간과 균형은 다르다.

균형은 삶의 거의 모든 부분에 필요하다. 운동에 중독된 사람은 힘든 훈련과 휴식 사이에서 최적의 균형을 찾아야 한다. 워커홀릭은 하루 시간의 일부를 자기목적적 활동으로 채우도록 노력해야 한다. 진지한 요리사는 짠맛, 신맛, 단맛, 감칠맛 사이의 완벽한 균형을 찾는다. 좀 더 넓게 보면, 인류의 모든 프로젝트는 안전과 자유, 개인의 독립성과 집단의 소속감, 과거에 뿌리를 두는 것과 미래에 대한 개방성 사이에서 완벽한 균형을 찾는 것들이다.

부모는 자녀를 양육할 때 여러 균형을 맞추려고 노력하는데 그 방법은 다양하다. 북대서양 지방의 아이들은 어린 시절 심한 제약과 엄격한 규칙의 대상이다가 나이가 들면서

서서히 자율성의 영역을 확장한다. 인도에서 성장하는 아이들의 경우 그 반대의 철학이 지배적이다. 어릴 때는 하고 싶은 대로 하지만 성장하면서 점차 규칙과 책임이 부과된다.

흥미롭게도 이렇게 180도 다른 방법을 뒷받침하는 논리는 동일하다. 어린 아이들은 세상을 잘 모르기 때문이라는 것이다. 이 때문에 규칙에서 예외가 되기도 하고 반대로 혼란과 사고를 예방하기 위해 규칙의 대상이 되기도 한다.

줄타기 곡예사가 넘어지지 않기 위해 매초마다 손에 쥔 장대를 조정해야 하는 것처럼, 균형에는 유연성이 필요하다. 살마키스와 헤르마프로디토스의 신화가 이런 교훈을 잘 설명해준다. 살마키스는 빗질하는 것 외에 다른 재주가 없는 물의 정령이었다. 헤르마프로디토스를 본 살마키스는 욕정을 느낀다. 교활한 살마키스는 헤르마프로디토스가 목욕을 하는 틈을 타 담쟁이덩굴이 큰 참나무를 감싸는 것처럼 그의 몸에 달라붙는 데 성공한다. 불운한 헤르마프로디토스는 자웅동체가 되었다. 아무리 상대를 좋아한다고 해도 서로의 독립성을 버리고 이런 식으로 자웅동체가 되는 것은 양쪽 모두에게 최악이다. 균형의 가장 중요한 원천, 상대와의 상호 보완성으로부터 단절되기 때문이다.

● 정착민과 유목민

자유와 안전이라는 주제와도 맞닿은 이동성과 안정성 사이의 균형도 생각해볼 문제다. 수십 년 전, 오슬로로 이주한 한 젊은 이민자를 알게 되었다. 인디라 간디가 비상사태를 선포한 시절에 인도에서 태어난 그는 방황이 인간의 본성이라고 주장했다. 나는 '과연 그럴까?' 하는 생각을 했다. 그의 말이 맞다면 나라 간 이동은 훨씬 전부터 광범위했을 것이다. 대부분의 사람은 자신이 있는 곳에 머무르는 것을 선호한다. 내가 사는 나라를 떠나는 일은 빈곤과 억압, 전쟁으로 인해 어쩔 수 없는 경우가 더 많다.

그럼에도 사람들이 원래의 자리에 머물기를 고집했다면 지구 전체에 골고루 인류가 정착하는 일은 벌어지지 않았을 것이다. 선사시대에 새로운 땅에 정착하는 것은 정말 시간이 오래 걸리는 일이었다. 약 6만 년 전에 아프리카를 떠난 사람들은 평균적으로 1년에 3킬로미터씩 이동했을 뿐이다.

대략적인 이분법으로 생각하자면, 세계 인구는 농경민과 유목민으로 나눌 수 있다. 안전하고 친숙하고 가정적인 것을 선호하는 사람이 있는가 하면, 충동을 따르고 앞서 나가려 하는 사람이 있다. 어떤 이들은 가족, 사적 네트워크,

일상, 익숙한 풍경, 익숙한 맛과 냄새에서 깊은 만족감을 얻는다. 무슬림 어린이들이 쿠란을 배우듯 노르웨이 학생들은 19세기 민족주의 시인 이바르 아센Ivar Aasen의 시 〈노르웨이인Nordmannen〉을 암기하며, 시의 내용처럼 자신의 자리, 자신의 틈새를 찾았다.

겨울이 끝날 무렵, 겨우내 고군분투했던 농부는 갈망을 담아 "아, 따뜻한 나라에 살았더라면…"이라고 혼잣말은 한다. 하지만 그는 곧 마음을 바꾸게 된다. 아무리 춥고 척박한 기후라도 자신이 주춧돌을 깔고 집을 지은 이곳이 내가 살 곳임을 깨닫기 때문이다. 장소에 속한다는 것은 내가 장소를 소유하는 것이 아니라 장소가 나를 소유한다는 뜻이다. 나는 풍경을 만들고 풍경은 나를 만든다.

오늘날에 온전한 유목민은 드물다. 있다 하더라도 옛날처럼 정기적인 이동 경로를 따르는 경우가 거의 없다. 반면에 많은 정착민들이 다른 곳으로부터 끌림을 느낀다. 이사나 여행을 하는 것이 그 결과일 것이다. 다른 집 풀밭은 우리 집 풀밭보다 항상 더 푸른 법이니까. 1980년과 2019년 사이에 해외여행은 일곱 배 증가했다. 사람들에게 갑자기 방랑벽이 생긴 게 아니라 여행을 할 만큼 여유 있는 사람들이 많아졌기 때문이다. 다른 곳을 향한 인간의 꿈은 아주 옛날부터 존재해 왔지만 오랫동안 실현이 불가능했을 뿐이다.

정주주의와 유목주의 사이의 균형은 미래와 과거, 안정과 자유라는 개념과 연관된다. 얽히고설킨 상황을 뒤로하고 새롭게 출발할 수 있다면 얼마나 멋질까? 그러나 어쩔 수 없이 떠나야만 했던 사람들도 많다. 그런 경우 낯선 곳에 도착하면 위험한 곳을 떠났다는 안도감이 들 테지만 그것이 꼭 필요한 실을 자아내는 것은 아니다. 그들은 평생 떠나온 곳에 대한 갈망을 품고 살아간다. 다른 곳이 끌려서 온 게 아니라 다른 곳으로 밀려났기 때문이다.

스페인 테네리페섬 서쪽 해안에는 카나리아 이민자 기념비가 있다. 대서양에 시선을 두고 여행 가방을 손에 든 채 서 있는 남자의 모습을 조각상으로 만든 것이다. 하지만 심장이 있어야 할 자리에 구멍이 뚫려 있다. 프랑코의 독재를 피하기 위해 많은 사람들이 카나리아 제도를 통해 탈출했기 때문이다. 많은 아프리카 난민이 바다를 건너 도착한 곳도 카나리아 제도인 것을 생각하면 이 기념비는 그들의 것이기도 하다.

칼 요한 14세 Karl XIV Johan는 1818년부터 1844년까지 스웨덴과 노르웨이의 왕이었다. 프랑스인 칼 요한은 스웨덴어를 배우지 않았다. '국민의 사랑은 나의 보상'이라는 그의 모토는 모든 이민자들의 꿈, 즉 두 번째 조국으로부터 사랑받는 것을 드러낸다. 칼 요한이 꾸었던 꿈은 배타적인 곳에 정착하고자 했던 이민자들의 꿈과 같다. 그런 이민자들은 정착지에서 내 방식대로 살기보다 내가 그곳에 속할 수 있는 기회를 원한다.

● 개인주의와 집단주의

기괴한 작품으로 유명한 작가 앤서니 버지스Anthony Burgess의 〈끝없는 항해자The endless voyager〉라는 단편 소설이 있다. 모든 유대를 끊은 한 남자에 대한 이야기로, 주인공 팩스턴의 부모와 아내는 죽었고 자녀들은 모두 출가했다. 부동산을 판 돈으로 근근이 살아가는 그에게는 친구가 없다. 팩스턴은 그나마도 얼마 안 되는 마지막 인연을 끊기 위해 여권을 버린 채 비행기와 공항에서 여생을 보낸다. 필요한 편의시설을 갖추고 있지만 소속감이라는 개념이 없는 곳, 아무런 특징이 없는 곳을 찾다가 비행기와 공항이라는 장소를 찾아냈을 것이다.

소설 속 팩스턴의 이야기는 극단적인 사례지만 개인의 개성과 관계 사이 균형이 어려운 건 인간에게 아주 흔하고 당연한 일이다. 도덕 철학자 애덤 스미스는 개인과 사회의 균형을 전환할 필요가 있다고 보았다. 그는 개인의 이익을 바탕으로 행동할 것을 권유했다. 물론 18세기 중반 스코틀랜드에서는 교회의 힘, 숨 막히는 종교 교리, 또래 집단의 순응 압력이 개인의 자유로운 발상을 막고 있었기에 그런 주장을 하는 것이 당연했다.

21세기인 지금, 다시 균형의 전환을 할 때인 것 같다. 오늘날 인류가 직면한 문제는 개인주의의 부족으로 인한 것이 아니라 오히려 그 반대다. 거대한 우주 합창단에 속한 작은 목소리인 우리는 다른 목소리에 대해서도 일정 부분 책임이 있다.

인간이 관계에 의해 만들어진다는 말은 맞지만, 관계로 인해 둘 중 한쪽의 내면이 도륙될 위험도 있다. 양측이 고루 활성화되지 않으면, 한쪽이 다른 한쪽에게 잡아먹히는 상황이 생길지도 모른다.

불교의 이상향은 개인이 높은 영적 수준으로 진화하여, 헛된 야망과 단편적 사고를 가진 자아를 소멸시키는 것이다. 스토아 철학자 세네카부터 19세기 염세주의자 쇼펜하우어에 이르기까지 유럽의 많은 사상가들이 불교의 이상향과 비슷한 생각을 품고 있었다.

하지만 키에르케고르와 니체, 사르트르와 보부아르에 이르는 실존주의 철학자들은 다르게 주장한다. 삶에 의미를 부여하는 것은 개인의 주관적 존재와 욕망이라는 것이다. 아침에 일찍 일어나 쥐덫을 놓는 사람이 아무도 없었다면 지구상은 쥐떼로 뒤덮이지 않았을까?

인생의 의미는 행복과 다르다. 아리스토텔레스가 말하는 에우다이모니아(그리스어로 행복, 잘 사는 것을 뜻한다—옮긴이)는 단순히 삶을 즐기는 것보다 더 충만하고, 더 깊고,

더 풍요롭고, 궁극적으로 더 진지한 개념이다. 행복보다는 미덕에 가까운 개념이라고 할 수 있다. 의미 있는 삶이 반드시 행복한 삶일 필요는 없다. 행복한 삶이 때로는 방향성 없고 관계에 긍정적인 영향을 미치지 못하며 공허한 삶일 수도 있으니까.

몽테뉴의 에세이를 보면 루크레티우스, 카툴루스, 플루타르크가 마치 동시대 인물인 것처럼 언급된다. 어떤 면에서는 맞는 말이다. 몽테뉴가 우리와 동일한 고민을 나눴다는 점에서 동시대 사람이 맞는 것처럼. 과학과 기술은 고대 이래 눈부신 발전을 이루었지만, 도덕과 삶의 기술은 여전히 부처나 예수 그리스도, 아리스토텔레스의 가르침에 따르고 있다. 몽테뉴가 지금의 풍요로운 우리를 봤다면 자기 자신에 대해 성찰할 시간이 있을지 무척 궁금해했을 것이다.

몽테뉴와 비슷한 시기, 원주민 출신 비평가가 서구 문명에 대한 의견을 내비치기 시작했다. 뉴잉글랜드와 퀘벡 사이 국경 지대에 살던 웬다트인 칸디아론크Kandiaronk는 유럽의 언어를 배우면서 유럽인과 문화에 대해 알게 되었다. 프랑스 문화와 매너에 대해 그는 영혼이 없다며 거부 의사를 밝혔다. 그는 특히 자신의 위상을 높이려는 의도로 만들어진 위계질서에 반대했다. 칸디아론크는 이런 식으로는 누구도 더 현명해지거나 더 나은 사람이 될 수 없으며, 더 행복해지지도 않는다고 믿었다. 그가 죽은 지 400년이 지난 지금도 칸디아론크는 자신과 타인, 우리가 속한 생태계 내부, 연결의 실과 끊어져야 할 실 사이의 균형을 찾아야 한다는 교훈을 전한다.

원주민의 목소리를 무조건 옹호하는 것은 아니지만, 우주의 합창에 그들이 기여했던 것들은 너무도 쉽게 묻혀버렸다. 의사소통 수단이 공평하게 분배되는 지금의 세상에서라면 국가가 없는 민족의 목소리에도 마땅히 귀를 기울여야 한다.

드라마 《왕좌의 게임》에서 기억에 남는 에피소드 하나가 있다. 야심 찬 군사 지도자 존 스노우는 우연히 자신처럼 북부 방언을 사용하는 이그리트를 알게 된다. 스노우는 위계질서가 엄격한 사회에서 낮은 계급의 출신임에도 불구하고 귀족 가문의 후계자로 인정받기 위해 노력을 다하고 있다. 이그리트는 경직되고 규칙에 얽매인 삶이 그녀가 사는 북쪽의 자유로운 생활보다 낫다는 스노우의 생각에 의문을 던진다. 돌로 지은 차가운 성에 앉아 수많은 규칙을 따르는 것은 그녀가 생각하는 좋은 삶과는 거리가 멀었다. 이그리트는 전통적 문명 비판을 대변하는 역할이며, 자신이 속한 문화의 도덕적, 정치적 생각을 지나치게 당연시한다면 자칫 잘못된 방향에 이를 수 있음을 상기시킨다.

칸디아론크의 정신이 옳다는 건 인정하지만, 적어도 건강과 수명의 발전에 대해서만큼은 현대사회를 옹호하게 된다. 길에서 사 먹는 빵에 다시 먼지가 쌓인다면 시에라리온 룬사르 마을의 삶은 덜 유쾌해질 것이다. 짧게 사는 것보다 오래 사는 것이 더 낫고, 최근 몇 세기 동안의 의학 발전에 감사할 수밖에 없다는 데에는 반대의 여지를 찾기 힘들다.

의학자 이그나즈 제멜바이스Ignaz Semmelweis는 1840년대에 수술실에서 손을 위생적으로 관리해야 한다고 주장했다. 의료계는 그의 주장을 진지하게 받아들이지 않았고 그는 정신병원에서 불행하게 생을 마감했다. 몇 년 후 화학자이자 생물학자 루이 파스퇴르Louis Pasteur가 손 씻기로 감염 위험이 줄어드는 이유를 과학적으로 증명하면서 그의 주장이 옳았다는 것이 밝혀졌다. 페니실린을 발견한 알렉산더 플레밍Alexander Fleming은 수백만 명의 생명을 구하면서 지난 100년간 전 세계 인구 증가에 크게 기여했다. 인슐린을 생산할 수 있게 된 것은 1920년대에 생화학자 프레데릭 밴팅Frederick Banting과 찰스 베스트Charles Best 덕분이었다.

이들이 없었다면 나를 포함한 당뇨병 환자들은 이미 오래전에 죽었거나 살아있어도 눈이 멀고 다리를 절단했을 것이다. 나는 매년 1월 11일에 인슐린 주사와 탄산음료, 마지팬 케이크로 밴팅 & 베스트의 날을 기념한다. 1923년 1월 11

일, 14세 캐나다 소년의 당뇨병 치료에 인슐린이 처음 사용된 날이다.

건강은 개선되었고 수명은 늘어났다. 불과 100년 전만 해도 야망에 찬 사람들은 늙기 전에 빨리 자신의 프로젝트를 시작해야 했다. 당시 죽음은 노년의 전유물이 아닌 언제든 내게 찾아올 수 있는 것이었다. 디킨스는 58세에 눈을 감을 때 평생의 업적을 이룬 상태였고 니체는 46세에 정신병에 걸렸다. 젊은 베토벤은 모차르트보다 늦었다는 이유로 아버지로부터 분발하라는 잔소리를 들었다. 베토벤은 56세에 사망했는데 당시로 치자면 청력을 상실한 노인이었다.

젊음을 숭배하는 지금의 현대사회에서, 심리학자들은 많은 사람들이 60대에 이르고서도 한참 동안 10대처럼 느낀다는 것을 발견했다. 이렇게 자신을 어리게 느끼는 사람들에게는 균형을 잡는 능력이 결여된다. 42세까지밖에 못 산 키르케고르는 순간은 언제나 가능성과 방해로 꽉 차 있으므로, 연속적인 시간이 필요하고 이것이 결핍되면 삶은 위험해진다고 말했다. 위로 쌓아 올리거나 옆으로 이어질 것이 없다면 건물은 미완성 조각이 되고 태피스트리는 느슨한 실의 묶음이 될 뿐이다.

● 균형의 여러 역할들

　상황을 예측하여 차선책을 찾는 것과 위험을 감수하는 것 사이의 균형 또한 중요하다. 위험을 회피하는 것은 비겁한 행동이지만 반대로 위험에 끌리는 것 또한 오만한 행동이다. 《솔로》의 페그는 우주 캡슐에 홀로 앉아 굳이 위험을 무릅쓰지 않았다. 그렇게 우주를 떠다니며 기다리기만 했던 그녀는 자신이 일흔 살이 되었다는 사실에 경악했다.

　지나친 모험을 하다가 죽거나 시궁창에 처박히는 사람도 있다. 내가 사는 북유럽에서는 농부와 어부 사이에 문화적 차이가 매우 두드러지게 나타난다. 2007년 금융위기 때 아이슬란드의 무책임한 대처로 발현된 국가부도의 위험은, 이 나라가 큰 위험을 너무도 쉽게 감수하는 경향이 짙다는 것을 다시 한 번 깨닫게 해주었다.

　아이슬란드는 빙하와 지진, 온천 그리고 화산이 도처에 널린 거친 섬이다. 아이슬란드 사람들은 수백 년에 걸쳐 물고기를 잡아 생계를 이어왔다. 지금도 바람 부는 추운 바다에서의 어업은 매우 위험하고 예측 불가능한 변수가 많이 일어나지만, 믿을만한 디젤 엔진과 GPS가 등장하기 전에는 지금보다 100배는 더 위험했다.

　반면 스칸디나비아 사람들은 수 세기 동안 농사를 지으

며 돌 위에 돌을 쌓는 데 익숙하고, 늦겨울의 식량 부족을 피하기 위해 계절의 변화를 세심하게 계획했으며, 너무 가난해서 큰 위험을 감수할 일이랄 것도 없었고 또 원하지도 않았다. 스칸디나비아인들이 아이슬란드인들보다 더 지루하고 생기 없는 삶을 살았을지 모르지만, 최소한 자본주의에 유린되어 국가부도의 위험에 빠지지는 않았다.

판단과 결정의 근거가 될 경험과 생각이 많을수록 균형을 이루기가 쉬워진다. 극단주의는 미성숙한 사람들의 생각이고 독단주의는 불안의 한 증상이다. 좁은 분야 내에서만 정통한 사람들이 많다. 그들은 인터넷을 샅샅이 뒤져 무슬림 광신주의나 이스라엘의 잔인성에 대해서는 잘 알지 모르지만, 기독교와 힌두교, 불교의 광신주의, 이슬람 공동체나 이스라엘 도시의 일상에는 무관심하다. 외골수인 이런 사람들의 글을 읽다 보면, 그들이 팩트라고 말하는 것들이 자신의 얄팍한 호기심을 채우는 데 이용되었을 뿐이고 그들의 지식이 실은 같은 범주에 속한다는 사실에 실망하게 된다. 언제나 두 가지 설명이 한 가지 설명보다 나은 법이다.

사람들을 연결하는 네트워크가 눈에 보이고 실체가 생길 때, 갈등을 완화하고 세상을 채우며 의미를 더한다. 모든 것에 관심을 가지면 지루할 틈이 없다. 내 뇌 안의 더 많은 시냅스를 활성화할수록 더 많은 연결을 촉진할 수 있다.

난기류를 만난 비행기 안에서 커피를 마실 때가 있다. 시도해본 사람이라면 알겠지만 묘기에 가까울 만큼 쉽지 않은 일이다. 종이컵을 입에 대는 순간 비행기가 몇 미터 아래로 떨어진다. 커피가 출렁이면서 입안은 데이고 셔츠에는 꼴사나운 갈색 얼룩이 생긴다. 그런데도 계속 마시려는 시도를 한다. 커피에 대한 욕구가 커피를 흘리는 위험을 이긴다.

우리 가족이 작은 보트로 피오르를 여행하는 동안 파도에 흔들리는 보트 안에서 커피를 마실 때도 이 장면은 되풀이된다. 나는 커피를 마시는 10~12분 동안 시속 약 10km로 천천히 부드럽게 배를 조종한다. 아이들은 배가 너무 느리다며 투덜댄다. 그러면 나는 젊은 스크루지 맥덕(월트 디즈니의 만화 캐릭터–옮긴이)과 자이로 기어루스(디즈니 캐릭터–옮긴이) 이야기를 다시 꺼낸다. 올레와 아만다는 이 이야기를 별로 좋아하지 않는다.

특정 연령의 스칸디나비아인들은 디즈니 만화 속 세계인 덕버그에 연결되는 실을 공유하고 있다. 이 이야기들을 단지 디즈니 만화라고 치부해서는 안 된다. 나는 덕버그의 이야기가 감히 문학이란 명칭을 가질만한 자격이 있다고 말하고 싶다.

무대는 미시시피강의 증기선, 맥덕은 비열한 4인조 깡

나는 균형의 기술을 통해 세상이라는
바다에서 내 페이스대로 헤엄칠 수 있다.

패와 상금을 걸고 속도를 겨룬다. 배가 느리다고 생각한 맥덕은 증기선의 보일러 두 개 중 하나만 가동되고 있다는 것을 알게 된다. 맥덕은 기어루스에게 이유를 물었고, 기어루스는 다른 오븐에서 바닐라 파이를 구워야 하기 때문이라고 말한다. 완벽한 바닐라 파이와 경주에서 이기는 것 사이에서 균형을 잡는 일은 기어루스에게 도덕적 딜레마를 불러일으킨다.

흔들리는 작은 보트와 우리 가족, 기어루스와 스크루지 맥덕, 소설가의 세계와 현실의 우리 세계를 엮는 연결은 각자 자신의 영역에서 서로에게 손을 흔들 수 있도록 멀리 있는 친구들을 이어준다. 균형의 기술은 복잡한 세상에 잡아먹히지 않도록 나를 지켜준다. 세상이라는 바다에 빠졌을 때 아무도 그 물을 다 마셔버리라고 할 수 없다. 나는 균형의 기술을 통해 세상이라는 바다에서 내 페이스대로 헤엄칠 수 있다.

사상이라는 것은 생태학 법칙과 자연 선택에 따라 살아남는다. 생존의 가능성이 가장 낮은 생각은 거미줄이 쳐진 망각의 다락방으로 사라진다. 그렇다면 어떤 사상이 살아남는 것일까? 그것이 품고 있는 내재적 가치와 관련이 있을 것이다. 저명한 사상가 허버트 스펜서 Herbert Spencer가 주장한 적자생존의 개념은 개인에게 적합성을 부여하거나 적합성을 빼앗는 생태계를 말한다. 적응은 특정 움벨트에서 필요에 의해 생겨난다.

하나의 사상을 다른 아이디어와 봉합할 수 있다면 그 사상이 생태계에 남아있을 가능성은 높아진다. 지금 이 순간 가장 큰 문제는 연결을 만드는 마음의 능력(나이가 들수록 그 수와 깊이가 더해진다)이 아니라 정보 과부하다. 너무 많은 것과 너무 적은 것, 빠른 것과 느린 것, 폭과 깊이 사이의 균형은 점점 결핍되고 있다. 느리게 꼼꼼히 매듭을 짓는 페르시아 카펫은 매우 저렴한 가격에 판매되는 공장의 싸구려 카펫에게 위협을 받고 있다.

속도와 산만함이라는 바이러스에 완벽한 면역력을 가진 사람은 거의 없다. 그럼에도 불구하고 다행스럽게 우리는 때때로 속도를 늦추는 데 성공한다. 얼마 전 나는 디킨스의 《데이비드 코퍼필드》를 다시 읽고 싶은 충동을 느꼈다. 이 책을 쓰면서 그를 언급하는데 정작 그의 소설을 정독하지 않았다는 생각이 떠올랐기 때문이다. 곤도 마리에의 충고에도 불구하고 안타깝게 내 책장은 수십 년 동안 손도 못 댈 정도로 어질러져 있었고 때문에 그 책을 도저히 찾을 수가 없었다.

대신 지난 45년 동안 들어보지 못했던 음악을 틀었다. 50여 년 전 녹음된 LP 속 음악은 때로는 당황스러울 정도인

비브라토 가성의 보컬, 일렉트릭 기타의 요란하고 단순한 코드 진행, 재즈에 영향을 받은 오르간 연주가 특징이다. 유라이어 힙의 유니크한 곡 〈솔즈베리〉를 들었던 것은 이 밴드의 이름이 영화 《데이비드 코퍼필드》의 두 번째 파트에 등장하는, 가식적인 아첨꾼 유라이어 힙과 이름과 같기 때문이다.

　온갖 방향을 가리키는 작은 실들 가운데 균형을 찾는 것은 정말 어려운 일이다. 음악적 취향과 재능이 다른 가운데 협업하여 아름다운 곡을 쓰려면 갈등보다는 상호보완성이 클 때 더 좋은 결과를 낳는다. 예를 들어 비틀즈가 각자의 역할을 합친 것보다 훨씬 더 큰 존재였던 것처럼 말이다.

　그런가 하면 다른 사람의 에너지를 빨아들여 개인의 성취로 바꾸는 사람이 있다. 마일스 데이비스도 그런 사람 중 하나였다. 다른 뮤지션을 자극하여 그들의 잠재력을 끌어내는 사람도 있다. 킹 크림슨의 로버트 프립이 그런 사람이었다. 50년여 년 동안 이 밴드와 함께 연주했던 수많은 뮤지션들은 킹 크림슨을 떠난 후에는 그만큼의 힘과 매력을 발산하지 못했다.

　클래식 음악과 달리 록과 재즈는 스튜디오에서 함께 만드는 경우가 많다. 즉흥적인 환경에서 다른 사람들과 함께 음악을 연주하는 생태는 인간이 섬이 아니며 모든 예술에는 생태학적 역동성이 있다는 것을 보여준다. 이런 상황에서 미하이 칙센트미하이Mihaly Czikszentmihalyi의 몰입이란 개념이 진가를 발휘한다. 몰입은 독자적인 개념이 아니라 관계 안에서 이루어지는 것이다. 다만 그 관계가 반드시 둘 이상일 필요는 없다.

문학이나 시각 예술과 같은 다른 형태의 예술에는 이런 측면을 찾아보기 힘들다. 핵심적인 차이점은 아마도 즉흥성일 것이다. 토끼가 굶주린 여우로부터 탈출하기 위해서는 즉흥적으로 피할 곳을 찾아 도망치는 행동을 해야 하고, 직장이 없는 아프리카 빈민이 가족의 끼니를 위해 돈을 벌기 위해서는 다양한 옵션을 열어두고 네트워크를 유지해야 하는 것처럼, 소규모 그룹으로 구성된 뮤지션들의 성공은 서로의 말에 귀 기울이고, 연주를 조정하면서 음악을 더 높은 수준으로 아름답고 신선하게 만들어야 가능하다. 틀에 박힌 일상은 효과가 없다.

● 외모와 내면

또 다른 관계적 균형 잡기는 내면과 외면에 관한 것이다. 사람들은 돋보이는 외양을 갖지 못한 사람들에게 중요한 것은 내면이라고 위로한다. 물론 이 말은 진심일 것이다. 부분적으로는. 표지만 보고 책을 판단하지 말라고 하지만 그렇다면 왜 표지 디자인이 존재하는 것일까? 한 페미니스트 사상가는 프랑스 잡지와의 인터뷰에서 세상이 잠시 후 멸망한다면 가장 먼저 머리카락을 잘라버릴 거라고 아이러니한 말을 던졌다. 참고로 프랑스와 다른 가톨릭 국가의 경우 미투 운동이 다른 곳만큼 널리 퍼지지 않았다.

외모를 행복이나 의미의 원천으로 이야기하는 것을 정당하지 않다고들 한다. 주로 피상적이고 얄팍한 사람들, 인터넷 인플루언서, 돈과 명예에 집착하는 사람들을 언급할 때 함께 거론된다. 외모를 언급할 때는 따라서 함부로 외모 얘기를 했다는 책임을 피할 수 있는 말을 덧붙이거나 따옴표를 사용하는 등 주의를 기울여야 한다.

정말 외모가 중요치 않은지는 아무도 모른다. 공상 과학 소설가 H.G. 웰스H. G. Wells는 자신의 키가 작은 것을 수치스럽게 여기며 어린 시절의 영양 부족 탓이라고 말했다. 키가 작은 것이 어린 시절의 영양 탓이라는 설명도 어느 정도 근거는 있겠지만 온전히 맞는 말인지는 알 수가 없다. 문화대혁명 이후 중국인의 평균 신장이 10센티미터 이상 커졌다는 소문이 돌지만, 통계를 확인한 결과 완전히 틀린 이야기로 밝혀졌다. 중국 남성과 여성의 키는 60년 전보다 평균적으로 약간 커졌지만 그리 큰 차이는 없다. 세계에서 키가 가장 큰 나라는 네덜란드지만, 네덜란드인이 키가 작은 이탈리아인보다 더 건강하게 먹는다는 근거는 없다.

몽테뉴는 자신의 키가 평균보다 다소 작다고 고백하며 이렇게 말한다. "이것은 끔찍한 흠일 뿐 아니라 약점이다. 명령을 내리는 입장이거나 직책을 맡은 사람에게는 특히 더 그렇다. 육체적으로 인상적인 존재감에서 나오는 권위가 부족하기 때문이다." 그는 늘 그렇듯 이에 대한 고대의 일화와 유명 문구를 언급한 후 다시 자신의 경험으로 돌아간다. "하인들에게 둘러싸인 나를 두고 "주인님은 어디 계셔?"라는 소리를 듣거나, 이발사나 비서가 받는 인사보다 못한 인사를 받을 때면 정말 짜증이 난다."

아름다움에 대한 기준은 다양하지만, 아름다움에 대한 이상은 어디에서나 존재한다. 외적인 모습은 중요하다. 안 그런 척은 하지 말기로 하자. 케냐 속담에 '돈은 남자의 가슴 털을 깎는다'는 말이 있다. 돈이 남자를 젊고 섹시하게 만든다는 뜻이다. 키 역시 중요하다. 대부분의 정부 지도자들은 평균보다 키가 크다.

사회학자 캐서린 하킴 Catherine Hakim은 외모가 가진 힘에 대해 매력 자본erotic capital이라고 명명한다. 그녀는 매력 자본이 부유한 사회에 만연한 성적인 문화에서 특히 중요하다고 강조한다. 외모는 돈을 벌어다주고 부유한 배우자와 결혼할 수 있는 중요한 자원일 뿐 아니라 미디어와 정치, 광고, 스포츠 그리고 예술을 비롯한 일상적인 상호작용에서도 중요할 수 있다고 말한다. 대신 매력 자본이 부족한 사람들은 다른 영역을 통해 이를 만회할 수 있다고 덧붙인다.

나폴레옹 콤플렉스는 극복될 수 있다. 키가 작고 매력적인 외모가 아닌 것을 알고 있기 때문에, 대신 그는 세계 정복을 달성하기로 마음먹는 것이다. 학교 운동장에서 나를 괴롭히던 애들을 몇 년 뒤 내 발밑에 두고 고통을 줄 수 있다. 이로써 균형은 회복될지도 모르겠지만 더 나은 세상을 만드는 방식은 절대 아님을 기억하자. 분명히 말하지만 나폴레옹 콤플렉스를 다루는 긍정적인 방법도 있다.

특히 물질적으로 가난한 사회에서 매력 자본은 다른 재화를 획득하는 수단이 될 수 있다. 대부분 부유한 배우자를 만나는 수단으로 매력 자본을 활용하는데, 이런 방식은 진정한 동반자 관계가 순수한 사랑에 기반해야 옳다는 북유럽 문화에서도 낯선 것은 아니다.

젊은 시절 몽테뉴는 작은 키 때문에 고민했지만, 중년부터 부와 명예를 얻으면서 오십 즈음에는 자신이 추종자들에 둘러싸여 있다는 사실에 큰 만족감을 느꼈다. 참고로 몽테뉴는 자식이 많았다.

아방가르드 팝 뮤지션 로버트 와이어트Robert Wyatt도 젊은 시절 〈난 왜 이렇게 키가 작을까Why Am I So Short〉라는 유머러스한 곡을 썼다. 그가 속한 밴드 소프트 머신의 첫 번째 LP에 수록된 이 곡은, 예상대로 곡 길이도 1분 38초로 짧다. 와이어트는 이 노래에서 다음과 같이 고백한다.

'내 키는 5피트 7인치(약 170센티미터) 가까이 돼 / 담배도 피우고 술도 마시고 파티에도 가지 / 내겐 팸이 만든 노란 양복이 있어 / 매일 좋아하는 달걀을 먹고 차를 마시지 / 무엇보다 난 나에 대해 이야기하는 것을 좋아해!'

와이어트는 엄청난 파워를 자랑하는 드럼 연주자였고 마이크 앞에서는 따뜻한 마음을 가진 장발의 거친 남자였다. 그런 그에게 사고가 닥쳤다. 1973년, 파티에 참석했다가 2층에서 떨어져 허리가 부러진 것이다. 와이어트는 하반신이 마비되었다. 병원에 입원해 있는 동안 그는 지금까지 만들어진 그 어떤 음반보다 감동적이고 기묘한 음반 〈록 바텀Rock Bottom〉을 구상했다. 지금도 와이어트는 여전히 우리 곁에서 기발한 음악을 만들고 있다. 와이어트의 키는 휠체어를 타게 된 순간 사라졌지만 훌륭한 음악으로 눈에 보이지 않는 매력적인 존재감을 발산하고 있다.

광채라는 단어는 어떤 외형에 긍정적이고 추상적인 느낌이 더해질 때 사용된다. 광채가 나는 존재감은 직접적으로 측정하거나 관찰할 수 없다. 그것은 자신감과 내면의 조화에 대한 이야기며 사람들에게 욕망과 매혹을 불러일으킨다. 광채란 사람들이 보고 인정할 때만 효과가 있다. 일반적인 매력 자본이나 외모와 같지는 않지만 사촌 정도는 되겠다. 광채가 나는 사람은 내면과 외면이 서로 잘 통하고 숨기는 것이 없는 특징을 갖는다.

내면의 세상이 공허하게 느껴지는 한편 외부 세계는 차갑고 냉담하게 보인다면, 차갑고 불친절한 현실 세계에서 성공할 수 없다면, 컴퓨터 게임이나 가상현실로 탈출하고 싶은 유혹이 들 수 있다. 한두 세대 전만 해도, 그런 틈새를 채우는 것은 판타지 소설이었다. 그보다 앞서서는 영웅, 기적, 괴팍한 신에 관한 거짓말 같은 이야기가 그 틈새를 차지했었다.

온라인 세계에서는 함께 플레이하는 사람들로부터 인정을 받을 수 있으며, 잘 만들어진 가상 현실이 물리적 세계를 대신할 수 있다고 말하는 사람도 있다. 철학자 데이비드 차머스Daivd Chalmers는 《리얼리티+Reality+》라는 책을 통해 앞으로는 시뮬레이션 세계에서 대부분의 욕구를 충족시킬 수 있을 것이라고 주장한다. 그는 한 인터뷰에서 "의미 있는 삶에는 중요한 목표를 세우고 이를 달성하는 것, 다른 사람들과 긍정적인 관계를 맺는 것, 긍정적인 경험을 하는 것, 사물에 대한 이해에 도달하는 것과 같은 여러 가지 요소가 있다"며, 이중 대부분을 "가상 세계에서 달성할 수 있다"고 주장한다.

시간이 걸리리란 것은 그도 인정한다. 2020년대의 가상현실은 여전히 물리적 현실의 희미한 그림자에 불과하고, 약 40년 전 컴퓨터 과학자 제런 러니어Jaron Lanier가 장갑과 안경으로 만든 VR 프로토타입 이후로 크게 개선된 건 없다. 더구나 기호를 교환하고 실을 자아내기 위해서는 화면으로라도 소통할 상대가 필요하다. 나를 칭찬하고 격려하는 것이 컴퓨터 프로그램뿐이라면, 동전을 넣어야 농담에 웃어주는 웃음자판기와 소통하는 느낌일 것이다.

불필요하고 중요하지 않은 것을 무시할 수 있는 능력은 균형을 찾는 데 매우 중요하다. 정보가 넘쳐나는 시대에는 특히 그렇다. 데이터는 0과 1로만 구성되고 그 안엔 의미가 없다. 데이터는 통계나 언어로 옮겨질 때 정보가 되고 정보는 더 큰 맥락에 놓일 때 비로소 지식이 된다. 그제야 데이터가 실제로 무엇을 말하고 무엇을 말하지 않는지 파악하는 것이 가능해진다.

그러나 그렇게 만들어진 지식이 지혜가 되는 것은, 지금과 여기를 크고 길게 보는 시야로 전체를 조감할 때뿐이다. 그런 상태에 도달하기 위해서는 느린 시간과 필터가 필요하다. 기술에서 벗어나 러디즘(기술 혁신 반대 운동－옮긴이)을 넘어 느림과 지속적 관심의 미덕을 유지하는 균형이야말로 현대사회의 핵심 과제다.

놓치는 것에 대한 두려움, 즉 FOMO fear of missing out 는 유행성 문명병이 되었다. 이 병은 집중력을 약화시키고 판단 능력을 둔화시키며 진보나 안정이 아니라 퇴행을 불러온다. 윤리가 중요한 의제였던 후기 고대 사회에서 삶에 중요치 않은 것들을 뜻하는 아디아포라라는 용어가 있었다. 기독교인과 스토아학파에게 이 단어는 삶에 진지한 사람이라면 버릴 수 있는 모든 것을 나타냈다. 해도 그만, 안 해도 그만인 사사로운 것들에 왜 그렇게 많은 사람들이 오래도록 몰두하는 걸까?

이 문제에 대해선 그렇게 간단히 판단하기 어렵다. 외모를 꾸미기 위해 시간과 돈, 노력을 들이는 것이 누군가에게는 불필요한 일일 수 있다. 경건한 프로테스탄트 신자들과 청교도인들은 개인적인 허영심을 업신여기는 시각을 갖고 있다. 하지만 이런 일이 사랑과 같은 깊고 의미 있는 무엇을 성취할 때 효과가 있는 유일한 방법이라면 어떻겠는가? 내가 다른 사람과 연결되려는 실은 심미적인 의미가 포함된 첫인상과 별개의 것이 아니다.

박사 학위 논문 심사장에 외부 심사관이 낡은 롤링스톤스 티셔츠에 헐어빠진 닥터 마틴 부츠를 신고 왔다면 이 일을 진지하게 생각하지 않는 사람이란 인상을 준다. 옷차림은 꽤 많은 메시지를 전달한다. 지나치게 간소한 옷차림은 과한 옷차림보다 더 나쁜 결과를 불러올 수 있다. 남아프리카의 바비큐 파티에 디올 드레스를 입고 오면 바보처럼 보이겠지만, 결혼식에 후드티와 트레이닝바지를 입고 가는 것은 무례한 행동이다.

어떤 사람들은 재치 있고 순발력이 뛰어나며 매력적인 미소를 짓고 긍정적인 에너지를 발산한다. 그들은 어떤 물에서도 가라앉지 않는 코르크다. 하지만 자신에게 이런 특별한 장점이 전혀 없다고 생각하는 사람들도 많다. 카리스마가 없고 지루하며 농담을 해야 할 상황에서 자주 말문이 막힌다는 사람들도 있다. 이런 사람들이 흔히 생각할 수 있는 무기가 스포츠카일 것이다. 왜 스포츠카일까? 스포츠카는 수컷 공작의 화려한 꼬리처럼 사람들에게 잘 먹히는, 쉽게 해독할 수 있고 가독성 높은 기호다. 물론 공작이 되고 싶은 마음은 잘못이 없다. 그 마음이 전부가 아닌 한.

여섯 번째 의미

● 진실과 거짓

거짓과 진실 사이의 균형은 생각보다 까다롭다. 몽테뉴는 거짓말에 대해 쓸 때 유난히 과장된 표현을 쓰곤 했다. 그는 이렇게 적고 있다. "사실 거짓말은 저주받은 악행이다. 인간은 서로에 대한 약속을 지킴으로써 함께 뭉쳐야 한다. 거짓말의 잔인함과 심각성을 깨닫는다면, 그 어떤 범죄자보다 더 열심히 거짓말을 뒤쫓을 것이다."

마크 트웨인 역시 거짓말에 대해 좋게 이야기하지 않았다. 하지만 그는 거짓말과 터무니없는 거짓말, 통계, 광고를 구분했다. 중요한 것은 무엇에 대한 거짓말을 하느냐다. 자신의 온라인 채널에서 제품을 마케팅하며 살아가는 젊은 여성, 즉 인플루언서와 관련된 작은 스캔들이 있었다. 덜미를 잡힌 이 인플루언서는 즐겨 먹는다고 주장한 초콜릿과 재밌게 읽었다고 주장한 책에 대해 거짓말을 했다는 사실을 인정했다. 이 인플루언서가 자신의 이름을 밝혔을 뿐, 사실 그동안의 모든 광고가 이런 식의 거짓말을 해오지 않았던가. 주체가 드러나는 인플루언서는 주체가 드러나지 않는 광고와 달리 개인의 윤리적인 문제가 겹치면서 경계가 모호해졌다. 인플루언서가 마크 트웨인 이 정의한 거짓말의 네 번째 범주 즉 광고에 속한다면 그녀의 인정은 다른 의미를 갖게 되었을 것이다.

심리학자에 따르면 사람들은 하루에도 여러 번 진실을 숨기고 미화시킨다. 때로는 상황에 따라 하얀 거짓말이 필요할 수 있다. 생각한 것의 10%만 말할 때도 있다. 진실을 말하는 것이 도리어 냉혹하고 무자비한 상황도 있다. 개요만 읽어도 지루한 동료의 논문을 "대단히 흥미롭다"고 말하거나, 친구 아들이 ADHD 성향이 다분한데도 에너지와 투지가 넘친다고 말하는 경우가 있는 것처럼.

영화 《그곳에선 아무도 거짓말을 하지 않는다 The invention of lying》의 무대는 거짓말이 존재하지 않는 사회다. 모든 사람이 떠오르는 대로 말을 하는 사회에서 일과 사랑에 실패한 마크는 어느 날 자신이 사실이 아닌 것을 말했다는 것을 깨닫고 크게 놀란다. 곧 이 기술이 얼마나 큰 자산인지, 얼마나 큰 기회를 제공하는지 이해하기 시작한다. 거짓말을 잘 이용할 방법만 찾으면 얼마든지 부자가 될 수 있다. 아무도 거짓말에 대한 방어 메커니즘을 발전시키지 않았기 때문이다.

다만 이 영화의 시나리오 작가는 사람들이 거짓말을 할 수 없는 것이 아니라, 의미 있는 진실과 의미 없는 진실을 구별하지 못하는 것으로 가정하는 듯하다. 예를 들어 마크의 여자친구 애나는 자위를 하던 중에 그가 일찍 집에 와서 짜증이 났다고 말했다. 애나가 이런 진실을 공유하기로 한 것이 놀랍지 않은가? 굳이 그런 진실까지? 영화 속 모든 사람들이 가장 먼저 떠오르는 생각을 거르지 않고 말하는 설정이어서 그런 것 같지만. 레스토랑의 웨이터는 흥분한 상태로 저 손님이 방금 화장실에 금세기 최대의 똥을 쌌다고 떠벌리고 우울증에 걸린 뚱뚱한 이웃은 마크에게 자신의 자살 계획을 자세히 이야기한다. 마크가 길거리에서 스쳐 지나가는 여성들은 그가 전혀 매력이 없다고 알려준다. 마크를 보고 가장 먼저 했던 생각이다.

영화의 주제는 매우 재미있는 아이디어다. 현실에서는 가장 먼저 떠오르는 말을 여과 없이 내뱉는 삶은 불가능하다. 대부분의 사람들은 사회적으로 어색한 상황을 무마하거나 피하기 위해 하루에도 여러 번 자신의 생각을 속으로 삭인다.

모두가 '진실, 모두 진실, 오로지 진실'을 외치며 순도 100%의 진실에만 집착한다면, 세상은 오해를 사기 쉬운 일로 넘칠 것이다. 무엇이든 100%는 힘들다. 내가 1분 안에 생각하는 모든 것을 100% 적으려고 한다면 결과물은 100페이지가 넘는 글이 될 것이다.

이 글을 쓰고 있는 지금, 나는 독일에 있는 연구소의 창가 안락의자에 앉아 있다. 이 글은 물론이고 내일 발표할 세미나 논문, 살 날이 얼마 남지 않은 늙은 듀이에 대해 생각하고 있다. 또한 나는 마감일과 학생들에게 충분히 잘해주지 못한 죄책감에 대해서도 생각한다. 곧바로 내일 음식을 사러 어디로 갈지, 슈퍼마켓에 반 리터짜리 펩시가 있을지, 독일에서는 무설탕 청량음료가 별로 없다는 것에 대해 생각을 한다. 목요일에 동료의 집에서 열리는 저녁 파티에 무엇을 가져갈지, 지금 내 혈당은 어떤지, 취리히와 베이루트에 있는 아이들은 어떻게 지내는지에 대해서 생각을 이어가고 이 안락의자는 정말 편안하지만 목 받침대가 없어서 여기서 잠들 수는 없겠다는 것, 은행 입출금 내역서 누락으로 비잔틴 대학에서 반송된 비용 청구서를 떠올리면서 생각은 얼추 마무리되었다.

최대한 머릿속에 떠올랐던 생각들을 충실하게 기록하긴 했지만 이 역시 순식간에 뇌를 스쳐지나가는 생각의 일부일 뿐이다. 스쳐지난 생각들을 100% 적는 것은 불가능하다. 항상 진실을 말해야 한다는 원칙은 도리어 사회적으로 문제가 될 뿐만 아니라 어쨌거나 현실적으로 불가능하다.

제임스 조이스의 소설 《율리시즈》의 마지막 장에는 몰리 블룸이 잠에 빠져드는 과정이 수십 페이지 길이로 묘사된다. 하지만 그녀가 실제 이 모든 생각을 하는 데는 1분밖에 걸리지 않았을 것이다. 현대 서양 철학에서 이성의 등불로 불리는 칸트는 항상 진실을 말해야 하지만 모든 것을 말할 필요는 없다고 했다. 거듭 말하지만 어차피 그런 일은 불가능하다.

그렇다면 문제는 모든 가능성 중에서 어떤 진실을 선택해야 하는가다. 법의 테두리 안에 있는 것만으로는 충분하지 않으며, 괜찮은 인간이 되기 위해 최선을 다해야 한다. 필터를 정기적으로 청소하여 쭉정이를 계속 솎아내야 한다. 균형과 집중력을 유지하기 위해서 뿐 아니라 정신병동에 입원하지 않기 위해서도 필요한 일이다. 거짓말로부터 거리를 두라는 몽테뉴의 말은 옳았다. 하지만 그는 거짓말과 진실 사이의 회색 영역을 무시했다. 정직에는 여러 가지 맛이 있다.

● 전체와 일부, 큰 것과 작은 것

'전반적인 평가에 근거하여'는 공식적인 메일에서 종종 쓰이는 형식적인 문구로, 보통 거절과 관련된다. 나도 그런 편지를 써본 적이 있다. 무엇이든 결론을 도출할 때는 편협된 사람으로 보이지 않도록 두 가지 이상의 요소를 살펴야 한다. 학계에서 일자리를 얻으려면 유명 저널에 과학 논문을 발표하는 것만으로는 충분치 않다. 연구 자금을 지원받았는지, 좋은 교수라는 것을 입증하는 문서가 있는지, 이사회나 편집위원회에 참여했는지, 학생들을 좋은 결과로 이끌었는지, 워크숍이나 컨퍼런스를 조직했는지 등의 요소로 평가를 한다. 이때의 전반적인 평가는 객관적이지 않지만 완전히 주관적이지도 않다. 평가위원회에서의 논의와 판단, 사실을 기반으로 한다. 그런 이유로 언제나 결론에 대한 비판이 가능하다.

좋은 평가를 내리는 기술은 다른 균형의 기술과 마찬가지로 경험을 통해 성장한다. 나이 먹는 일의 가장 큰 즐거움 중 하나는 전체를 보는 관점을 기를 수 있다는 데 있다.

구순의 나이에 영면하신 은사님 한 분은 자신의 삶에 대해 이야기하는 것을 즐기셨다. 특히 은퇴 후의 긴 세월 동안의 이야기를 자주 하셨다. 살면서 생긴 여러 점을 연결하고 실을 묶으셔야 했을 것이다. 눈에 띄는 걸출한 업적을 남긴 분은 아니었다. 존경받는 스승이었지만 뛰어난 스승은 아니었다. 하지만 은사님은 개발과 원조 분야의 활동가들에게 인류학적 사고를 가르치셨다. 은사님은 학문을 연구할 때 한 분야에만 좁고 깊게 집중하는 것을 안타까워하시며 다양한 학문을 고루 아우르는 것을 선호하셨다.

동의하는 부분도 있지만 지금의 나는 다소 생각이 다르다. 좁고 세분화된 분야에 아무도 집착하지 않았다면 정확한 지식은 발전하지 못했을 것이다. 아무도 나무를 연구하지 않았다면 숲에 대한 지식은 존재할 수 없다.

영국의 저명한 편집자 제임스 머리James Murray가 옥스퍼드 영어 사전이라는 엄청난 임무를 맡았을 때 나이가 42세였다. 재능이 뛰어나고 인맥이 두텁고 호기심이 많았던 머리는 오랜 세월 쉴 새 없이 여러 분야에 손을 댔다. 그의 실들은 서서히 엉키기 시작했다. 그의 아내는 머리에게 여러 가지 작은 일과 하나의 큰 일 중에 선택을 하는 게 좋겠다고 조언하곤 했다. 물론 머리가 작업한 옥스퍼드 영어 사전은 414,825개의 작은 단어로 구성되어 있지만.

찰스 다윈의 남동생인 에라스무스 다윈 주니어Erasmus Darwin jr. 역시 여러 방면에서 실과 싹을 틔우며 끊임없이 움직인 지식인이었다. 정치인에 대한 소문부터 웨스트엔드의 연극과 국제 정치에 이르기까지 박학다식했던 에라스무스는 누구와도 다양한 주제에 대해 흥미로운 대화를 나눌 수 있었다. 반면 그의 형 다윈은 자연 연구에 파묻혀 최신 뉴스에 관심이 없고 사교적인 대화에도 소질이 없었다. 두 사람 중 말할 필요도 없이 에라스무스가 더 인기가 많았지만, 후대의 모든 생물학자들이 자신의 태피스트리에 추가할 탄탄한 실을 남긴 사람은 외골수 찰스 다윈이다. 적은 것이 많은 것일 수 있듯, 많은 것이 적은 것일 수도 있다.

중국 철학에 따르면, 인간의 삶에서 조화를 이루는 것이 무엇보다 중요하다. 음과 양이 서로 균형을 이루어야 자아와 우주에 적절한 평형이 유지될 수 있다. 흙이 씨앗을 필요로 하고 사자가 영양을 필요로 하듯 서로 반대되는 것은 서로를 필요로 한다. 상보성, 즉 차이를 만드는 차이는 마치 자석의 양극처럼 끌림과 안정을 가져온다.

시인 알프레드 테니슨Alfred Tennyson은 사자가 영양을 찢어 죽이는 모습을 보고 '이빨과 발톱이 만든 붉은 자연'이라며 자연을 흉폭하게 묘사했다. 하지만 초원에 초식동물이 넘쳐나면 식량이 부족해지므로 포식자에 의해 적절히 숫자가 조절되는 것이 필요하고 이것이 자연의 법칙이다. 모든 것이 제자리에 맞아 들어가는 과정을 보면 우주는 균형을 이루고 있다. 다윈은 《종의 기원》의 마지막 페이지에서 모든 생물이 공통의 기원을 가지고 있고 서로 연결되어 있다는 사실에 경탄한다.

　작은 것과 큰 것의 차이가 없을 때 균형은 이루어진다. A. A. 밀른A. A. Milne(곰돌이 푸로 유명한 영국 작가-옮긴이)의 아들 크리스토퍼 로빈 밀른Christopher Robin Milne은 한 인터뷰에서 아주 작은 것을 보는 것과 아주 큰 것을 보는 것 사이의 기묘한 유사성에 대해 이야기한 바 있다. 그는 원자가 태양계를 닮았다고 생각했다. 일상적인 관점으로 해석하자면, 이 말은 내부가 외부를 반영하는 방식에 대한 것이다.

　바깥이 차갑고, 생기 없고, 냄새도 없고, 메마르게 느껴지는 북유럽에서는 집 안에서도 이런 기분을 똑같이 느끼는 사람이 있다. 이럴 때는 차 한 잔과 함께 칼립소를 들으며 담요 아래서 공상에 빠지거나, 아니면 꽃나무와 짙은 녹색의 캐노피가 있는, 무지개 빛깔의 새들이 지저귀는 곳으로 여행을 떠나자. 얼어붙은 세상에서 살아있는 세상으로 균형이 맞춰질 것이다.

실 끊기

　장기간 병원에 입원할 때 얻을 수 있는 가장 놀라운 혜택은 시간이 느려지는 경험이다. 그동안 마음대로 이용할 수 있었던 시간을 되돌아보고, 자신의 실이 시간과 여전히 연결되어 있다는 깨달음에 감사와 겸허한 마음을 느낄 수 있다. 이런 상황에서는 지금 나에게 무엇이 중요한지 알아차리게 된다. 이렇게 정화되는 마음에서 느껴지는 카타르시스는 위기가 인류에게 주는 선물이다. 이런 식의 위기는 일상에서 벗어난 휴식을 제공한다. 그것은 삶에 대한 일종의 킴의 게임이다. 기억에서 쭉정이와 검불들이 사라지면 가장 중요한 것들만 남게 된다.

　킴의 게임은 조지프 러디어드 키플링 Joseph Rudyard Kipling

1901년 식민지 인도에서 쓴 소설,《킴 Kim》에서 묘사한 기억력 게임으로, 주인공 킴이 첩보원 훈련의 일환으로 실행한 것이다. 테이블 위에 여러 가지 물건을 올려놓고 1~2분 후에 천으로 덮어버린 뒤 가장 많은 물건을 기억하는 사람이 승리한다. 보이스카우트 시절 킴의 게임을 할 때면 나는 레고 블록이나 양철 병사보다 과자를 더 쉽게 기억하곤 했다.

내가 있는 곳은 말기 암환자를 위한 병동이었지만, 뱃사공(그리스 신화에서 저승의 강 스틱스를 건너는 뱃사공을 뜻한다 −옮긴이)에게 뇌물이라도 준 듯 가족과 나무, 고양이 그리고 아이스크림 가게가 있는 현실 세계로 무사히 돌아간 사람도 있다. 내가 머무는 동안 몇몇은 세상을 무사히 떠났다. 눈에 띄게 무서워한 사람도 있고 눈물을 흘린 사람도 있다. 노인들도 젊은이들만큼이나 죽음에 대한 두려움이 크다는 사실이 놀라웠다. 젊은이들이 자기 나이의 세 배나 되는 사람들보다 더 쉽게 죽음을 받아들이는 때도 있었다. 80여 년 동안 쌓인 실보다 그들의 실이 더 적고 약하기 때문에 잃을 것도 적어서일 것이다.

내 단순한 가설은 지금의 삶이 그렇게 고통스럽고 괴로운데도 죽음을 두려워한다면 그 사람은 스스로와 화해를 못 했다는 것이었다. 그는 다른 사람들에게 잘못을 저지르고 제대로 사과하지 않았을 수도, 고백과 후회라는 어려운 대화를 시작하지 않았을 수도, 더 심각하게는 심각한 범죄를 저지르고도 속죄하지 않았을 수 있다.

간호사에게 이런 생각을 털어놓았다. 이 병동의 간호사들은 상대적으로 나이가 많았고 몇몇은 독실한 기독교인이었다. 그녀는 바삐 내 시트를 갈면서 어깨를 으쓱했다. "전 그 반대일 수도 있다고 생각해요."

그녀의 견해에 따르면, 죽음을 받아들이지 못하는 사람들은 다른 사람들이 자신에게 잘못을 저질렀다고 확신하고 있다. 상속이나 주택 매각을 둘러싼 심한 갈등, 승진을 시켜주지 않은 상사, 부정한 배우자, 배은망덕한 자식 등의 문제로 말이다. 나는 덜 삭막한 연결을 모색하며 반박했다. "하지만 전 둘 다 가능하다고 생각해요." "네, 물론이죠." 그녀는 가늘지만 단단해 보이는 팔로 시트를 펴면서 노르웨이 남부 억양이 느껴지는 부드러운 목소리로 대답했다.

플라톤의 《파이돈》에서 소크라테스는 철학을 하는 것은 죽음을 위한 준비라고 말했다. 철학을 가장 많이 하는 사람은 인간이지만, 동물도 마지막 이별을 준비하는 것처럼 보인다. 듀이는 서서히 나이를 먹더니 2021년 가을에 사람의 나이로 치면 백 살에 해당하는 열여덟 살이 되었다. 듀이는 자신의 부스스한 털을 부끄러워하는 것 같다. 송곳니 하나를 잃었고 다른 하나는 부러졌다. 동네를 활보하던 듀이는 이제 좁은 공간에서만 움직이고 오랫동안 허공을 보며 앉아 있는 시간이 많다. 우리 곁에 오래 있을 수 없다는 사실을 상기시키려는 듯 전보다 스킨십이 더 많아졌다. 감각이 무뎌지고 관절염으로 인해 우아한 걸음걸이도 사라졌다. 듀이가 내 무릎 위에서 몇 시간씩 시간을 보내는 것은 그게 늙은 고양이에게 가장 안전한 위치이기도 하고, 내가 자신을 얼마나 사랑하는지 알기 때문이기도 하다. 불쌍한 녀석.

죽음은 철학하는 능력에 관계없이 좋은 것이어야 한다. 힌두교와 불교에 정통한 사람들에 따르면 좋은 죽음에는 준비가 필요하다. 자신의 삶을 포함하여 모든 것의 덧없음을 받아들이는 법을 배워야 하며, 죽음의 순간에는 사랑하는 사람들과 함께 해야 한다. 아프리카에서 노인이 될 때까지 살았던 운이 좋은 사람에게는 생과 사의 경계가 그리 엄격하지 않다. 듀이와 매우 흡사한 방식으로 그들은 점점 마르고, 몸이 건조해지고, 활동과 말수가 줄어들고, 서서히 호흡을 멈추는 시기가 다가온다.

주변과 화해하고 실이 곧 끊어진다는 사실을 받아들이면서 좋은 죽음을 맞이한 사람은 떠도는 원혼이 아니라 후손을 돕는 조상이 된다. 나쁜 죽음은 인간에게 몰래 다가와서 작별 인사나 속죄할 시간, 무한한 우주에서 자신의 자리를 찾을 충분한 시간을 주지 않고 굉음을 내면서 삶을 끝낸다. 다른 이유로 준비가 되지 않은 사람에게도 나쁜 죽음이 다가온다. 해야 할 일은 많은데 남은 시간은 너무 적은 사람들이 많다. 스무 살이든 아흔 살이든 대부분의 사람에게는 미처 완성하지 못한 일이 있다는 것을 명심할 필요가 있다.

● 산 자를 위한 장례식

고양이나 말, 회색 고래처럼 20년을 버티든, 50년을 버티든, 90년을 버티든, 우리는 같은 곳을 향해 가고 있다. 몇 년 전 밝고 화창한 봄날, 로마를 방문한 나는 아침에 시간이 나면 베네토 거리의 카푸친 크립트(카푸친 수도회 성당 지하에 있는 합스부르크 왕가의 무덤 – 옮긴이)를 꼭 방문하기로 마음먹었다. 몸이 약해지기 전 가족들과 함께 한 번 다녀온 적이 있었는데 이후로도 그 지하실은 문신처럼 강하게 각인되어 있었다.

그다음 해 아만다가 10학년이 되었을 때 나는 크라쿠프와 아우슈비츠로 떠난 수학여행에 학부모 자원봉사자로 참여했다. 열세 살 아이들의 사춘기 호르몬이 무한한 에너지와 섞였고, 양치기 역할을 해야 했던 나는 말을 잘 듣는 양이 아닌 제멋대로인 고양이를 몰고 다니는 기분이었다. 아이들은 부모님이 허락하지 않을 방식으로 도시를 돌아다니기 위해 비밀 계획을 세웠다. 하지만 아우슈비츠 견학 후에는 분위기가 바뀌었다. 나는 강제수용소로 가는 버스 안에서 지그문트 바우만Zygmunt Bauman의 《현대성과 홀로코스트Modernity and the Holocaust》를 청소년 버전으로 만들어 계획적이고 체계적이었던 학살에 대해 강의했다. 물론 몇몇 아이들은 하품을 하거나 장난을 쳤지만.

하지만 그럼에도 변화가 생겼다. 도시로 돌아오는 버스 안은 마치 침묵의 담요가 모든 소리의 유입을 막고 있는 듯 고요했다. 나치가 압수한 신발들로 쌓은 언덕은 아이들에게 가장 강렬한 인상을 남겼다. 이 신발을 신고 걸었던 사람은 조직적으로 살해당했다. 신발 더미 속에서 사랑스러운 어린이 신발, 흰색과 분홍색의 굽 높은 구두, 손바느질로 정교하게 만든 파티용 가죽 신발, 묵직한 남성용 갈색 가죽 구두가 보였다.

스탈린은 한 사람의 죽음은 비극이지만 백만 명의 죽음은 통계라고 말한 적이 있다. 하지만 나치의 학살은 스탈린의 냉소주의와는 다른 논리를 따랐다. 뉴질랜드 정부가 쥐를 퇴치하겠다며 희귀 바닷새가 서식하는 섬에 쥐약을 뿌린 것처럼, 나치는 통계를 유지했고 목표는 그들 사이의 '궁극적 해결' 즉 유대인 말살이었다. 뉴질랜드 정부는 섬 안의 모든 쥐가 죽어야만 숨을 돌릴 수 있다. 나치에게 유대인은 쥐였다.

카푸친 크립트 역시 죽음의 무게로 삐걱거리는 곳이지만 충격적인 슬픔이나 수치심보다는 철학적 성찰을 불러일으켰다. 크립트는 로마 중심부의 산타 마리아 델라 콘체치오네 데이 카푸치니 교회 지하에 있다. 당시에도 카푸친 수도회는 상당한 양의 두개골과 뼈를 소장하고 있었고 이것이 전시(수 세대에 걸쳐 일반에 공개되어 온 이 지하실에 사용하기 적절한 단어일 것이다)의 기반이 되었다.

나는 대학에서 강의를 하고 다음날 아침 크립트 안팎에서 시간을 보냈다. 크립트는 여섯 개의 방으로 이루어져 있고 각 방은 성경을 주제로 하고 있었다. 모든 조각품과 예술품은 사람의 뼈로 만들어져 있다. 나는 크립트를 오가며 사슬과 기둥 등으로 재구성된 해골을 보면서 카푸친의 모토를 반복해서 읽었다. "우리는 지금의 당신과 같았다." "당신은 지금의 우리와 같게 될 것이다."

중앙에 있는 방에는 하나의 해골이 있었다. 오른손에는 낫을, 왼손에는 저울을 들고 있는데 낫은 모든 사람을 베고 저울은 심판의 날에 앞서 선과 악을 가늠하는 데 사용된다. 크립트는 종종 기괴한 장소로 소개되지만 그건 피상적인 첫인상에 근거한 오해다. 이곳 작품의 원재료가 되는 3천 개가 넘는 해골은 생명과 '메멘토 모리'에 대한 헌사라고 해도 과언이 아니다. 언젠가는 끝날 것이기 때문에 우리는 지금의 시간을 놓쳐서는 안 되며, 할 수 있을 때 최선을 다해야 한다. 죽음을 기억하라는 메시지인 메멘토 모리는 죽음을 부정하고 외면하는 사람들에게는 끔찍할 수밖에 없다.

크립트 방문으로 마음 깊은 곳에 쌓여 있던 기억의 먼

지를 털어낼 수 있었다. 예를 들어, 마거릿 미드와 그레고리 베이트슨의 죽음 같은 기억 말이다. 미드는 1978년, 베이트슨은 1980년에 2년의 차이를 두고 세상을 떠났다. 그들은 의사들의 암담한 메시지에 남다른 반응을 보였다. 에너지가 넘치고 성격이 급한 미드는 죽을 시간조차 없었다. 진행 중인 프로젝트가 너무 많았고 지상에서의 과제가 끝나지 않았기 때문이다. 그녀는 더 이상 선택의 여지가 없을 때까지 용감하게 맞서 싸웠다.

반면 생태학자 베이트슨은 자신이 마지막 각주에 도달했다는 사실을 받아들였다. 베이트슨은 마지막 몇 달 중 일부는 캘리포니아에 있는 대안 치유 센터에서, 일부는 병원에서 보냈다. 어느 정도 기력을 모은 뒤에는 너덜너덜한 흰색 병원복을 입고 자신이 평생 말하고자 했던 것들, 특히 관계와 프로세스, 피드백 루프의 중요성에 대해 설명하는 짧은 영상을 녹화했다. 친밀한 사람들에게 둘러싸여 있을 때도 그들과 연결의 끈을 놓지 않으려고 노력했다. 그들 중 한 명은 당시 그레고리가 자신을 잡아먹어달라고 하는 듯 보였다고 회상할 정도였다. 베이트슨이 죽음에 임박했을 때 염불을 하는 승려들이 침대 주위에 서 있었다. 그의 막내딸에 의하면, 그는 깊은 의미를 지닌 반복적인 노랫소리가 세상을 떠나는 자신을 에스코트하도록 허락했다고 한다.

이 책에서 나와 많은 대화를 나누는 미셸 드 몽테뉴는 오랫동안 신장 결석으로 고생했다. 생명을 위협하는 병은 아니지만 그보다 더 고통스럽다. 요즘에는 약의 도움으로 통증을 완화할 수 있고 돌이 저절로 나오지 않을 때는 수술로도 쉽게 제거할 수 있다. 하지만 16세기에는 효과적인 치료법이 없었다. 몽테뉴는 권장되는 모든 치료법을 시도했지만 병은 사라지지 않았다. 차라리 철학적, 역사적 관점으로 삶을 바라보면서 자신보다 더 나쁜 운명을 겪은 사람을 떠올리는 것이 도움이 됐다. 통증이 극에 달했을 때면 그는 그저 통증이 사라지기를 기다렸고, 발작이 지나간 직후의 며칠간 더없이 편안하고 즐거운 시간을 보냈다.

결국 신장 관에 결석이 끼어 감염으로 이어졌고 몽테뉴는 열병에 걸려 1597년 59세의 나이로 세상을 떠났다. 요점은 이게 아니다. 몽테뉴의 죽음을 특히 흥미롭게 만드는 것은 죽음의 여파다.

장례 의식은 순간과 영원 사이의 간극을 메운다. 죽으면 더 이상 아무도 당신을 괴롭힐 수 없다. 500년 후나, 내일이나 똑같이 죽은 사람인 것이다. 생명의 순환 속에서 당신은 이제 새로운 방식으로 생태계에 기여하게 된다. 죽은 육신으로 지구에 영양을 공급하고 생명의 긴 역사에서 하나의 조각이 되었다는 점에서 말이다.

몽테뉴는 사망 당시 매우 유명한 인물이었기 때문에 그를 어디에 어떻게 매장하는가는 프랑스 사회의 중요한 문제였다. 우선 심장은 시신에서 제거되어 보르도의 생 미셸 교회에 안치되었다. 르네상스 시대에는 드물지 않았던 관행이다. 그러나 품위 있는 장례를 치르도록 임무를 맡은 수도회는 시신을 묘지 구석에 묻었다. 몽테뉴의 아내는 수도회를 상대로 소송을 제기했고 이에 승리함에 따라 1614년 관은 새 예배당의 좋은 자리로 옮겨졌다. 이렇게 몽테뉴 장례에 대한 복잡한 이야기가 끝나가는 듯하지만 2세기 반이 지난후 교회 기록을 연구하던 한 기록보관담당자가 충격적인 발견을 한다. 이장된 시신은 사실 몽테뉴의 것이 아니라 몽테뉴와 비슷한 곳에 묻혀있던 조카 아내의 시신이었다. 심장을 제외한 몽테뉴의 유해는 계속 변두리에 방치되어 있었던 것이다. 1886년에야 유골은 복원된 석관에 담겨 보르도 대학 입구에 안치되었고 지금까지 그곳에 자리하고 있다.

이것이 중요한 문제일까? 어차피 죽었는데 무슨 차이냐고 할 수도 있을 것이다. 시신은 갠지스 강변에서 태울 수도 있고, 오두막 구석에 두고 천천히 땅으로 스며들게 할 수도 있으며, 축성된 땅에 묻을 수도 있고, 태운 재를 인도양에 뿌릴 수도 있다. 나 역시 죽고 난 다음에는 아무 상관이 없다는 쪽이다.

그러나 장례 의식이 그렇게 대규모로 벌어지는 것은 죽은 자를 위해서가 아니다. 왕이 죽으면 곧 새로운 왕의 장수를 기원하는 만세 소리가 나온다. 죽은 옛 왕에게 제복을 입히고 음악을 연주하며 저 세상으로 보내는 것은 새로운 왕을 위해서다. 장례 의식은 죽은 자의 의미를 이야기할 뿐 아니라 후손의 중요성에 대해서도 이야기한다.

장례 의식은 살아 있는 자를 신과 영혼의 세계와 연결하는 역할을 한다. 국가가 없던 사회에서 권력을 가진 사냥꾼이 무기와 장신구, 아내, 노예와 함께 묻혔던 이유는 부분적으로 아들에게 영광을 돌리는 데 있었고, 또 부분적으로는 저승으로의 원활한 통로를 만드는 데 있었다. 최고 자리의 승계는 자연스럽게 계보를 따를 수도 있지만, 아들들 사이에서 경쟁이 심하게 발생하는 경우가 더 많았다.

사람을 매장할 때는 신에게 바치는 제물을 함께 묻는 경우가 많았는데, 제물은 진주문 Pearly Gate 이라는 이름의 경계에서 전달된다고 믿었다. 고대의 신들에게는 인간이 전달하는 가시적인 선물이 우주의 질서를 유지하는 데 필수적이었다.

장례 의식에 그렇게 많은 노력을 기울이는 것은 시간의 흐름을 막는 죽음의 능력 때문이다. 마다가스카르 일부 지역에서는 어떤 이유로 나이 든 가족 구성원의 유골을 후손이 파내기도 했다. 모든 것이 정돈되지 않으면 조상의 영혼이 산 자들에게 큰 문제를 일으킬 수 있다는 논리 때문이다. 상당히 최근까지도 그들은 조상의 유골을 가지고 마을을 돌아다녔다. 이런 관습은 점점 사라지고 있다. 성장과 진보의 이데올로기가 없는 이런 사회는 전통을 오래도록 유지했다. 하지만 그들은 신장 결석에 대한 효과적인 치료법도 개발하지 못했다.

팬데믹 상황에서 장례식은 바이러스 확산의 주된 원천이었다. 감히 장례식에 빠지려는 사람은 찾기 힘들다. 친지들의 압력 때문이기도 하지만 조상의 영혼이 가진 힘 때문이기도 하다. 남아프리카공화국에서는 팬데믹 기간 동안 정부가 시신을 비닐로 포장해야 한다는 지침을 내렸지만, 가족들이 한밤중에 삽을 들고 몰래 시신의 비닐을 벗겨내는 일이 벌어지기도 했다. 그들에게는 시신을 파내 비닐을 제거하는 것 외에 다른 선택지가 없었다. 그렇지 않으면 영혼이 풀려나지 않고 계속 지옥과 천국 사이에 갇혀 있을 것이기 때문이다.

● 좋은 죽음에 대하여

무신론자가 종교를 잘못 이해하는 합리주의자로 보일 때가 있다. 그들에게 종교는 정치적 권력을 획득하는 수단, 거짓말의 세계, 유치한 미신, 무의미한 신화일 뿐이다. 그들은 왜곡된 이미지를 사실로 받아들이며 그들 자신도 우월감에 젖은 선교적 태도를 갖고 있다. 랍비 조나단 색스^{Jonathan} ^{Sacks}가 무신론자 리처드 도킨스^{Richard Dawkins}에게 "리처드, 당신이 증오하는 신은 당신이 함께 자란 신입니다"라고 말한 것처럼 말이다. 색스가 말하는 신은 도킨스가 어린 시절에 접했던 징벌적이고 복수심에 불타는 신과는 다른 신이었다.

종교의 핵심은 미신과 폭력이 아니다. 신과 악마, 천사에 관한 이야기의 핵심은 그들이 진짜 있느냐가 아니라, 이이야기가 그들과 거대한 세상 속 인간의 의미에 대해 나누는 대화라는 사실이다. 신들조차 때로 세상을 이해하기 위해 고투한다. 북유럽 신들 중 가장 지혜롭다는 오딘은 깨우침을 얻기 위해 자신의 눈 하나를 희생했다. 종교는 감사와 용서, 겸손의 마음을 우리에게 안겨준다. 작고 보잘것없는 내가 더 큰 전체의 일부라는 사실을 깨닫게 해준다. 무신론자였던 그레고리 베이트슨과 위르겐 하버마스^{Jürgen}

Habermas 같은 사상가들도 사랑과 연대, 배려를 낳기 위해 종교와 유사한 무언가가 필요하다는 결론에 도달했다.

한 방울의 물방울은 주변의 바다 없이는 아무런 가치가 없다. 종교 안에서 따라야 하는 행위를 통해 자신을 더 큰 서사의 일부로 볼 수 있고 자신의 유한성을 받아들이게 된다. 종교는 우리가 죽어 없어질 연약한 존재, 찰나의 순간만을 사는 한 톨의 먼지이지만 동시에 커다란 이야기의 일부이기도 하다는 사실을 알려준다. 작게는 가족과 친구, 이웃에 관한 이야기지만, 크게 보면 지구상의 모든 생명체와 나를 엮는 장대한 서사 말이다.

이것이 바로 종교와 진화론의 출발점이다. 이 둘은 공통의 출발점을 가지며 같은 목적을 가지기도 한다. 다만 '왜'로 시작하는 질문에 대한 답을 제공하는 것은 종교뿐이다. 진화론은 '무엇'이나 '어떻게'로 시작하는 질문에만 답을 제공할 수 있다. 이 지점이 과학이 끝나고 종교가 시작되는 지점이다.

억압하고 통제하는 행위가 정치적 도구로서의 종교를 통해 정당화될 때가 있다. 그러나 종교는 이를 통해 다른 차원의 질문을 던진다. 피할 수 없는 경험을 받아들이는 것에 대한 이야기 말이다. 앞서 이야기했듯이, 세계 곳곳에서 죽음을 기리기 위한 정교한 의식들은 불안정하고 위험한 순간에 사회를 하나로 묶는 방법이 되어준다.

좋은 죽음이란 잘못을 보상하고, 해야 할 일을 다 하고, 최선을 다하고, 목표를 어느 정도 달성한 후에 맞이하는 죽음이다. 이것이 실제로 의미하는 것들은 내가 살고 있는 장소와 시대에 좌우된다. 저널리스트 도미니크 라피에르Dominique Lapierre는 80년대에 서벵골을 여행했을 때 이미 50이었기에, 인도 콜카타 외곽의 빈민가 방문이 세상 속 자신의 존재를 바꾸어 놓을 거라고는 생각지 못했다. 그가 《시티 오브 조이La cité de la joie》 에필로그에서 썼듯이, 파리로 돌아온 그는 더 이상 주차 위반 딱지에 짜증을 낼 수 없었다.

사람이 끄는 인력거가 거리를 활보하는 곳이 콜카타다. 인력거가 교통수단으로 사용되던 마지막 장소 중 하나인 이 도시에서 가난한 인력거꾼은 뒤에 승객을 태우고 손잡이를 쥔 채 목적지를 향해 온종일 달리기만 했다.

가난한 이민자 하사리 팔은 자전거가 붙은 인력거를 살 수 있는 사람은 고환이 상해 불임이 된다는 소문을 위안으로 삼았다. 그는 자전거를 살 돈이 없어 비가 오든 땡볕 아래든 손님을 태우고 두 발로 달려야 했다. 마흔 살이 되었을 때 하사리 팔은 평생을 땡볕에서 일한 농장 노예처럼 지쳐 있었다. 그에게는 부양해야 할 가족이 있었다. 먹여 살리는 것이 끝은 아니었다. 딸을 결혼시키기 위해 지참금도 마련해야 했다.

이런 환경에서라면 삶이 불평등하고, 신은 냉담하고 무심하다며 한탄하고 살기 쉽다. 하지만 라피에르는 이들이 겪는 작은, 때때로 예상치 못한 기쁨에 대해 이야기한다. 빈민가 주민들은 마을 축제, 친절한 이웃과 같은 사소한 것에 감사한다. 하사리 팔은 딸을 시집보낸 뒤 이제 안심하고 죽을 수 있다는 사실에 눈물을 흘릴 정도로 감사했다.

죽음은 피할 수 없지만, 그렇다고 남겨진 사람이 쉽게 감당할 수 있는 것은 아니다. 고인으로 인해 끊어진 실들이 만든 공백 때문이다. 말리의 인류학자이자 시인인 아마두 함파테 바Amadou Hampate Bâ는 '노인이 죽는 것은 도서관 하나가 불타 없어지는 것과 같다'고 했다. 구전 전통은 사람이 죽으면서 지식이 영원히 사라질 수 있기 때문에 특히 취약하다. 현자나 이야기꾼이 죽으면 따라서 과거를 현재, 미래와 연결하는 가느다란 실들이 사라진다.

전통이 죽어가는 세계에서 살고 있다고 상상해보라. 선교사나 개발업자들이 내 조상이 남긴 모든 것이 무가치하지만 절망할 필요는 없다고 말할 것이다. 그들은 최고, 최신의 문물을 제안한다. 내 모든 역사, 부모가 나에게 가르쳐준 모든 것을 잊기만 하면 된다면서. 이런 운명에 희생된 문화는 좋은 죽음을 맞이하지 못한다. 적절하고 품위 있는 작별 인사는 존재하지도 않는다. 문화가 좋은 죽음을 맞이하기 위해서는 가치 있는 것들을 보존하고, 모든 것을 기억하고, 과거와의 연속성을 보장해야 한다. 식민주의와 자본주의가 세계를 지배했던 이래로 전 세계 원주민 중 고결한 장례 문화를 존중 받은 이들은 찾기 힘들다.

지구 문명은 자신의 종말을 준비해야 할 때를 맞이했다. 좋은 죽음이 되려면 돌볼 가치가 있는 것을 보호해야 한다. 셰익스피어와 베토벤, 제멜바이스와 플레밍, 젤라또와 흐르는 시냇물, 2023년에 사용되고 있는 것으로 파악된 7천 개의 언어, 발리의 그림자 연극 등은 포기하면 안 된다.

이 모든 것이 불타버린 도서관처럼 된다면 후손들은 곤궁하게 살아야 할 것이다. 미래 세대는 탐욕과 짧은 생각으로 자연의 다양성이 빼앗긴 세상에서 살아야 할 것이다. 하지만 희망과 사랑을 간직하고, 밭으로 가는 길에 비틀즈 노래를 흥얼거리며, 저녁에는 주름진 노인이 소설 읽는 소리에 귀를 기울일 수 있다면 곤궁하게 살 이유는 없을 것이다.

로이 스크랜턴Roy Scranton의 《인류세에서 죽음을 배우다Learning to Die in the Anthropocene》은 문명의 종말 가능성을 무척 감정적으로 다룬 책이다. 도입부에서는 장갑차를 타고 폐허가 된 바그다드로 향하는 미군 상병이 등장한다. 그는

18세기 사무라이 교본을 읽으며 쿵쾅거리는 심장을 달랜다. 2년 후 뉴올리언스는 태풍 카트리나로 초토화되고, 오클라호마 군 기지에서 텔레비전으로 이를 보던 스크랜턴은 길가메시 서사시, 기후 변화, 죽음에 대해 생각한다.

묵시록 영화의 오프닝 장면이 될 수도 있었을 것이다. 스크랜턴은 "나는 군인으로서 살아남기 위해 불가피하게 내가 죽을 수도 있다는 사실을 받아들여야 했다"라고 쓴 뒤 이렇게 덧붙인다. "인류가 인류세에서 살아남기 위해서는 문명의 종말과 함께 살아가는 법을 배워야 한다."

군인이자 고전학자이기도 했던 스크랜턴은 인본주의 전통과 친숙해지는 것이 지금의 시대를 이해하고 현명해지는 데 필요하다고 말한다. 호모 사피엔스와 사바나에서 겪은 문제, 과거의 기후 변화와 종교의 부상, 신화와 문학, 죽음에 대한 철학적 명상, 제임스 와트와 탄소 기반 사회의 부상 등에 대해 말하면서 그는 동시에 자신과 동료 군인들이 장갑차로 고대의 질그릇 조각과 돌무더기를 짓밟기 전 메소포타미아 문명의 우루크와 바빌론에 대해서도 자주 언급한다.

그리고 렌즈를 현재로 돌려 기후 변화와 성장과 화석 연료 사용을 비관적으로 되새긴다. 스크랜턴은 문명이 임종에 가까웠다고 적고 있다. 깨끗한 물, 토지, 에너지, 식량이 부족해지기 시작하면 길가메시 신화에서도 그랬듯이 아드레날린과 테스토스테론, 결핍과 절망이라는 어두운 힘이 역사를 움직이게 될 것이다.

스크랜턴의 책은 강렬하고 매혹적이다. 하지만 나는 그의 체념적 비관론에 함께할 수 없다. 그가 미국인이고 내가 유럽인인 사실과도 관련이 있을 것이다. 그는 전쟁을 직면했지만 내가 대면했던 것은 평화뿐이다. 나는 인간이 언제든 역사를 다시 바꿀 수 있으며, 생태계가 망가진다고 해서 곧바로 어두운 원초적 본능이 세상을 지배할 뚜렷한 이유는 없다고 생각한다. 인간은 벌거벗은 유인원도, 세력을 주장하는 존재도, 연대하는 생물도, 잔인한 포유류도 아니다. 무엇 하나로만 규정지을 수 없다. 인간은 스스로를 정의하는 존재다.

소크라테스는 철학이 죽음을 위한
준비라고 말했다.
죽음은 철학의 능력과 관계없이
좋은 것이어야 한다.

● 더 큰 세계로 가기 위한 내려놓음

어떤 사람들은 신이라고 부르고 어떤 사람들은 자연이나 생태라고 말하지만, 존재하는 모든 것의 공통된 목표는 조화와 균형을 경험하고 대합창단 속에서 작지만 분명한 목소리를 내는 것이다. 인생은 선형적이지 않고 다중 시간적이다. 우리의 수명은 선형적이며 출생에서 죽음에 이르는 궤적을 따른다.

당신은 지구에서 비롯된 존재다. 지금보다 겸손과 감사로 살았던 시절에 사람들이 이미 깨달은 사실이다. 위기를 이용하는 것이 가능할까? 사려 깊은 아테네인들은 생명을 위협하는 위기로부터 배움을 얻는 것이 의무라고 생각했다. 원주민들은 연약한 생명의 가치를 누구보다 잘 알고 있었다. 특히 위기가 닥쳤을 때나 닥친 후라면 생명을 당연한 것으로 받아들이기 힘들다. 찰나의 순간을 사는 개인이지만 존재할 수 있다는 것만으로 감사하게 되기 때문이다.

서구인의 가장 큰 오해는 인간이 거죽에서 끝난다는 믿음이다. 우리는 순환의 일부이며, 먼지 구름 속 먼지 한 톨, 대양 속 물 한 방울, 유기체 속 하나의 세포에 불과하다. 위기는 모든 것의 끝이 아닌 새로운 시작의 징후다. 세상을 주의 깊게 들여다보면 어느 한 쪽이 아니라 둘 다 맞는 상황이 더 많다. 아이스크림을 맛보는 동시에 자기 보호와 이타주의, 개인주의와 생태주의, 목적 있는 야망과 목적 없는 쾌락, 과거와 미래 사이에서 균형을 맞출 수 있다면 당신은 세상의 실과 가까워지고 있는 것이다.

그러나 사랑하는 사람, 정원의 연못, 소파 위의 고양이, 거리 구석의 빵집에 만족하는 것만으로는 충분치가 않다. 자선은 가정에서 시작되겠지만 거기서 끝나서는 안 된다. 작은 세상은 큰 세상을 투영하고 큰 세상에 말을 걸어야 한다. 그렇지 않으면 작은 세상에 사는 사람들은 바보가 된다. 공동의 일에는 관심이 없으며, 자신이 일부인 더 큰 이야기를 알지 못한 채 평생을 자신의 작은 정원만 가꾸며 사는 사람들 말이다.

평생을 쾌락과 재미를 좇아 살았다면, 세상과 작별을 고하는 일이 고통스럽고 어려울 것이다. 목표가 없고, 쌓이지도 않고, 성취에 이르지도 못하는 활동으로는 삶을 즐길 수 없기 때문이다. 자신을 더 큰 이야기의 일부로 보는 것이 필요하다. 당신은 퍼즐의 한 조각이며, 캔버스 위의 한 점이다. 긴 지금과 큰 여기라는 관점으로 나 자신을 바라본다면 날개 밑에 숨을 불어넣고 앞뒤, 위아래를 모두 바라볼 수 있게 된다.

전설적인 밴드 킹 크림슨은 2021년 12월 마지막 콘서트를 끝으로 해체되었다. 자기 자신에게만 너무 빠진 나머지, 함께 어우러지는 음악계의 생태를 이해하지 못했던 뮤지션들과는 달리, 킹 크림슨의 뮤지션들은 로버트 프립의 아낌없는 유대 안에서 최고의 음악을 만들어왔다.

1981년 7년간의 공백을 깨고 밴드가 재결성된 후 발매된 첫 번째 LP는 질서와 혼돈의 경계를 탐구하는 〈디시플린 Discipline〉(자제력, 수양, 훈련)이라는 적절한 제목으로 발매되었다. 1979년 발표된 타이틀곡에는 고인이 된 베넷의 목소리로 "고통 없이 목표를 달성하는 것은 불가능하다"는 문장이 반복된다. 킹 크림슨의 베이시스트 토니 레빈은 늘 새로운 형태로 계속되는 여정의 일부가 되어 영광이었다고 말했다. 자기 이전에 킹 크림슨에서 활동했던 여러 베이시스트들에게 감사를 표하기도 했다. 소크라테스는 반성하지 않는 삶은 살 가치가 없다고 했지만, 나는 탐구가 없는 삶은 시간 낭비라는 말을 덧붙이고 싶다.

이 모든 것이 의미를 찾는 데 중요하지만, 내려놓는 법을 배우기 전까지는 제대로 된 삶이 아닌 경우도 있다. 내려놓을 수 있어야만 삶을 끝낼 수도 있고 목표를 이룰 수 있다. 몇 해만에 그렇게 되었는지는 중요한 게 아니다. 친구의 딸은 10대 후반에 암에 걸렸고, 몇 차례의 치료 끝에 21세에 세상을 떠났다. 그 아이는 삶에 항의하지 않았다. 더 할 수 있는 일이 없다는 것을 알았고, 아이스크림을 마음껏 먹고 가족들의 사랑을 듬뿍 받은 후 세상에 작별을 고했다. 아이는 빨리 성장해야 했다.

재에서 재로, 먼지에서 먼지로. 생명체의 순환적, 관계적 특성으로 인해 우리 안에 있는 무언가는 죽은 후에도 계속 살아간다. 이 문단을 읽는 몇 초 동안에도 우리는 카이사르가 "브루투스, 너마저"라고 외치며 내뿜었던 산소 분자를 흡입하고 있을지도 모른다.

우리는 자신의 잠재력을 실현하기 위해 최선을 다한다. 때가 되면 내려놓을 줄도 알아야 하고, 겹겹이 시체가 묻힌 묘지 아래 풀이 우거진 언덕에 앉아 공상에 잠길 수도 있어야 한다. 세상은 다채롭고 가능성이 풍부한 멋진 곳이지만 모든 것에는 때가 있다. 내려놓아야 할 때도 분명 있다. 세상은 당신이 없어도 잘 돌아가지만 당신이 최선을 다했다는 사실은 세월 안에 고스란히 남아 있다.

인생은 의미로 가득차 있지만 모든 것에는 때가 있다. 작별을 고하고 그동안 쌓아온 실이 성장하고 번성하도록 놓아주어야 하는 시간. 나의 생각을 부처님의 생각과, 우체부를 참나무와, 게를 아귀와, 알고리즘을 프로그래머와 연결하는 시간. 그래야만 원이 완성된다.

주석이 있는 참고 문헌

서문

페테르 베셀 삽페 Peter Wessel Zapffe, **《비극에 대하여** Om det tragiske**》, 1941.**
삽페(1899~1990)의 대표작인 이 책은 너무 길어서 요즘 사람들에게는 거의
읽히지 않는다. 하지만 인내심을 지닌 독자라면 독창적인 철학적 사고와 유머
가 더해진 따뜻한 문체를 즐길 수 있다.

헤르만 퇴네센 Herman Tennessen, **페테르 베셀 삽페, 해설 아르네 네스** Arne Næss,
《나는 진실을 선택한다 Jeg velger sannheten**》, 1983.**
삽페가 가끔 끼어드는 정도를 제외하면 이 책은 삶의 부조리에 대한 퇴네센
(1918~2001)의 독백에 가깝다. 생태학 철학자 아르네 네스(1912~2009)의 날카
로운 논평이 함께 담겨 있으며 하루살이의 삶이 마침내 마땅한 존중을 받는
다는 삽페의 시도 실려 있다.

세네카 Seneca는 몽테뉴 Montaigne의 **《수상록** Essais**》**에 담긴 에세이 〈슬픔에 관하

여De la tristesse〉를 인용한 것이다.

첫 번째 의미 : 관계

셰리 터클 Sherry Turkle, 《**외로워지는 사람들**Alone Together》, 2012.
사회학자 터클은 인터넷이 인격 발달에 미치는 파괴적인 영향력에 대해 경고하는 책을 써왔다. 1995년에 출간한 《스크린 위의 삶Life on the Screen》으로 널리 알려졌다. 1984년에 《두 번째 자아The Second Self》를 발표한 이래 40년 동안 스크린 기반 현실에 대한 비평가이자 해석가로 활동하고 있다.

인군 그림스타드 클렙 Ingun Grimstad Klepp, **키르시 라이탈라**Kirsi Laitala, 〈**노르웨이의 의류 소비**Klesforbruk i Norge〉, 2016.
그림스타드 클렙은 섬유 연구 분야의 최고 권위자로, 특히 여성이 옷을 세탁하고 뜨개질을 하는 이유에 대한 많은 글을 썼다. 최근에는 특히 양모에 관심을 두고 있다.

비에른 큐빌러 Bjørn Qviller, 《**중독의 역사**Rusens historie》, 1996.
대규모 연구 프로젝트 '전투와 술병Battles and Bottles'을 압축한 이 책은 그 자체로도 훌륭하지만, 본래 큐빌러가 2004년 사망함으로써 완성하지 못한 더 큰 규모의 프로젝트를 위한 예비 연구로 기획된 것이었다.

소비 인류학자인 루나르 도빙Runar Døving은 라이트 맥주, 핫도그, 생선, 기타 소비재에 대한 글을 꾸준히 발표해왔으며 그의 대표작으로 꼽히는 글은 〈커피-물보다 단순한Kaffe-Enklere enn vann〉(2001)이 있다.

마르셀 모스 Marcel Mauss, 《**증여론**Essai sur le don》, 1924.
모스는(1872~1950)는 저명한 사회학자 에밀 뒤르켐Émile Durkheim의 조카였고 그 역시 유명한 학자이자 이론가였다. 경제인류학의 창시자로서 모스는 선물 교환이 인류의 최초의 경제 활동이라고 주장했다. 경제인류학은 개인보다 도덕적 관계를 경제의 출발점으로 삼는다.

타누슈리 비스와스 Tanushree Biswas, 〈**작은 존재의 중요성**Little Things Matter Much〉, **2019.**
비스와스는 이 논문에서 어린이가 대다수의 성인보다 더 많은 상상력을 발휘하고 더 많은 실존적 질문을 하면서 세상을 마주하고 성찰하는 철학자라고 주장한다.

라스 리산 Lars Risan, 〈**소란 무엇인가?**Hva er ei ku?〉, **2008.**
리산의 논문은 대량 생산을 위한 낙농 기술주의의 상징, NRF품종의 역사를 다룬다. 하지만 동시에 노르웨이 남서부 예렌의 민족지학 현장 연구를 바탕으로 사람과 가축 사이의 상호작용도 상세히 설명한다.

에밀 뒤르켐, 《자살론 Suicide》, **1897.**
호모듀플렉스는 뒤르켐(1856~1917) 사회학의 근본으로 이 책에서 처음 등장했다. 뒤르켐에게는 인간이 다윈의 생물학 안에 존재하는 자연적인 종인 동시에 사회적 규범을 따르는 문화와 관계적 존재로 인식된다.

J. K. 롤링J. K. Rowling, 《**해리 포터와 아즈카반의 죄수**Harry Potter and the Prisoner of Azkaban》, **1999.**
이 시리즈의 세 번째 책이 나오고 이야기는 더 길고 우울해졌다. 해리와 친구들은 더 이상 눈을 동그랗게 뜨는 천진한 아이들이 아닌 여드름이 난 완연한 청소년이다. 어둠의 힘은 호그와트, 사납게 날뛰는 내면과 서로의 삶 안에서 이원론적인 방식으로 싸우고 있다.

엘라 알샤마히 Ella Al-Shamahi, 《**악수**The Handshake》, **2021.**
알샤마히의 재능은 숨 막히도록 뛰어나다. 호미닌 화석을 연구하는 고인류학자이자 진화 생물학자, 탐험가이며 스탠드업 코미디언이기도 하다. 이 모든 재능이 이 책 안에서 진가를 발휘한다.

이레네우스 아이블 아이베스펠트 Irenäus Eibl-Eibesfeldt, 《**사랑과 증오**Love and Hate》, 1996. 생태학자인 서사(1928~2018)는 인간이 아닌 동물 행동을 연구했지만, 그는 이 책에서 동물 세계에서 얻은 통찰을 인간 행동에 적용한다. 사회인류학자들은 이런 관점을 환원주의로 간주한다. 이러한 환원주의적 관점은 과거의 역사와 미래를 모두 담는다.

가게 뒤에 따로 공간을 두는 것이 중요하다는 몽테뉴의 발언은 세라 베이크 웰Sarah Bakewell의 《어떻게 살 것인가, 또는 하나의 질문과 스무 번의 대답 을 시도한 몽테뉴의 삶How to Live, or A Life of Montaigne in One Question and Twenty Attempts at an Answer》(2010)에서 인용한 것이다. 베이크웰은 이전에도 실존주의 자들에 대한 뛰어난 책을 썼으며, 여기서는 좋은 아이디어의 역사가 시간 여 행을 통해 과거의 희미한 속삭임을 증폭시켜 우리와 죽은 자를 연결시키는 과정을 다시 보여준다.

두 번째 의미 : 결핍

데이비드 보위 David Bowie, 〈**로우**Low〉, 1977.
보위의 '베를린 3부작' 중 첫 번째 음반이며 내가 가장 좋아하는 앨범이기도 하다. 브라이언 이노Brian Eno의 일렉트로닉 사운드로 걸러진 독일 크라우트록 의 영향은 이전에 보위가 했던 음악과는 전혀 다른 암시적이고 숨 막히는 느 낌을 주며, 로버트 프립Robert Fripp의 감각적인 기타 솔로가 신경을 자극하는 분위기를 자아낸다.

젠틀 자이언트 Gentle Giant, 〈**인터뷰**Interview〉, 1976.

이 앨범이 발표될 무렵, 전문가들은 젠틀 자이언트가 쇠퇴하고 있다고 말했다. 그러나 나는 이 밴드가 과소평가되었다고 생각하며, 특히 이 앨범은 젠틀 자이언트의 음반 중에 내가 처음으로 손에 넣은 것이기 때문에 아주 특별한 의미가 있다.

곤도 마리에 Kondo Marie, **《정리의 힘**The Life-Changing Magic of Tidying Up**》, 2014.**
이 책에서 비롯된 곤도 마리에의 사업은 이후 전 세계에서 전 방위로 이루어지고 있다. 그녀의 미니멀리즘이 전형적인 일본식이라고 생각하는 사람도 있지만, 서양인들 중에도 정리, 버리기, 삶의 단순화에 대한 그녀의 조언이 유용하다고 생각하는 사람이 많다.

그레고리 베이트슨 Gregory Bateson, 〈**자아의 사이버네틱스**The Cybernetics of Self〉, 1972.
베이트슨(1904~1980)은 한 분야에 머무르지 않았던 종합적 지식인이자 사상가였다. 인류학자로서의 교육을 받았지만 그는 자신을 생물학자라고 생각했다. 그는 사이버네틱스의 개발을 도왔고 넓은 의미에서의 패턴 유사성과 의사소통에 집착했다. 베이트슨의 글은 짧고 난해한 것으로 유명하다. 평생 자신만의 플라톤을 찾는 소크라테스였다. 무엇보다 가족 치료 분야에서 존경받는 위치에 있으며, 나를 비롯한 여러 학자들이 현대성의 역설과 모순을 해결하는 그의 이론적 도구를 사용해왔다.

아스트리드 B. 스텐스루드 Astrid B. Stensrud, **《페루의 수역 정치와 기후변화**Watershed Politics and Climate Change in Peru**》, 2021.**
스텐스루드는 수년간 페루의 물을 연구해온 사회인류학자다. 그녀는 신자유주의, 전통적 우주론, 공유, 사회 조직에 대해 물이 의미하는 것들을 알려준다.

피터 멘젤 Peter Menzel 외, **《우리 집을 공개합니다**Material World**》, 1995.**
1994년 유엔 국제 가족의 해를 맞아 멘젤은 16명의 사진작가와 함께 집 밖에서 쌓아둔 소지품을 배경으로 가족을 촬영하는 프로젝트를 이끌었다. 통계적으로 거주 국가를 대표하는 가족이 선정되었고 총 30개국이 참여했다. 그 결과 연대와 사랑의 의미는 물론 삶의 불평등까지 담긴 인상적인 포토저널리즘 책이 탄생했다.

레드 제플린 Led Zeppelin, 〈**피지컬 그래피티** Physical Graffiti〉, 1975.
이 더블 LP에는 기존 곡과 신곡이 함께 담겨 있다. 필터링되지 않은 희귀성과 스튜디오의 진기한 느낌을 함께 느낄 수 있다. 〈카슈미르 Kashmir〉 한 곡만으로도 돈이 아깝지 않다.

로버트 얀 파이퍼스 Robert Jan Pijpers는 나와 함께 '오버히팅 Overheating' 프로젝트를 진행했고 시에라리온에서 광업을 공부했다. 하지만 사회인류학자에게 맥락은 부동산 중개업자에게 입지만큼이나 중요하기 때문에 파이퍼스는 채굴 이외에도 친족 관계부터 미래에 대한 사색에 이르기까지 많은 것에 대한 데이터를 수집했다.

토르비에른 엥네르 Thorbjørn Egner, 《**카다멈 시민과 도둑들** When the Robbers Came to Cardamom Town》, 1976.
다채로운 등장인물, 일련의 극적인 사건, 도덕적 딜레마, 사회적 일탈에 대한 흥미로운 성찰이 담긴 눈부신 이야기다. 특히 미스 소피가 납치범들로부터 벗어난 후의 이야기가 담긴 엥네르의 걸작.

소스타인 베블런 Thorstein Veblen, 《**유한계급론** The Theory of the Leisure Class》, 1899.
베블런은 노르웨이 이민자의 아들로 태어났다. 자본주의와 소비 이데올로기에 대한 그의 비판은 사회주의적 차원과 루터교의 근본 교리에서 비롯된 개념을 모두 포함하고 있다. 현재에도 새로운 세대에 의해 끊임없이 재발견되고 있다.

칼 오베 크나우스고르 Karl Ove Knausgaard, 《**나의 투쟁** My Struggle》, 2013~2019

6권으로 이루어진 이 자전적 소설은 크나우스고르를 국제 문학계의 유명인사로 만들었다. 나는 특히 자기혐오와 오만 사이를 오가는 작가의 모습과 그가 앞으로 나아가기 위해 저항과 맞서는 방식을 높이 평가한다. 크나우스고르는 과한 진지함과 엉성한 유머로 노르웨이 비평가들 사이에서 단시간에 크게 인정받았다.

호르헤 루이 보르헤스 Jorge Luis Borges, 〈**두 갈래로 갈라지는 오솔길들의 정원**el jardin de senderos que se bifurcan〉, **1956.**

두 갈래로 갈라지는 오솔길들의 정원은 사람들이 강요당하는 선택과 시스템의 복잡성에 대한 은유다. 보르헤스의 많은 단편 소설과 마찬가지로 이 소설은 철학서라고 불러도 손색이 없다.

아르네 요한 베틀레센 Arne Johan Vetlesen, 〈**지각, 공감 및 판단**Perception, Empathy and Judgment〉, **1993.**

베틀레센의 철학에는 기후 변화와 환경 파괴의 윤리적, 존재론적 함의와 인본주의의 조건이라는 두 가지 주제를 중심으로 한다. 그는 자유와 선택의 등식을 비판하고 인간이 근본적으로 취약하고 의존적임을 지적한다.

에밀 뒤르켐,《사회분업론 De la division du travail social》, **1893.**

카를 마르크스Karl Marx와 달리 뒤르켐은 사회를 본질적으로 조화로운 것이라 여겼으며, 막스 베버Max Weber와 달리 사회를 개인의 의도적 행동과 무관한 유기체로 간주하여 연구할 수 있다고 믿었다. 이 책에서 그는 두 가지 형태의 연대를 구분한다. 기계적 연대는 모든 사람이 같은 일을 하기 때문에 응집력을 낮는 반면, 유기적 연대는 서로를 보완하기 때문에 연대를 낳는다. 대부분의 뒤르켐 사회학과 마찬가지로 이 역시 많은 비판을 받았지만, 바탕이 되는 '우리를 하나로 묶는 것은 유사성인가, 상보성인가?'라는 개념은 오늘날에도 성찰의 이유를 제공한다는 점에서 여전히 생산적이다.

피터 월시 Peter Worsley, 《**나팔이 울릴 것이다** The Trumpet Shall Sound》, 1957.

이 책은 멜라네시아의 화물 컬트를 다룬 고전으로, 월시는 화물 컬트를 마르크스주의적 관점에서 분석한다. 그는 화물에 대한 강렬한 관심을 식민지화, 경제의 화폐화, 신흥 상품 사회의 결과로 간주한다.

레슬리 화이트 Leslie White, 〈**에너지와 문화의 진화** Energy and the evolution of culture〉, 1943.

화이트(1900~1975)는 석유 소비가 증가함에 따라 세계가 곧 석유의 고갈을 맞게 될 것이라고 믿었고 1950년대 중반에 석유 생산이 최고점에 이를 것이라고 생각했다. 화이트는 문화적 진화를 한 사회가 활용할 수 있는 에너지양의 함수로 측정한 인류학자였다.

세 번째 의미 : 꿈

작자 미상, 《**냘의 사가** Njal's Saga》, 1280년경.

10세기 후반 아이슬란드에 정착한 지 얼마 되지 않은 사람들의 명예, 복수, 남성성, 우정, 친족애를 그린 이 연대기에는 셰익스피어를 연상시키는 면이 있다. 아이슬란드인들은 전사한 사람은 사후에 더 좋은 곳에 가게 될 것이라고 생각했다.

C. S. 루이스 C. S. Lewis, 《**나니아 연대기** The Chronicles of Narnia》, 1950.

첫 번째 편인 《사자와 마녀와 옷장》은 나니아 시리즈 중에 가장 유명한 작품이며 그럴 자격이 충분하다. 상상력을 자극하며 이상하고 경이로운 세계로 문을 열어주기 때문이다. 1950년대의 구식 가치관을 내세우지도 않는다. 언제나 그렇듯 아슬란은 불만스럽지만 이 책에서는 보조적인 역할을 한다.

라나 워쇼스키 Lana Wachowski, **릴리 워쇼스키** Lilly Wachowski, 《**매트릭스** The Matrix》 I-IV, 1999~2021.

첫 세 편이 전체를 이루는 반면, 마지막 영화는 뒷이야기처럼 느껴진다. 1편에서 네오는 자신이 평생을 컴퓨터 시뮬레이션 세계에서 살아왔다는 사실을 깨닫고, 세 번째 영화가 끝날 무렵 데이터 매트릭스의 배후에 있는 전지전능한 인공지능과 융합된다.

슬라보예 지젝 Slavoj Zizek, **《실재의 사막에 오신 것을 환영합니다** Welcome to the Desert of the Real**》, 2002.**

이단아적 철학자가 쓴 이 책은 2001년 9월 11일 미국에서 일어난 테러 공격에 대한 분석이다. 1949년생인 지젝은 이 비극의 많은 책임을 세계 자본주의와 그로 인한 불평등에 돌리며, 소련 공산주의와 싸우는 이슬람교도 게릴라를 지원하며 알카에다를 만든 것이 바로 미국이었다는 것을 상기시킨다.

장 보드리야르 Jean Baudrillard, **《시뮬라시옹** Simulacres et simulations**》, 1981.**

보드리야르(1929~2007)의 수많은 저서 중 가장 중요한 책이다. 그는 기호와 외부 현실의 구분이 모호해지는 세계를 묘사, 분석, 예측한다. 보드리야르는 미디어 연구자 마셜 매클루언 Marshall McLuhan에게서 영감을 받은 장난스럽고 반체제적인 사상가였지만, 자신의 실을 플라톤 동굴의 메아리조차 공명하는 풍부한 철학적 전통과 연결시킨다.

미하엘 엔데 Michael Ende, **《끝없는 이야기** Die unendliche geschichte**》, 1979.**

상상력과 꿈을 꾸는 능력이 얼마나 중요한지 열의 넘치게 알려주는 '책 속의 책'은 본래 청소년을 대상으로 출간되었지만 나이에 관계없이 많은 사람들이 열렬히 탐독하는 베스트셀러가 되었다. 독일뿐 아니라 다른 유럽에서도 좋은 성적을 거두었으나 어째서인지 영어 사용권에서는 큰 성공을 거두지 못했다.

올더스 헉슬리 Aldous Huxley, **《지각의 문** The Doors of Perception**》, 1954.**

발표 당시 이 책은 분노와 흥분을 불러일으켰다. 헉슬리(1894~1963)의 조부는 '다윈의 불독'을 자처한 저명한 생물학자 T. H. 헉슬리 T. H. Huxley다. 시력이 서서히 나빠지는 과정에서 의식을 확장하는 약물을 통해 어떻게 자신보다 더 큰 무언가와 접촉하게 되었는지 묘사한다.

에른스트 블로흐 Ernst Bloch, 《**희망의 원리** Das Prinzip Hoffnung》, 1938~1947.
동시대 좌파 사상가와 달리 블로흐(1885~1977)는 적정하게 조절된 낙관주의를 주장했다. 나치 독일의 유대인 마르크스주의자로서는 쉽지 않은 일이었지만, 블로흐는 특히 암울한 시기일수록 희망이 가꾼 진보와 발전이 필수적이라고 믿었다. 그는 환멸에 빠진 급진주의자들에게 '어둠을 저주하는 것보다 촛불을 켜는 것이 언제나 더 낫다'는 메시지를 남겼다.

네 번째 의미 : 느린 시간

리처드 파워스 Richard Powers, 《**오버스토리** The Overstory》, 2018.
이 소설의 표면적인 이야기는 미국인과 나무와의 관계에 대한 것이지만, 본질적으로는 나무와 '나무의 속도로 사는 삶'에 대한 외침이다. 거대한 밤나무가 중심 역할을 한다.

스타니스와프 렘 Stanisław Lem의 짧은 희곡 〈당신은 존재합니까, 존스 씨? Do You Exist, Mr Jones?〉는 윌리엄 깁슨 William Gibson이 사이버펑크라는 말을 만든 때로부터 거의 30년 전인 1955년 쓰였다. 렘(1921~2006)은 인간이 점점 더 많은 부품을 갖게 된다면 인간과 기계의 경계가 어떻게 될지에 대해 추측했다. 이후 진지한 공상과학 소설과 논픽션은 물론 영화 등의 대중문화에서도 이 주제를 탐구했다.

수잔 시마드 Suzanne Simard, 《**어머니 나무를 찾아서** Finding the Mother Tree》, 2021.
시마드의 연구는 이 책을 통해 폭넓은 사람들에게 알려졌다. 나무의 의사소통 체계에 대한 과학적 설명과 함께 시마드의 자전적인 이야기를 함께 엮은 책이다.

에두아르도 콘 Eduardo Kohn, 《**숲은 생각한다**How Forests Think》, 2013.
나무에 평균 이상의 관심을 가진 사람이라면 시마드와 파워스의 연장선상에서 이 책을 읽을 수 있을 것이다. 에콰도르 루나족의 삶, 특히 숲과의 관계를 철저히 조사한 이 책은 그들이 자신과 움벨트 사이에 뚜렷한 경계를 긋지 않고 살아가는 법에 대해 보여준다.

그레고리 베이트슨, 메리 캐서린 베이트슨 Mary Catherine Bateson, 《**천사들도 두려운**Angels Fear》, 1987.
베이트슨은 말년에 영적 세계에서 수양해야 인류가 우주에서 자신의 위치를 인식하고 근대성으로 인한 오만을 벗어던질 수 있다고 믿었다. 이 책을 완성한 그의 딸은 그 무렵 가톨릭 신자가 되었고 베이트슨은 영적 세계에 심취했다.

안네 스베르드루프튀게손 Anne Sverdrup-Thygeson, 《**자연의 어깨 위에**På naturens skuldre》, 2020.
잘 알려지지 않은 자연 속 연결에 대한 지식을 전달하는 보물 상자와 같은 책이다. 자기 이해를 높이고 정치적 환경에 대한 인식을 공감할 수 있게 해준다.

엘링 카게 Erling Kagge, 《**남극으로 걸어간 산책자**Walking》, 2019.
극 탐험가 엘링 카게는 단지 많이, 오래 걸어서 유명해진 것이 아니다. 우리가 걸을 때 하는 일이 무엇이며 걷기가 우리에게 하는 일이 무엇인지 깊이 성찰하는 사람이다. 이 책은 시간과 풍경 그리고 한 발을 다른 발 앞에 놓을 때 유발되는 의미에 관한 책이다. 이 책의 아이디어 대부분은 즉흥적으로 떠오른 것이다.

제임스 허튼James Hutton의 18세기 지질학적 발견에 대한 이야기는 여러 차례 회자된 바 있다. 여기에서 내가 이용한 출처는 리처드 피셔Richard Fisher의 《긴 안목으로 보기The Long View》(2023)다. 이 책은 실제로도 긴 안목에서 보는 지질학을 다루지만, 그 출발점은 딸의 탄생이었다. 딸의 탄생은 짧고 긴 시간에 대해 주의 깊게, 체계적으로 생각하게 하는 자극제가 되었다.

휴 래플스 Hugh Raffles, **《부정합에 대한 책**Book of Unconformities》, 2020.
여러 가지 지식을 통합적으로 알려주는 책 속 텍스트들의 공통분모는 돌과 사람 사이의 접점이다. 이 책은 절벽, 미네랄이 풍부한 돌, 오벨리스크와 기념비에 대한 이야기를 들려준다. 래플스는 춥고 황량한 지역으로의 여행을 통해 독자로 하여금 속도를 늦추고 마음을 고양시키게끔 한다.

매리 캐서린 베이트슨,《죽을 때까지 삶에서 놓지 말아야 할 것들 Composing a Further Life》, 2010.
안타깝게도 매리 캐서린(1939~2021)은 평생 마거릿 미드Margaret Mead와 그레고리 베이트슨의 딸로만 알려져 있었다. 그녀가 커뮤니케이션과 세대 연구를 흥미로운 방향으로 발전시킨 독창적인 사상가였다는 사실은 잘 알려지지 않았다. 이 책은 사람들이 환갑을 넘긴 후에도 어떻게 주변과의 관계를 바꾸고 앞으로 나아갈 수 있는지에 대해 진단한다.

여러 국가 학생들의 실제 문해율에 대한 자료는 아래 링크에서 찾을 수 있다.
www.iea.nl/studies/iea/pirls/2016/results
특히 남아프리카공화국에 초점을 맞춘 설명은 다음을 참조하길.
www.theconversation.com/international-study-shows-where-south-africas-educati
on-system-needs-more-help-134448
공식 수치보다 실제 문해율이 훨씬 낮다는 것을 보여주는 이 결과는 다소 충격적이다.

로먼 크르즈나릭 Roman Krznarik, **《좋은 조상**The Good Ancestor》, 2020.

크르즈나릭은 유고슬라비아계 호주인이며, 옥스퍼드에서 일하고 있다. 그의 아내인 케이트 라워스Kate Raworth는 지구를 파괴하지 않으면서도 욕구를 충족시켜야 한다는 도넛 경제 개념으로 주목을 받은 경제학자다. 이 책은 케이트 라워스의 도넛 경제학과 함께 읽을 수 있다. 그는 좋은 조상이 되는 기술, 그리고 이를 실현하기 위해 다음 번, 다음 선거, 다음 세기 너머를 바라봐야 하는 이유에 대해 썼다. 키워드는 지속 가능성이다.

대니얼 힐리스Daniel Hillis는 롱 나우 재단The Long Now Foundation의 대표다. 장기주의에 대한 그와 다른 사람들의 사려 깊은 생각은 롱나우재단 홈페이지(longnow.org)에서 읽을 수 있다.

《멜랑콜리아Melancholia》(2011)는 라스 폰 트리에Lars von Trier의 '우울 3부작' 중 두 번째 영화이며 내가 개인적으로 좋아하는 작품이다. 바그너의 음악과 함께 밋밋한 덴마크의 풍경 속 파스텔톤의 실내에서 펼쳐지는 이야기로, 느리고 애절하며 여운이 남는 영화다.

《돈 룩 업Don't Look Up》(2021)은 《멜랑콜리아》와 공통점을 가지고 있지만, 대중매체의 어리석음을 유도하는 세뇌, 정치나 경제 엘리트들의 위선, 기후 변화에 대한 부정을 비판할 의도로 만들어졌다는 사실에서 조금 다른 작품이다.

다섯 번째 의미 : 순간

프랑수아즈 에리티에 Françoise Héritier, **《달콤한 소금**Le sel de la vie**》, 2012.**
에리티에(1933~2017)는 은퇴 후 삶의 진로를 바꾸었다. 서아프리카 연구를 기반으로 친족관계, 근친상간, 성별, 위계질서에 대한 책들을 쓴 명망 있는 학자였던 그녀는 이 책에서 자신의 연구와 직접적으로 연관이 없는 삶의 보편적인 주제를 다루었다. 한편으로는 그녀가 인류학자였기에 쓸 수 있는 책이기도 하다.

마르크 오제 Marc Augé, **《인류학자가 들려주는 일상 속 행복**Bonheurs du jour**》, 2018.**

에리티에의 전 남편 오제(1935~)는 수년 동안 일상의 인류학을 지지해 왔으며, 특히 파리의 지하철과 같은 일반적인 현대 인프라의 '비장소non-place'의 개념을 설파했다. 이 책은 에리티에의 책과 비슷한 느낌을 풍기며 삶의 소소한 즐거움을 곰곰이 생각하게 한다. 표지에는 프루스트를 떠올리게 하는 마들렌 두 개의 이미지가 있다.

마르쿠스 아우렐리우스 Marcus Aurelius, **《명상록**Meditations**》.**

첫 번째 인용문은 4권, 두 번째 인용문은 5권에서 인용한 것이다. 스토아 철학자이면서 피에 굶주린 군대를 이끌고, 기독교인을 박해하고, 동료의 운명을 결정할 의무가 있는 황제가 되는 것은 분명 이상한 경험이었을 것이다. 금욕주의는 그의 삶 속 모순을 받아들이는 법을 배울 수 있는 정서적 거리를 제공했을 것이다. 낮 동안 피비린내 나는 전투와 무고한 양민 학살과 같은 덧없고 세속적인 사건을 겪은 그는 하루가 끝나는 시간에 철학적 사색에서 위안을 찾을 수 있었다.

페테르 베셀 삽페, 《비극에 대하여》, 1941.

이 책을 다시 이야기하는 것을 그만큼 중요하기 때문이다. 이 책은 노르웨이가 독일에 점령당했을 시절에 출판되어 언론에 의해 사산되다시피 했다. 분량이 절반으로 줄고 독일어나 영어로 번역되었다면 삽페는 20세기 철학사에 크게 이름을 남겼을 것이다. 이 책은 당시 전혀 알려지지 않았던 생물철학과 쇼펜하우어와 니체에 이르는 실존주의 사상을 전무후무한 방식으로 결합했다.

해리 파치 Harry Partch, **《음악의 기원**Genesis of a Music**〉, 1947.**

파치(1901~1974)는 양지에 한 번도 서보지 못한 아웃사이더 괴짜였다. 그는 음악 공부를 도중에 그만두고 선원, 피아노 교사로 생계를 유지하면서 43음계를 개발했고, 맞춤형 오르간을 제작했다. 운 좋게도 파치는 작곡 지원금을 받았고 불안정한 상황은 점차 개선되었다. 그는 자신이 작곡한 곡을 무대에서 직접 연주하기도 했다.

제프리 웨스트 Geoffrey West, 《**스케일**Scale》, 2017.
이 책은 미로이자, 경이와 풍요의 더미다. 각종 규모에 관한 책을 한 권만 읽기로 마음먹었다면 이 책이어야 한다. 도시의 크기부터 포유류 호흡기의 크기, B급 영화에 등장하는 거대 곤충이 불가능한 이유에 이르는 다양한 종류의 '크기'가 망라되어 있다.

J. B. S. 홀데인J. B. S. Haldane, 〈**적절한 크기에 관하여**On being the right size〉, 1926.
저명한 진화 생물학자가 쓴 이 훌륭한 에세이는 동물의 크기 차이에 담긴 함의를 탐구한다. 가장 친숙한 예는 세 마리의 다른 생물이 수직 갱도에 떨어지는 것에 대한 이야기인데, 말은 철벅하는 소리를 내며 떨어지고, 인간은 부러지고, 쥐는 먼지를 털어내고 돌아다닌다.

여섯 번째 의미 : 균형

핀 스코르데루드 Finn Skårderud, 〈**병 속의 지니**Ånden i flasken〉(《**술의 심리학적 효과에 대하여** Om vinens psykologiske virkninger》의 서문), 2000.
정신과의사 스코르데루드는 영화로 인해 유명해진 그의 가설에 대해 단편적인 해석이 달리는 것에 이의를 제기한 바 있다. 술은 다른 중독성 물질과 달리 사회적 윤활유이자 공동체의 원천으로 받아들여지지만, 프로테스탄트 스칸디나비아 인들은 이탈리아인들보다 아직까지는 술과 훨씬 더 어려운 관계를 맺고 있다.

토마스 빈터베르그 Thomas Vinterberg, 《**어나더 라운드**Another Round》, 2020.

감독이자 시나리오 작가인 빈터베르그는 인간이 혈중 알코올 농도가 0.05% 미만인 지나치게 낮은 상태로 태어났을 수 있다는 정신과 의사 핀 스코르데루드의 가설이 영화의 결정적인 영감의 원천이었다고 여러 차례 언급했다.

살마키스^{Salmacis}와 헤르마프로디토스^{Hermaphroditus}의 신화는 로마의 시인 오비디우스^{Ovidius}의 《변신 이야기^{Metamorphoses}》 4권에 등장한다. 더 오래된 출처가 발견되지 않았기 때문에 이 이야기는 그의 창작물일 가능성이 있다. 라틴어에 능통하지 않은 사람을 위해 인디애나대학교 출판부^{Indiana University Press}에서 나온 2018년 판을 추천한다.

이바르 아센^{Ivar Aasen}, 〈**노르웨이인**^{Nordmannen}〉, 1875.
이 시의 공식적인 영문 번역본은 없는 것으로 보인다. 아센이 용감한 노르웨이인들에게 바친 이 낭만적 애국가는 그가 잔디를 덮고 집을 지은 뒤 거센 겨울 폭풍에도 고국에 대한 소속감을 느꼈다는 사실과 관련된다. 이 시는 인종이나 민족성을 언급하지 않는다.

앤서니 버지스^{Anthony Burgess}, 〈**끝없는 항해자**^{The endless voyager}〉(단편집 《악마의 방식^{The Devil's Mode}》 중), 1989.
1989년 나는 트리니다드에서 현장 조사를 하던 중 공항에서 이 책을 읽게 되었다. 공항을 오가는 팩스턴의 끝없는 여정은 몇 년 후 마르크 오제가 호텔, 쇼핑몰, 고속도로, 공항 등 익명의 특징 없는 풍경과 공간에 관한 책 《비장소^{Non-Lieux}》를 출간하면서 반향을 불러일으켰다.

데이비드 그래버^{David Graeber}, **데이비드 웬그로**^{David Wengrow}, 《**모든 것의 여명**^{The Dawn of Everything}》, 2021.
칸디아론크^{Kandiaronk}는 문화사가 생각보다 더 거칠고 복잡하다는 것을 보여주는 이 책의 중심인물로 등장한다. 이 책은 그의 문화 비평에 대한 내 간략한 성찰의 주요 출처다.

칼 바크 Carl Barks, 〈**환상적인 보트 경주**The fantastic river race〉, 2017.

바크(1901~2000)의 만화는 1957년 처음 발표되었고, 많은 에피소드로 이루어진 시리즈물을 출간했다. 이 이야기에서 스크루지 맥덕Scrooge McDuck은 외륜선을 타고 향수를 불러일으키는 여행을 떠나고, 스크루지는 세계 최고의 부자 오리가 되기 훨씬 전에 겪었던 극적인 경험, 보트 경주에 대해 이야기한다.

미국의 비평가 멜리사 밀스Melissa Mills는 유라이어 힙Uriah Heep의 데뷔 앨범 〈매우 무겁고 매우 음울한Very 'Eavy, Very 'Umble〉을 두고 이 밴드가 성공한다면 자살하겠다는 비평을 쓴 것으로 유명하다. 그들은 성공했고 그녀는 자살하지 않았다. 앨범 제목에서 《데이비드 코퍼필드David Copperfield》를 완곡하게 언급한 것 외에, 이 밴드는 찰스 디킨스Charles Dickens의 가공할 만한 아첨꾼 유라이어 힙과 연관성이 전혀 없다.

캐서린 하킴 Catherine Hakim, 《**매력자본**Erotic Capital》, 2011.

사회학자 하킴은 경제적, 정치적, 상징적 자본을 구분한 20세기 초의 사회학자 피에르 부르디외Pierre Bourdieu의 이론을 기반으로 이 책을 썼다. 현대 사회에서, 특히 여성의 경우 외모와 매력이 선택권을 갖고 지위를 결정하는 데 중요한 역할을 하지만 이것이 종종 과소평가된다고 주장한다. 문제는 외모가 얼마나 큰 장점이 될 수 있는가, 언제 양날의 검이 될 것인가, 두 가지에 있다.

로버트 와이어트 Robert Wyatt, 〈**난 왜 이렇게 키가 작을까**Why Am I So Short?〉(《**소프트 머신** The Soft Machine》 수록곡), 1968.

60년대 후반에는 역동적이고 창의적인 대중음악이 많이 발표되었다. 그러다 불과 몇 년 사이에 소프트 머신Soft Machine은 사이키델릭 팝에서 리듬 섹션이 가미된 일종의 재즈로 진화했다. 그들의 첫 번째 음반은 기이하고 매력적이며 초현실적인 분위기도 없지 않다.

로버트 와이어트, 《**록 바텀**Rock Bottom》, 1974.

다른 어떤 것과도 비교할 수 없는 명반이다. 얇고 따뜻한 바다에서 길게 물결치는 소리의 시를 듣는 마음으로 감상할 것.

데이비드 차머스 Daivd Chalmers, **《리얼리티+**Reality+**》, 2022.**
차머스는 의식이 사라지지 않고는 분해될 수 없는 상황에서 경험과 의식을 함께 연구하는 것이 어떻게 가능한지에 대해 논의한 것으로 유명하다. 본문에서 내가 인용한 문구는 2021년 12월 10일자 《뉴욕타임스》에 실린 '가상 세계에서 의미 있는 삶을 살 수 있는가?Can We Have a Meaningful Life in a Virtual World?'라는 제목의 인터뷰에서 발췌한 것이다.

몽테뉴, 〈거짓말쟁이들 Des menteurs**〉(《수상록》 중)**
거짓말에 대한 몽테뉴의 혐오는 약속을 잘 지키는 사람은 남을 놀리거나 속이지 않는 올곧은 사람이라는 개념에 뿌리를 두고 있는 듯하다. 그가 거짓말에 대해 다시 생각해보았다면 하얀 거짓말을 별개의 범주로 처리했을지도 모른다.

리키 저베이스 Ricky Gervais, **매슈 로빈슨**Matthew Robinson, **《그곳에선 아무도 거짓말을 하지 않는다**The invention of lying**》, 2009.**
이 영화의 메시지는 다소 불확실하다. 다만 세상이 돌아가기 위해서는 위선과 가식이 필요하다는 걸 보여주려는 건 확실하다.

제임스 조이스 James Joyce, **《율리시즈**Ulysses**》, 1922.**
이 책은 많은 사람들이 생각하는 것만큼 읽기 어렵지 않다. 수백만 개의 말장난, 농담과 함께 유럽 문화 전반을 다루고 있으며 많은 선정적인 대화와 취중 드라마도 담겨 있다.

알프레드 테니슨 Alfred Tennyson, **《인 메모리엄 A. H. H**In Memoriam A. H. H**》.**
'자연, 붉게 물든 이빨과 발톱!Nature red in tooth and claw'이라는 시구는

이 시에서 비롯된 것이다. 2,900행이 넘는 이 시가 읽고 싶다면 아래 링크를 참조하길.

www.poets.org/poem/memoriam-h-h

일곱 번째 의미 : 실 끊기

조지프 러디어드 키플링 Joseph Rudyard Kipling, 《킴Kim》, 1901.
신뢰와 기만, 희망과 사랑 그리고 전쟁의 이야기가 눈을 떼지 못하게 만드는 소설이다. 고아인 아일랜드인이 식민지 인도에서 마주하는 문화적 복잡성과 다양성에 대한 세밀한 탐구가 담긴 걸작이다. 젊은 독자들은 그 뉘앙스를 이해하기 힘들 수 있다.

도미니크 라피에르 Dominique Lapierre, 《시티 오브 조이La cité de la joie》, 1985.
세계적인 베스트셀러로 등극한 이 책과 달리, 책을 바탕으로 한 롤랑 조페Roland Joffé의 1992년작 영화《시티 오브 조이City of Joy》는 큰 성공을 거두지 못했다.

로이 스크랜턴 Roy Scranton, 《인류세에서 죽음을 배우다Learning to Die in the Anthropocene》, 2015.
자존감을 잃지 않고 명예롭게 죽는다는 것에 관한 슬픈 책이다. 이라크에 파병 당시 길가메시 산화를 읽던 스크랜턴은 이라크의 비극을 기후 위기의 맥락에서 바라보았다. 그리고 고대의 가르침을 통해 우리 문명은 어떻게 좋은 죽음을 맞이할 수 있는지 알려준다. 인문학이 인류에게 중요한 이유를 백 장의 보고서보다 더 잘 보여주는 책이다.

로버트 프립 Robert Fripp, 《익스포저Exposure》, 1978.
프립(1946~)은 자신과 타인에게 불가능을 요구하는 괴짜 천재다. 50여 년 동안 전설적인 밴드 킹 크림슨King Crimson의 리더로 활동한 그는 동료 뮤지션들이 자신을 뛰어넘음으로써 더 높은 수준에 이르기를 바랐다. 그래서인지 킹 크림슨을 떠난 멤버들은 예전 같은 창의성을 보여주지 못했다. 나는 암 수술을 받기 전날 밤 그들의 콘서트를 보러 갔을 정도로 킹 크림슨의 열성팬이다. 프립의 이 솔로 음반은 프로그레시브 록, 펑크, 앰비언트 분위기를 결합해 도전적인 방식으로 곡의 구성 방식을 탐구한다.

옮긴이 이영래

이화여자대학교 법학과를 졸업하였다. 현재 가족과 함께 캐나다에 살면서 번역에 이전시 엔터스코리아에서 출판 기획 및 전문 번역가로 활동하고 있다. 주요 역서로는 《파타고니아, 파도가 칠 때는 서핑을》《모두 거짓말을 한다》《누구도 나를 파괴할 수 없다》《운동의 뇌과학》외 다수가 있다.

인생의 의미

초판 발행 · 2024년 9월 4일
9쇄 발행 · 2024년 12월 2일

지은이 · 토마스 힐란드 에릭센
옮긴이 · 이영래
발행인 · 이종원
발행처 · (주) 도서출판 길벗
브랜드 · 더퀘스트
주소 · 서울시 마포구 월드컵로 10길 56 (서교동)
대표전화 · 02) 332-0931 | **팩스** · 02) 322-0586
출판사 등록일 · 1990년 12월 24일
홈페이지 · www.gilbut.co.kr | **이메일** · gilbut@gilbut.co.kr

기획 및 편집 · 허윤정(rosebud@gilbut.co.kr) | **제작** · 이준호, 손일순, 이진혁
마케팅 · 정경원, 김선영, 정지연, 이지원, 이지현 | **유통혁신** · 한준희
영업관리 · 김명자 | **독자지원** · 윤정아

디자인 · studio forb | **CTP 출력 및 인쇄** · 정민 | **제본** · 정민

ISBN 979-11-407-1069-0 03190
(길벗 도서번호 040277)

정가 18,800원

독자의 1초까지 아껴주는 길벗출판사

(주)도서출판 길벗 | IT교육서, IT단행본, 경제경영서, 어학&실용서, 인문교양서, 자녀교육서 www.gilbut.co.kr
길벗스쿨 | 국어학습, 수학학습, 어린이교양, 주니어 어학학습, 학습단행본 www.gilbutschool.co.kr